モリソンの「華英・英華字典」と東西文化交流

朱鳳 著

白帝社

目　次

●表の目次

凡　例

一、本書で言及した主な書物の呼び名について，次のように統一する。

1)モリソン字典3部6巻を総称する時には,「華英・英華字典」もしくはモリソン字典と称する。

2)モリソン字典第1部3巻を『字典』と称する。

3)モリソン字典第2部2巻を『五車韻府』と称する。

4)モリソン字典第3部1巻を *English and Chinese* もしくは英華字典と称する。

5)モリソンの『五車韻府』と区別するために，陳藎謨の『五車韻府』を陳本と称する。

二、本書では日本，中国大陸及び台湾の書物を利用しているので，使用する漢字の統一をはかるため，本書において，これらの書物からの直接引用以外は，すべて日本で使用されている漢字を使う。ただし，モリソン名の中国語表示は「馬礼遜」ではなく「馬禮遜」とする。

三、「華英・英華字典」,『康熙字典』，その他の漢籍及び日本の図書館に所蔵されている諸写本による直接引用文は，すべて原本通りの漢字を用いる。

四、「華英・英華字典」より英語文を引用した際の日本語訳は，すべて筆者によるものである。

五、本書では，欧米人の名前を原則的に日本語読み，アルファベット表記，生没年，中国語名の順で記す。

モリソンの「華英・英華字典」
と
東西文化交流

はじめに

本書は，ロバート・モリソン（Robert Morrison，1782-1834，馬禮遜）の「華英・英華字典」についての一研究である。モリソンは1815年から1823年にかけて *A Dictionary of the Chinese Language* と題した3部6巻の字典を編纂出版した。その内訳は，第1部『字典』3巻，第2部『五車韻府』2巻と第3部 *English and Chinese* 1巻となっている。

モリソンは最初に中国大陸に上陸したプロテスタント宣教師として，また最初に『聖書』を中国語に全訳した人物として，中国キリスト教史において大いに語られている。彼の生涯，宣教活動あるいは『聖書』翻訳活動に関する論文，著書は多数出版されている。そのほか教育家としてのモリソンや，通訳としてのモリソンなど，モリソンの宗教以外の活動に関する論文，著書も数多くある[1)]。モリソンの「華英・英華字典」も，日中近代語彙交流史の研究に関する論文や著作によく引用されているが，「華英・英華字典」の収録内容に関する詳細な研究は，まだあまりなされていないのが現状である。

モリソンの「華英・英華字典」の内容について研究するために，この字典出版直後から現在に至るまで，どのような評価をされ，どのような研究が行なわれているかをまず知る必要がある。それらの評価と研究業績は，およそ下記のように整理してみることができる。

1．出版された当初の反響

「華英・英華字典」が出版されると，ヨーロッパではさまざまな反響が起きた。以下のものはまだ同字典に対する研究とは言えないものの，今日に知りうる同時代人の批評と考えられる。

①ドイツ人漢学者クラプロートの批判

クラプロート（Heinrich Jules Klaproth，1783-1835）が‘Dernier mot sur le Dictionnaire Chinois du Dr. Robert Morrison’（モリソン博士の中国語字典に

関する最終意見）（*Lithographie Passage Dauphine*, No.28, 1830）において，「華英・英華字典」を批判する文章を発表している[2]。この文章を筆者はまだ直接目にすることができていないが，John Lust と Henri Cordier の記述，及びのちにモリソンが雑誌 *Asiatic Journal* に寄せた反論の書簡などから推察すれば，クラプロートは主に，「華英・英華字典」第 3 部の *English and Chinese* がイタリア人神父バジル・デ・ジェモーナ（Basile De Glemona）の字典（写本）にほとんど依拠していて，モリソンが「華英・英華字典」の真の作者とは言えない，と主張しているようだ。

②イタリア人漢学者モントーチの批評

モントーチ（Antonio Montucci, 1762-1829）が「モリソンがこの十年をかけて出版した数冊の字典は，前世紀に宣教師によって出版されたすべての印刷物あるいは写本よりも，ヨーロッパの学生にとってははるかに役に立つものであると断言できる」と語っていた[3]。一方モリソンの字典と比較しながら編纂した『二帙字典西訳比較』をストーントン（George Thomas Staunton）卿に献上した際に同氏にあてた書簡では，モリソンの字典には日常の手紙などに使用される省略文字が省かれていることに対する遺憾の意も表明されている[4]。

③フランスの漢学者レミュザの批評

レミュザ（Jean Pierre Abel Remusat, 1788-1832）は，「モリソン博士によって編纂された「華英・英華字典」は他のものと比べられないほど優れたものである」と絶賛した[5]。

④イギリス人ストーントンの批評

長年にわたって中国との外交や貿易の仕事に携わっていた中国通のモリソンの友人でもあるストーントン（George Thomas Staunton, 1781-1859）は，モリソンにあてた書簡において，「この国（イギリス）では，ある程度中国の学問に対して興味があるとはいえ，まだ関心が低い。しかし多くの人は純粋に学問的なものよりさまざまな項目が含まれる良い字典の価値と重要性を知っている」と，「華英・英華字典」の情報の多様性に賛辞を送っている[6]。また別の書簡では，「パリの新聞は，貴方の字典を高く評価する書評を載せ，いくつかの厳しい批評があるにもかかわらず，貴方の字典のすばらしさを認めている」との情報もモリソンに伝えた[7]。

2．モリソン「華英・英華字典」に関する先行研究

①飛田良文・宮田和子「ロバート・モリソンの華英・英華字典 *A Dictionary of The Chinese Language* について」(『日本近代語研究』，ひつじ書房，1992)

これは日本全国各図書館が所蔵するモリソン「華英・英華字典」のリストと諸本の異同についての調査結果をまとめた論文である。

②陳力衛「早期英華字典与日本的洋学」(『原学』第一輯，中国広播電視出版社，1994)

「華英・英華字典」のみを論じた論文ではないが，この論文の一部として，「華英・英華字典」の百科事典の性格について用例を引用しながら論じ，日本への影響について論じたところがある。

③宮田和子「W. H. Medhurst『華英字典』に現れた康熙字典の用例―R. Morrison「字典」との比較―」(『英学史研究』第30号，日本英学史学会，1997. 10)

タイトル通り，モリソン字典に引用された『康熙字典』の用例を中心に Medhurst の『華英字典』の用例と比較するに留まった論文である。

④汪家熔「鳥瞰馬禮遜詞典―兼論其藍本之謎」(『出版史研究』5，1997)

「華英・英華字典」の編纂に依拠した中国の字書を詳しく検証した論文であるが，「華英・英華字典」の中には中国の古典のみならず，諺や俗語も大量に収録され，類書的な性質をあわせもっている，と指摘している。

⑤蘇精『馬禮遜与中文印刷出版』(台湾学生書局，2000)

中国語印刷出版に対するモリソンの貢献を論じる著作である。このなかに「馬禮遜与英国東印度公司澳門印刷所」と題する1節があり，「華英・英華字典」の8年間の印刷過程の中で起きた種々の出来事が詳細に記されている。

⑥鈴木廣光「ヨーロッパ人による漢字活字の開発　その歴史と背景」(『本と活字の歴史事典』，柏書房，2000)

この書物に「イギリス東インド会社所有の彫刻活字」という1節があり，ヨーロッパ人による漢字活字の開発という視点から，モリソンの「華英・英華字典」を取り上げ，各巻の印刷に使用された活字の種類，字数について述

べている。

⑦呉義雄『在宗教与世俗之間：基督教新教伝教士在華南沿海的早期活動研究』（広東教育出版社，2000）

モリソンの研究書ではないが，同書に「新教伝教士与中-西文詞典的編纂」の1節があり，「華英・英華字典」の参考書や収録字数，内容および「華英・英華字典」出版後の評判などについて述べている。

⑧譚樹林『馬禮遜与中西文化交流』（中国美術学院出版社，2004）

モリソンの生涯を描き，宣教師，教育家及び漢学者としての功績を網羅した書物である。その中第2章「馬禮遜漢語研究及辞書編纂」に「華英・英華字典」の編纂とその中国文化紹介による文化交流への貢献について述べている。

3．モリソン「華英・英華字典」の日本への影響に関する先行研究

①井田好治「吉雄権之助“蘭英漢三国語対訳辞典”の発見とその考証」（『横浜国立大学人文紀要』第2類　語学・文学　第24輯，1977）

この論文は著者が町立高鍋図書館で発見した写本「蘭英漢三国語対訳辞典」とモリソン字典との関係について論じたものである。写本とモリソン字典の内容比較は見出し字にとどまっている。

②杉本つとむ「佐久間象山『増訂荷蘭語彙』の小察」（『日本歴史』415，1982.12）

題名の通り，佐久間象山の未出版物『増訂荷蘭語彙』の内容を考察した論文である。論文では象山のこの著作がモリソン字典の抄本を種本に作られた蘭漢辞書を参考にしたことに言及していたが，この著者は蘭漢辞書の所在について突き止めることができなかった。

③大橋敦夫「新出資料『五車韻府』をめぐって―真田宝物館新蔵佐久間象山関連資料の紹介―（『松代』第8号，1995.3）

真田宝物館で発見された抄本『五車韻府』の紹介とその訳語の特徴および佐久間象山の『増訂荷蘭語彙』との関連についてまとめた論文である。モリソン字典との比較研究はなされていない。

④大橋敦夫「千葉県佐倉高等学校蔵『模理損字書』訪書記―真田宝物館蔵『五車韻府』との書誌比較―（『上田女子短期大学紀要』27，2004）

題目の通り訪書記である。モリソン字典を淵源とする写本『模理損字書』の書誌情報及び真田宝物館蔵『五車韻府』との語彙比較を行なっているが見出し字にとどまり，モリソン字典との比較研究はなされていない。

「華英・英華字典」の編纂はモリソンの生涯にわたる活動のなかでもっとも重要な位置を占めており，中国の字書編纂史においても重要な出来事である。にもかかわらず「華英・英華字典」そのものについての研究は，上にあげた論文や著書に見るように，まだほとんどその印刷あるいは出版の過程，参考書物及び内容紹介についての研究にとどまっており，特に参考書に関する研究は既存の研究を踏襲しているところが多く見られる。また，日本への影響についての研究において，字典に収録されている漢訳語の引用が近代日本語語彙及び日中近代語彙交流史に関する論文に散見されるが，モリソン字典にある語彙に対する専門的な研究はまだ見られていない。そして，上に示したモリソン字典の写本に関する研究はまだ発見報告にとどまり，写本内容とモリソン字典の比較研究は掘り下げて行なわれていない。

本書は上記の先行研究を踏まえて，主に「華英・英華字典」の内容に焦点をあて，次のように展開していく。

①モリソン以前のヨーロッパにおける中国語字典編纂の歴史を振り返り，その歴史を引き継ぐ「華英・英華字典」の構成と規模を概観し，「華英・英華字典」がそれ以前のどの字典にも見られない，あるいは同世紀のその後の字典にも超えられない規模をもち，とりわけ文字の単純な釈義や用法以外に膨大な中国文化情報を含んでいることを示す。それと同時に，「華英・英華字典」の編纂過程をたどり，モリソンがどのような人々の協力を得て，彼以前のどのような字典を利用して「華英・英華字典」を編纂したのかを考察する。

②「華英・英華字典」にみえる『論語』をはじめ，『詩経』，科挙，およびその他の中国文化情報をとりあげて，「華英・英華字典」が幅広い百科全書的な関心のもとで編纂されたことを具体的に示すと同時にそれらの内容と参考書の関係や接点を明らかにする。

③19世紀までのヨーロッパにおける四書五経の翻訳の主要業績を振り返

り,「華英・英華字典」によってはじめてヨーロッパ言語に翻訳された四書五経の部分,および「華英・英華字典」によってはじめて英訳された四書五経の部分を明らかにするとともに,16世紀から19世紀までのヨーロッパ人による科挙の記述をたどり,科挙について「華英・英華字典」が深い観察と質の高い情報を提供していることを述べる。

④「華英・英華字典」の日本への伝来過程及び近代日中両言語の語彙への影響を具体的に考察し,日中における西洋文化を受容する際の「華英・英華字典」の役割に論及する。

注

1) モリソンに関する研究成果は,最近『馬禮遜研究文献索引』が出版されている。張西平等編『馬禮遜文集』に収録されている。(大像出版社,2008年)

2) John Lust, *Western Books On China Published Up To 1850* (Bamboo Publishing Ltd., 1987), p.245.
Henri Cordier, *Bibliotheca Sinica* (Paris Librairie Orientale & Americaine, 1905-1906), p.1593.
Eliza Morrison, *Memoirs of the Life and Labours of Robert Morrison* (London, 1839), Vol.II p.452-458.

3) "I am free to assert that Dr. Morrison, within these ten years, has published volumes by far more useful to the European student, than all the printed and MS. Works published by the Missionaries in the course of the last century." Eliza Morrison, Ibid. Vol.II p.181.

4) John Lust, Ibid. p.247.

5) "Le Dictionarie Chinois-Anglais du Docteur Morrison seroit incomparablement preferable a tout antre." Eliza Morrison, Ibid. Vol.II p.181.

6) "The present peaceful state of our relations with the Chinese must be favorable to your prosecution of your great work. And although Chinese literature certainly excites but little interest in this country, most people are sensible of the value and importance of the formation of a good Dictionary, with a view to many objects, beside such as are purely literary." Eliza Morrison, Ibid. Vol.II p.94.

7) "The Journal de Savans of Paris has reviewed your Dictionary very respectfully, and notwithstanding a few strictures, acknowledges its superior excellence." Eliza Morrison, Ibid. Vol.I p.523.

第1章　モリソン以前の中国語字典及び「華英・英華字典」誕生への軌跡

第1節　モリソン以前のヨーロッパ人が編纂した中国語字典

モリソンの「華英・英華字典」以前に，17世紀から19世紀にかけてすでに，主として宣教師らによって，ヨーロッパ人の中国語習得のために，中国語文法書や中国語字典などが編まれていた。ヨーロッパの中国語字典編纂史における「華英・英華字典」の位置づけを把握するために，それらの文法書と字典をここで振り返る必要がある。以下の表でモリソン以前の主な中国語文法書と中国語字典をまとめてみた。

表1　「華英・英華字典」以前の中国語字典と文法書

No.	字典名（中国語書名は原書に附されているものである）	編纂者	編纂年	出版地
①	Dizionario Portoghesc-Chinese	Matteo Ricci & Michel Ruggieri	1583-1588	未出版
②	Vocabularium Ordine Alphabetico Europauo More Concinnatum, et per accentus suos digestum	Matteo Ricci & Lazzaro Cattaneo	不明	未出版
③	Arte de la lengua chio chiu	不明	1620	未出版
④	Dictionnaire de la prononciation chinoise et européenne『西儒耳目資』	Nicolas Trigault	1626	杭州
⑤	Grammatica Sinica	Martino Martini	1653	未出版

⑥	Specimen lexici Mandarinici	Andreas Muller	1684	Berlin
⑦	Vocabulario de Letra China con la Explication castellana	Francisco Diaz	1640	不明
⑧	Sylloge Minutiarum Lexici Latino-Sinico-Characteristici	Christian Mentzel	1685	Nurnberg
⑨	Lexicon Sinicum	同上		未出版
⑩	Dictionarium Sinico-Latinum	Basile De Glemona	1694-1699	未出版
⑪	Arte de la lengua Mandarina	Francisco Varo	1703	広東
⑫	Petri Danetii Lexicon Latinum Sinice Conversum	Dominique Parrenin	不明	未出版
⑬	Dictionnarire Latin-Chinois	Julien Placide Herieu & Joseph Henri Marie de Prémaré	不明	未出版
⑭	Museum Sinicum	T. S. Bayer	1730	St. Petersgurg
⑮	Linguae Sinarum Mandarinicae Hieroglyphicae Grammatica Duplex, Latine & cum Characteribus Sinensium『中国官話』	Etienne Fourmont	1742	Paris
⑯	Dictionnaire Chinois, Français et Latin『漢字西訳』	C. L. Joseph de Guignes	1813	Paris
⑰	Clavis Sinica, Element of Chinese Grammar『中国言法』	Joshua Marshman	1813	Serampore
⑱	A Grammar of the Chinese Language『通用漢言之法』	Robert Morrison	1815	Serampore
⑲	Supplément Au Dictionnaire Chinois-Latin『漢字西訳補』	Heinrich Jules Klaproth	1819	Paris

①は，マッテオ・リッチ（Matteo Ricci，1552-1610，利瑪竇）とミケーレ・ルッジェーリ（Michel Ruggieri，1543-1607，羅明堅）の共編によるポルトガル語・中国語字典である。未出版。1583-1588年に肇慶で編纂されたものと推測されている。この字典の原稿は現在ローマの耶蘇会古文書館に保存されており，筆者は未見だが，平川祐弘『マッテオ・リッチ伝』にその写真を見ることができる[1)]。それによれば，この字典はポルトガル語の単語を左に，右側にはそれに対応する中国語のローマ字表記，漢字，イタリア語訳の順に配列しており，内容的には単語帳に近い，ごく簡単なものと見うけられる。

②は，マッテオ・リッチとラザロ・カッタネオ（Lazzaro Cattaneo，1560-1640，郭居静）との共編である。この字典の写本はすでに散佚したとされる。ニコラ・トリゴールが手紙の中で，２人がこの種の字典を編纂したことに言及している[2)]。

③は，著者不明であるが，宣教師によって編纂された漳州方言文法書としてもっとも早期に位置づけられるものである。筆者は2005年にスペインのバルセロナ大学を訪れたときにその写本を見ることができて，全文をコピーした。その内容はスペイン語と中国語で書かれたものであり，中国語の用例にローマ字で発音も表記されているが，その発音は官話ではなく，漳州方言によるものである。内容の特徴として，日常用語を中心に編纂したことと，中国語の量詞に非常に関心を持ち，多くの紙幅を費やして説明していることがあげられる。この写本について最近翻刻も出ている[3)]。

④は，フランス人宣教師ニコラ・トリゴール（Nicolas Trigault，1577-1628，金尼閣）の編纂による。『西儒耳目資』は，漢字の音韻表記にはじめて系統的なローマ字による表音理論を打ち立てた書物である。三編からなる同書は，上編で音韻学の理論を述べ，中編では音から漢字，下編では漢字から音の検索ができるようになっている。今日の漢字のアルファベットによる注音はすべてこの書を鼻祖とするが，しかし同書には漢字の釈義はいっさいなされていない。その意味では，『西儒耳目資』は純粋な漢字の表音字典である。

⑤は，イタリア人宣教師マルティーノ・マルティーニ（Martino Martini, 1614-1661，衛匡国）による中国語文法書である。中国語の発音，漢字の部首，釈義及び文法についての説明が書かれている。この写本は現在イギリスのグラスゴー（Glasgow）大学とポーランドの Jagiellonska 図書館に所蔵されている[4)]。

⑥は，ドイツ人アンドレス・ミューラー（Andreas Muller，1620-1694）の編纂による中国語・ラテン語字典である。ミューラーは若い時にロンドンに出て中国語を習得し，帰国後は中国研究に全力を尽くした。彼の中国語研究に関する著作の多くはラテン語でなされており，上記の字典はその中の１つである[5)]。

⑦は，スペインの聖ドミニコ修道会のフランシスコ・ディアス（Francisco Diaz, 1606-1646）が編集した字典である。7169字の発音と釈義が含まれているとされる。この字典は出版されたかどうか不明だが，⑧のメンツェルの字典とともに，後のドイツ人漢学者クラプロートの中国語学習に利用された[6)]。この字典の写本が一時ベルリンの Staatsbibliothek に保管されたが，いまはポーランドの Craow の Jagiellonska 図書館にあるとされる[7)]。

⑧と⑨は，ドイツ人医者クリスチャン・メンツェル（Christian Mentzel, 1622-1701）の編纂によるラテン語・中国語字典である。メンツェルは宣教師のフィリップ・クプレ（Philippe Couplet，1623-1693，柏応理）に中国語を習い，彼の協力を得て上記の２種類の字典を編纂した。*Lexicon Sinicum*（中国語語彙）は未刊行だが，その９冊の写本（各冊の表紙のみは印刷されている）は，現在ベルリン国立図書館に保存されている[8)]。２種類とも筆者は未見だが，これらの字典を実際に目にした石田幹之助は，まだ「極めて幼稚なものである」と述べている[9)]。

⑩は，中国で長年にわたって布教活動を続けていたイタリア人神父バジル・デ・ジェモーナ（Basile De Glemona，1648-1704，葉宗賢）の編纂による中国語・ラテン語字典である。

　バジル・デ・ジェモーナは17世紀後半に宣教師としてフランシスコ会から中国へ派遣され，中国の各地で積極的に宣教活動を行なった。上記の字典は1694年にまず漢字の部首別配列で編纂されたが，1699年にアルファベット順配列でもう一度編纂し直され，見出し字数も7000から9000に増加した。長い間，この字典は当時のヨーロッパ人中国学者と宣教師に人気があり，多くの写本が作られた。現在東洋文庫にもAbbe Dufayelによる写本が所蔵されている（この写本はアルファベット順配列である[10]）。17世紀にこの字典を出版しようという動きは何回もあったが，出版費用の膨大さで断念された[11]。バジル・デ・ジェモーナ神父の1694年の自筆原本（部首別）は現在イタリアのフロレンスにあるロレンツォ・メジチ図書館（Bibliotheca Mediceo-Laurenziana）に所蔵されているが，1699年の原本（アルファベット順）の所在は不明である[12]。

筆者は，フランスのファイスト研究院図書館所蔵『漢字西訳』と東洋文庫所蔵ジェモーナの写本を調べた[13]ので，ここで東洋文庫所蔵の写本から，見出し字「在」を例にこの字典の特徴を示したい。

見出し字「在」のもとには，「在」の釈義以外に，「在家」「所在」「先父在世」「不在了」「懐恨在心」「放在桌上」「並不在多」「罪不在你」「勝負在上不在兵」「不自在」「好自在」と，口語を中心に語彙を並べているが，ここまでに触れてきた他の字典に比べあきらかに取り入れた語彙の量が増えて，字典としての体裁が整っている。長い間数多くの写本を生み出し，重宝されてきた理由はまさにこの点にあるように思われる。ただ後に述べるモリソンの「華英・英華字典」と違い，この字典に収められている単語はすべてローマ字表記となっており，漢字は見出し字以外にはほとんど掲載されていない。

長い間出版の機会に恵まれなかったこの字典はしかし，百年後に違う形で刊行された。それはつぎに取り上げる *Dictionnaire Chinois, Français et Latin*『漢字西訳』である。

⑪は，スペイン人宣教師フランシスコ・ヴァロ（Francisco Varo, 1627-1687, 万済国）による中国語文法書である。この文法書は1682年にすでに完成されたが，その後写本として宣教師の間に伝わって，彼が亡くなってから17年後にようやく刊行されたものである。この文法書に収録されている単語や用例の多くは民間で使用されている口語ではなく，文人たちが

よく使用する口語である。従って，発音は官話によるものである。[14)]

⑫は，フランス人宣教師ドミニック・パルナン（Dominique Parrenin，1665-1741，巴多明）がダーネ（Denet）のラテン語字書を中国語に訳したものである。現在イギリスの Hunterian Museum に所蔵されている。[15)]

⑬は，フランス人宣教師のエルヴェー（Julien Placide Herieu，1671-1746，赫蒼壁）とジョセフ・アンリ・マリー・ド・プレマール（Joseph Henri Marie de Prémaré，1666-1736，馬若瑟）が共同で編纂したラテン語・中国語字典である。その写本はいまストックホルムのロイヤル図書館に所蔵されている。[16)]

⑭は，ドイツ人バイエル（T. S. Bayer，1694-1738）が刊行した全２巻の書物である。中身は中国語文法，中国語語彙集，中国古典の抄録，中国の方言，中国の度量衡など幅広い内容が含まれている。

⑮は，18世紀フランスの東洋学者エティエンヌ・フールモン（Etienne Fourmont，1683-1745）の著作である。ルイ14世の勅令を受けて，フールモンが中国語字典の編纂に従事した。その成果として，1737年には中国語字典の一部が，*Meditationes Sinicae*（中国の考え方）と題して刊行され，1742年には *Linguae Sinarum Mandarinicae Hieroglyphicae Grammatica Duplex, Latine & cum Characteribus Sinensium*『中国官話』が出版された。前者は韻によって，後者は品詞によって見出し字を配列している。後者は，字典に本来備わるべき文字検索機能をもっていない上，注釈はもっぱら文法的なものに限られていて，字典というよりも中国語文法書という性格が強い。[17)]また『中国官話』の内容の多くは J. プレマールの *Notitia Linguae Sinicae*（中国語ノート）及びヴァロの *Arte de la lengua Mandarina*（官話文典）と相似するところが多いことから，後の東洋学者 A. レミュザから剽窃ではないかと批判されたこともあった。

⑯は，フランス人ド・ギーニュ（C.L. Joseph de Guignes，1759-1845，徳金）によるものである。19世紀初め，フランスのナポレオン政権は中国語字典を出版する計画を打ち出し，1808年に，この字典編纂の仕事を広東で長年領事を務めた外交官ド・ギーニュに命じた。ギーニュは当時バチカン図書館にあったジェモーナの中国語・ラテン語の写本をもとに，フラ

ンス語訳をつけ，1813年にナポレオン欽定本としてパリで出版した。

しかしせっかく出版されたにもかかわらず，学界からの評判は芳しくなかった。1819年ドイツの漢学者クラプロートは，上記表の⑲に掲載した *Supplément Au Dictionnaire Chinois-Latin*『漢字西訳補』と題した本を出版し，レミュザと共に，ジェモーナ神父の仕事を剽窃したとしてギーニュを辛辣に批判した。著者みずからつけた『漢字西訳補』という書名からもわかるように，同書はギーニュを批判しているばかりでなく，『漢字西訳』に対する増補（わずかな量だが）も行なっている。

たしかに，ギーニュがナポレオン欽定本として出版したこの字典は，ジェモーナ神父の字典に基づいていながら，著者欄にジェモーナ神父の名を載せていない。批判はこの点に向けられた。しかしギーニュは『漢字西訳』の序文の中で，この字典はジェモーナ神父の *Dictionarium Sinico-Latinum* に基づいたものである，と実はことわっている。その上ジェモーナ神父による原著の字典が9959字だったのに対して，ギーニュのこの字典は14000前後の漢字を収録しており，新たに増補した漢字はすべて *Tching tse tong*『正字通』から引いたとしている。したがって「剽窃」と非難されたギーニュにも，独自性がまったくないわけではなかった。

この批判はともかくとして，とにかくギーニュとクラプロートのおかげで，ジェモーナ神父の写本はついに日の目を見ることができた。

⑰は，インド在住の宣教師マーシュマン（Joshua Marshman，1768-1837）が編纂した文法書である。この著作には中国語の文法を述べたものだけではなく，『大学』の対訳も一部含まれている。

⑱は，モリソンが書いた中国語文法書である。西洋の文法理論を以て，中国語を分析する大作である。収録されている中国語は日常会話が中心である。

以上モリソン以前の主な中国語・欧文字典と文法書をリストアップしてみたが，それ以外にもHenri Cordier氏の調査によると，ヨーロッパ各地の図書館に作者不明の中国語・ラテン語字典，ラテン語・中国語字典及び中仏字典の写本が多数所蔵されている[18]。

ここまで見てきたように，モリソン以前に中国あるいはヨーロッパで編まれた中国語字典と文法書に未出版あるいは未熟な字典が多かった。その中で，後にモリソンの字典編纂に大いに参考とされたのはジェモーナの写本であり，その写本にもとづいて出版されたギーニュの『漢字西訳』がもっとも完成度の高い字典と言える。しかしすでに述べたように，東洋文庫所蔵のジェモーナ写本とフランスのファイスト研究院図書館所蔵の『漢字西訳』で見る限り，この2種類の字典は基本的に個々の漢字に対する注釈の域を出ていない。用例に2字以上の漢字からなる単語や熟語が収録された点では大きく前進したが，見出し字以外には全部ローマ字表記が使われ，漢字が用いられていないなど，後の「華英・英華字典」とは本質的な違いがあると指摘できる。

いずれにしても19世紀までに編纂された中国語・欧文字典と文法書は，中国語の音韻体系，単漢字の釈義にとどまっている。また一部には語句や熟語，典拠なども収録されているが，モリソンの「華英・英華字典」のような全方位的な収録方法を行なわなかった。

第2節　モリソン「華英・英華字典」の構成と規模

前節で概観した先行の中国語欧文字典と，モリソンの「華英・英華字典」とは規模においても内容においてもあきらかに異なっている。

まず「華英・英華字典」は，収録漢字の選択および漢字の配列においてはじめて『康熙字典』に依拠する方法をとった[19)]。周知のように「華英・英華字典」は3部構成になっているが，第1部の漢字は『康熙字典』の部首別配列にしたがい，収録字数も『康熙字典』と同じく約4万字となっている。収録字数の数量が先行する字典を大きく上まわっているのみならず，さらにはもっともオーソドックスな『康熙字典』を基準とする点において，漢字文化の全容を西洋に紹介する気概が「華英・英華字典」では表明されたといえる。

次に「華英・英華字典」は『康熙字典』に基づきながら，各見出し字の釈義に用いられた用例が，外国人向けということもあって，先行の字典よりもはるかに豊富である。モリソン自身が『康熙字典』を「もっとも完璧でもっともすぐれた字典」と認める一方，『康熙字典』は「口語を完全に無視」しているため，そのまま翻訳しても「ヨーロッパの学生たちの要求に応えることができない」と考えている[20)]。したがって『康熙字典』の不足を補うべく，「華英・英華字典」では中国の伝統的な字典類には見られない日常会話文や小説中の白話文が大量に引用されている。

「華英・英華字典」における漢籍古典の博引傍証ぶりはまことに驚くほどである。さらに特筆すべきは，それらの古典がほとんど原典を掲げたうえで英訳されていることである。

モリソンは典拠するにあたって『康熙字典』に基づいて引用するが，それにとどまらず，『康熙字典』に取りあげられていない数多くの典拠をも，自ら調べて取りこんでいる。ここで『康熙字典』に取りあげられていて，かつ「華英・英華字典」で引用数がある程度正確に把握できる引用漢籍を下記の表にまとめた。なおモリソンが参考にした，『字彙』『正字通』『説文解字』『爾雅』などの字書類は，ここには含まれていない。

表2　「華英・英華字典」が引用した漢籍名と回数

漢籍書名	詩経	論語	大学	書経	孟子	中庸	易経	礼経
引用回数	253	79	14	106	57	13	71	109

それ以外に，引用数の統計に正確を期せないため上表に含めなかった『康熙字典』に依拠した漢籍引用も下記の19種類にのぼる。

『左伝』『荘子』『老子』『漢書』『史記』『尚書』『淮南子』『荀子』『韓非子』『周礼』『道徳経』『華厳経』『五代史』『管子』『春秋』『山海経』『唐史』『唐書』『楊子』

上記のほかに，同じ見出し字または項目の釈義に『康熙字典』に依拠せず，「華英・英華字典」が独自に取りあげた漢籍や清朝の条例，皇帝聖旨および民間小説などの資料も少なくない。それらについて，以下のように書名でまとめてみた。

『孝経』『初学明鏡』『三国志』『歴代統紀表』『歴代名臣言行録』『二十四図賛』『大清律例』『科場条例』『聖諭』『少学体注』『千字文』『三字経』『本草綱目』『本草求真』『家宝全集』『三才図絵』『淵鑑類函』『故事瓊林』『信心録』『功過格』『関聖帝君覚世真経』『明心宝鑑』『神仙通鑑』『百美新詠』『紅楼夢』『好逑伝』『全人矩薙』『太平広記』『覚世編』『姓譜』『二十一史』『初集啓蒙』『京報』『政府布告』『五車韻府』[21)]

モリソン自身が書中に明示しない場合もあるため，上記2つのリストに漏れた引用書籍もきっと少なからずあるはずである。しかし以上だけでも，単なる個々の漢字の訳義にとどまらずに，中国文化に関する情報をできるだけ網羅しようとするモリソン「華英・英華字典」の一面がうかがえるだろう。[22)]

このような広い視野をもった「華英・英華字典」は，全体で3部6巻構成の大著となった。

第1部は『康熙字典』にしたがって漢字を配列した中国語・英語字典。『康熙字典』にちなんで『字典』と名付けた。英語名：*A Dictionary of the Chinese Language*（Chinese and English, arranged according to the Radicals） 計3巻で，「華英・英華字典」の最も重要な部分にあたる。

第2部は『五車韻府』[23)]と中国語の書名をつけて，漢字は外国人が利用しやすいように，アルファベット順に配列されている。英語名：*A Dictionary of the Chinese Language*（Chinese and English Arranged Alphabetically）。計2巻。

1部と2部が中国語・英語字典であるのに対して，第3部は英語・中国語字典となっている。英語名：*A Dictionary of the Chinese Language*（English and Chinese）計1巻。

さらに内容が幅広いだけでなく，構成の多様性という点もモリソン「華英・英華字典」の特徴の1つとして指摘できる。

W. ロプシャイト（W. Lobscheid, 1822-？，羅存徳）が1866年から1869年にかけて4巻本の『英華字典』を出版したが，その中に中国語辞書や文法書編纂の主要業績を振り返ったリストがある。全部で23冊挙げられているそのリストの中で，モリソンの「華英・英華字典」は，*Dictionnaire Chinois, Français et Latin*『漢字西訳』の次に，2番目として掲げられている。モリソン以前にもヨーロッパ人による中国語辞書編纂の努力がさまざまに行なわれてきたが，そのなかで評価すべき実績を残しているとロプシャイトが考えているのは『漢字西訳』のみであり，それを受け継ぐのが「華英・英華字典」だということが，このリストによってうかがえる[24)]。ロプシャイト自身の字典もモリソンから影響を受けていることを，彼は自ら認めている。しかしモリソンよりほぼ50年後に編纂されたロプシャイトの字典は，百科事典的な性格をもっていない点において，規模が小さいばかりでなく，収録語彙や例文などの面でもモリソンの「華英・英華字典」を超えてはいない。

先に述べたロプシャイトのリストでは，モリソンの「華英・英華字典」の次にメドハースト（Walter Henry Medhurst，1796-1857，麦都思）の『福建語字典』（*A dictionary of the Hok-keen dialect of the Chinese language*，1832）やウエールズ・ウィリアムズ（Wells Williams，1814-1884，中国名：衛三畏）の『英華韻府歴階』（*English and Chinese Vocabulary*，1844）が挙げられている。メドハーストにはほかに『華英字典』（*Chinese and English Dictionary*，1842-1843）もあるが，その『華英字典』の見出し字の出典はモリソンの「華英・英華字典」にしたがって，『康熙字典』に基づきながら語彙部分は「華英・英華字典」を参考にした，とメドハースト自身が認めている。同様にウエールズ・ウィリアムズの『英華韻府歴階』もモリソンの「華英・英華字典」を参照していると記している。しかしメドハーストの字典もウエールズ・ウィリアムズの字典もロプシャイトの字典と同じように，書物としての規模や収録語彙数，あるいは例文数で「華英・英華字典」を上まわっていない。

第3節　「華英・英華字典」の編纂過程

「華英・英華字典」がどのように編纂されたのか，この節では，「華英・英華字典」の編纂過程について触れてみたい。

モリソンは中国に赴いたプロテスタント宣教師の先駆者である。1807年9月4日中国に上陸してから1834年8月1日に広州で死去するまで，休暇のためイギリスへ帰った2年間をのぞいて，モリソンは中国で25年活動した。しかし25年の間にモリソンみずからの手で洗礼を授けた入信者はわずか数人しか知られておらず，モリソンの活動歴に特に具体的な布教活動をした足跡が見あたらない。他の宣教師と異なって，モリソンははじめから特殊な期待を背負って中国に旅立ったのである。それは『聖書』の翻訳と中国語字典の編纂であった。

1．「華英・英華字典」の編纂準備

1804年，ロンドンの神学校に在学中のモリソンが宣教師を志願し，学校にロンドン伝道会（London Missionary Society）の活動に参加したい旨を申し入れたところ受理され，ロンドン伝道会はさっそくモリソンを中国へ派遣することを決めた。その際にロンドン伝道会がモリソンに出した明確な指示は，「中国語の習得および『聖書』の翻訳。教授と布教は当面の計画に含まれない。」というものであった[25)]。その指示は1807年モリソンが中国に上陸すると，より具体的なものになった。「われわれは，どんなことがあってもあなたが中国語を完全に身につけるまで，中国に滞在しつづけることを信じる。それが達成されれば，あなたはそれを世界に幅広く役立てることに生かすであろう。あなたは今までのどの字典よりも内容豊かで精確な中国語字典を編纂し，あるいはさらに『聖書』を人類三分の一の人が使う言語に翻訳することに成功するであろう[26)]」

モリソンとそのライフワーク「華英・英華字典」の縁は，実にここから始まった。1805年からモリソンは中国へ赴任するための準備に着手した。医学や天文学などの勉強のほかに，モリソンは中国語の勉強も始めた。ロンドンで中国人の容三徳（Yong Sam-tak）を紹介され，容から中国語の読み書きを教わった。後の「華英・英華字典」編纂につながる仕事として注目すべきなのは，この時期にモリソンが中国語の勉強も兼ねて，容三徳とともにロイヤル協会（The Royal Society）の所蔵する中国語字典を写していたことである[27)]。

1807年1月，モリソンはロンドンを出発し，ニューヨーク経由で中国へ向かった。長い船旅を経て，1807年9月4日にマカオに到着した。中国に上陸早々，モリソンはロンドン伝道会の指示に忠実にしたがって，『聖書』の翻訳と「華英・英華字典」編纂の下準備にとりかかった。中国語を勉強するかたわら，モリソンはロンドンから持参したラテン語・中国語字典の翻訳を試みた[28]。そして1807年12月，中国上陸後初めての仕事として，中国語語彙表を作りあげた。12月20日付けロンドンへの手紙でそのことを報告し，これから中国へ渡航する人のために役立ててほしいので，近いうちにロンドンに送ると書いている[29]。これを「華英・英華字典」編纂の第一歩と見なすことができる。そして驚くべきことに，1808年７月，つまりモリソンの中国到着後10ヶ月の時点で，すでに5000字の漢字に対し，それに対応する英語の語彙と例文がまとめられたのである[30]。

1809年，語学の才能を買われて，通訳として東インド会社に雇われたことは，彼の業績を考える面で特筆すべき事実である。この就職はモリソンに経済的な安定をもたらし，中国滞在の法的根拠に関する不安を解消しただけでなく，後に「華英・英華字典」の編纂に東インド会社から大きな援助をもらうようになるので，モリソンにとってはまことに幸運な出会いであった。

蘇精の『馬禮遜与中文印刷出版』によれば，1808年前半からモリソンは「華英・英華字典」の編纂を始めた。最初の計画は２～３年の間に字典２部を完成する予定であった。第１部は英華字典，第２部は華英字典との計画であった。

1812年には字典の編纂計画が若干変更され，２部の計画から３部になった。第１部はアルファベット順の華英字典，第２部は部首別の華英字典，第３部は英華字典と予定された。

1814年，「華英・英華字典」の原稿が1000頁あまりに達し，字典の部数に関する計画にも３度目の変更が加えられ，内容がより具体的になった。第１部を『康熙字典』の部首別による華英字典に改め，『康熙字典』にある見出し字をすべて収録して合計約４万字とし，個々の見出し字に字義の解釈と例文，および語例と各種の書体を加える。第２部は中国語の音節順による華英字典で，収録字数は第１部とほぼ同じ，個々の見出し字には簡単な釈義を与える。第３部は英語のアルファベット順による英華字典で，個々の英単語と対応する漢字と単語が付される[31]。

ここに来て字典編纂のフレームワークがようやくできあがったといえるが，しかし部ごとの具体的な巻数は，第１部第１巻が出版される時になってもまだ決まっていなかった。1817年,「華英・英華字典」第1巻の出版に当たり，当時の英字年鑑 *The East India Register and Directory for 1817*には，「華英・英華字典」の部立てなどについて，つぎのような記事があった。

第1部　華英字典，部首別配列。
第2部　華英字典，アルファベット順配列。
第3部　英華字典

具体的な巻数については，「現在のところ字典の内容はまだ確認されていない。しかしいずれにしても，ロイヤル版4，5巻の分量になるだろう。1巻ずつ刊行される予定で，第1巻はすでに届いている[32]」と記されている。

この記事から,「華英・英華字典」の巻数は刊行前に決まっていたわけではなく，刊行しながら決めていったことがわかる。全体の巻数がなかなか決まらなかったことの原因の1つには，はじめから膨大な情報量をこの字典に盛りこもうとするモリソンの雄大な構想がどこまで現実の出版情況と妥協できるか，という事情があったものと考えられる。

出版順番も，計画どおりにはいかなかった。実際の出版順は次の通りである。

1815年　第1部第1巻
1819年　第2部第1巻
1820年　第2部第2巻
1822年　第3部
1822年　第1部第2巻
1823年　第1部第3巻

出版順序がこのように変わったのは，ひとつはヨーロッパにおける中国語学習者の便宜を図るためだったと考えられる。『康熙字典』の部首別配列にしたがった字典よりも，ヨーロッパの初心者はアルファベット順に漢字を配列した字典を渇望していたのである。

そして第3部の *English and Chinese* 字典の出版によって，この「華英・英華字典」は単なるヨーロッパ人のための字典ではなく，漢字文化圏の人びとのための字典にもなり，「華英・英華字典」の利用範囲が一層広くなった。第3部の献辞に英語のアルファベットに関する説明が中国語で書かれており，この字典を利用する漢字文化圏の人びとにアルファベットの基本を教えようとするモリソンの意図がうかがえる。

2．編纂に関わる中国人協力者

「華英・英華字典」の編纂過程に関してはまた，モリソンに協力した多くの人々についても触れなければならない。モリソンは「華英・英華字典」の参考資料について，第1部第1巻で次のように述べている。

> この字典は『康熙字典』に依拠している。第1部の字数と配列は『康熙字典』によるものであり，釈義と文例は，『康熙字典』をはじめ，私の漢字用法についての知識，ローマ教会の写本，地元の学者，および丁寧に収集したさまざまな書物にもとづいている。[33)]

ここで中国の学者から協力を得たことにモリソンは言及している。この中国の学者については名前が明記されていないが，おそらくモリソンの中国語の勉強に協力した先生たちと，書物の印刷出版に協力した中国人アシスタントたちのことと思われる。

モリソンは25年間にわたる中国滞在期間中に，実に多くの中国人から中国語を習っていた。その多くは訓練を受けたプロの教育者ではなく，カトリック信者や商人，あるいは子供などであったが，そのほとんどはモリソンに漢字の読み方や広東語方言を教えた程度であり，モリソンの字典編纂に協力したとはいえない。

本格的にモリソンに中国の古典を教え，字典の編纂や校正に大いに協力したのは，Ko seen-sang（蘇精が葛先生と表記しているので[34)]，以下それにしたがう）という中国人学者であった。モリソンがはじめて中国語を習った容三徳（Yong Sam-Tak）が，中国語の教師として葛先生をモリソンに紹介したのは，1808年9月はじめのことである。以降1817年2月までの9年弱の間，葛先生はずっとモリソンのそばにいてモリソンを助けた。モリソンは中国語教師を数多く雇用していたが，葛先生ほど長く勤め，モリソンの仕事に重要な役割を果たした人はほかにいない。とりわけ1808年から1817年までの間はちょうどモリソンの中国語学習や『聖書』翻訳，字典編纂のもっとも基礎的な段階にあたる時期であっただけに，葛先生の存在がモリソンにとっては欠かせないものであった。

モリソンは葛先生のことを ‘my venerable assistant’（私の尊敬する協力者）と敬意をこめて称していた。モリソンの日記には葛先生に対する称賛の言葉がよく現れる[35)]。それは葛先生の人格もさることながら，学識に由来するものなのである。葛先生は古典的素養を身につけた知識人で，また生涯にわたって教育事業に従事していた。その上モリソンと出会った時は，まさに人間として成熟しつつあった40代であった。次章以降に詳しく述べるように，「華英・英華字典」には中国の古典文献が豊富に取り入れられており，編纂者のモリソンが中国古典に幅広い知識をもっていることが随所に見られるが，そのモリソンに古典の手ほどきをしたのは葛先生であった。

モリソンの日記には，葛先生に古典を教わった記録が書き記されている。

> この１年の間，葛先生は私に，先ほど触れた孔子の著作の読みを教えてくれた。彼はそれを教えるのが非常に上手で，しかも非常に喜んで教えてくれる[36)]。

葛先生はモリソンに古典の手ほどきをしただけではなく，さらには彼の字典編纂の仕事にも協力した。モリソンが字典に取り入れて翻訳したものの多くは葛先生の校閲を受けた。モリソンは日記で時々そのことに触れている。

> 葛先生は翻訳を直してくれる[37)]。
> 彼（葛先生）は私の翻訳したことわざを丁寧に直してくれ，印刷工にわたす前の紙面を校正してくれる[38)]。
> これらの賛美歌と賛美詩は，私が英語から翻訳したあと，葛先生とご子息が韻をそろえてくれた[39)]。
> 葛先生はひきつづき私の字典編纂を手伝ってくれ，あらゆる私の依頼も引き受けてくれる[40)]。

葛先生のほか，もう１人モリソンの仕事に大きく貢献した中国人がいた。

それはLow–Heen（蔡軒）である。彼は葛先生ほど古典の教養をもっていないが，書道に長けていたため，モリソンのために多くの書物や資料を筆写した。また一時はモリソンの広東語の先生も勤めていた。モリソンは蔡軒のことを‘my companion and tutor’（我が友と家庭教師）と呼んでいる。モリソンの中国語の出版物は蔡軒の手によって書写され，木版印刷されたものが多い。モリソンにとって，蔡軒と葛先生は有力な助手であり，その2人の仕事ぶりについて，モリソン自身がつぎのように語っている。「蔡軒は書道が上手で，紙面作りに非常に役に立つ。葛先生は翻訳の校正を担当してくれる。2人はそれぞれの役割を果たしてくれる[41]。」

3．編纂に関わるイギリス人協力者

中国人協力者のほかに，東インド会社のスタッフたちも忘れてはならない。「華英・英華字典」の扉頁には「栄光あるユナイテッド東インド会社役員会に捧げる。本字典は彼らの単独出資によって刊行されるものである[42]」と印刷され，さらに前書きの末尾にモリソンは，協力を受けた東インド会社関係者の名を1人ずつあげて，謝意を記す。モリソンの謝辞のとおり，「華英・英華字典」の印刷と出版は東インド会社の資金と人員のサポートなしでは成り立たないものであった。

とはいえ，ロンドンにある東インド会社の上層部である役員会（the Court of Directors）はモリソンに対して決して好意的ではなかった。当時中国政府が禁教政策をとっていたため，宣教師という宗教的な身分は会社の利益を損なう可能性があることを理由に，東インド会社は1807年にモリソンの中国渡航乗船を拒んだ。そのためモリソンはニューヨークを経由して中国へ向かうことになり，中国上陸後もしばらくアメリカ人として生活せざるをえなかった。1809年にモリソンを中国語通訳として広東で現地採用した時も，「代わりの人が戻ってきたらすぐ契約をうち切る」との条件付きで，しぶしぶ許可が降りたのであった[43]。したがってモリソンの字典編纂に協力したのは，正確には東インド会社広東事務所の特別委員会（Select Committee）のメンバーと職員たちだった，と言う方が適切である。彼らは本社役員会に対してモリソンへの支援を訴えただけでなく，各個人もモリソンの字典編纂に助けの手をさしのべた。以下に東インド会社広東事務所特別委員会のだれが，モリソンの「華英・英華字典」の編纂に関して，具体的にどのような協力をあたえたかについてまとめてみたい。

①John William Roberts　モリソンが中国に上陸した時，ロバーツは広東事務所の責任者（大班，president）の任にあり，任期1810年までの在任期間中に，モリソンの仕事に大いに協力した。ロバーツ自身は広東事務所の職員時代に会社の中国語学習者の募集に応募し，会社の最初の中国語学習者３人中の１人として選ばれたので，中国語の学習経験があった。彼の中国に対する関心は，単に言葉の勉強にとどまらず，広東事務所内に図書館まで作り，中国に関する書籍を集め，社内の中国語学習意欲を高めようとした。彼はモリソンと出会い，モリソンの字典編纂の計画を聞くと，即座に自分の権限内でできるだけモリソンをサポートしたいと表明し，実行した。彼はモリソンに広東事務所の図書館を自由に使用することを許可したのみならず，モリソンの現地採用，字典印刷への資金協力など，会社の役員会への説得も積極的に行なった。[44)]

②Sir George Thomas Staunton　ロバーツが自分の権限を利用して，モリソンをサポートしていたのに対し，ストーントンは語学面でモリソンに多くの助言をあたえた人物である。彼は少年時代に父親についてマカートニー使節団（Embassy of Earl Macartney）に参加し，乾隆帝に謁見する際の通訳もしたほど，中国語に造詣が深かった。モリソンの中国での最初の中国語の先生も，彼が紹介したのである。[45)] モリソンの字典の編纂や語学関係の書物の出版にあたっては，いつもあたたかく見守って援助の手をさしのべる，モリソンの生涯の友人であった。[46)]

③Alexander　Person　東インド会社広東事務所の医師兼図書館員である。彼も熱心な中国語学習者であり，1804年ころ会社にいたスペイン人の中国語通訳 Rodriguez 神父について中国語の勉強をはじめた。彼はモリソンのホームドクターとしてモリソンと親しくなり，そして同じく熱心な中国語学習者としても親交を深めていた。モリソンが次第に自分の字典編纂計画を話すようになるのにつれて，パーソンは大いに計画に賛同し，また会社の同僚にもこの計画を話して多数の賛同を得，モリソ

ンのためにいろいろな字典編纂に必要な資料を集めてきた。

④Samuel Ball　　東インド会社広東事務所のティー・インスペクター（tea inspector）である。パーソンと一緒にスペイン人Rodriguez神父について中国語を勉強した経験がある。モリソン，パーソンと3人で中国語学習に関する書物を共有したり，議論したりすることがしばしばあった。彼はスペイン語の中国語文法書をモリソンに贈っている[47]。

⑤John F. Elphinstone　　1808年にモリソンにラテン語の中国語字典を贈った。また1812年にエルフィンストンが広東事務所の責任者になってからは，積極的に本社役員会にモリソンの「華英・英華字典」を推薦した。ヨーロッパ各国はいま中国語字典を必要とする時期であり，もし東インド会社が出版のスポンサーになれば，英国の中国に対する理解を深めるのみならず，会社の対中国貿易にも有利であり，しかも会社に知識と文化を重視する評判ももたらすことができると強くアピールした。彼の努力のおかげで，1814年ロンドンから，「華英・英華字典」を印刷するために印刷機1台と印刷工1名が派遣された。

このようにモリソンは，中国人から最良の教師とアシスタント，東インド会社の人々から資金と設備および人員の協力を得て，「華英・英華字典」の編纂をなしとげたのである。

4．編纂に使われた語学参考書

最後に「華英・英華字典」編纂過程でモリソンが利用した主な語学参考書について記しておく。

「華英・英華字典」は『康熙字典』及びその他の中国語の韻書と字書を参照したのみならず，当時ヨーロッパ人の手によって編まれた中国語字典や文法書も多く参照した。モリソンが参考にしたと思われる主な字典，文法書類は下記の通りである。

①ラテン語・中国語字典 (a)

モリソンの日記によると，東インド会社のElphinstone氏が50ポンドもする1冊のラテン語中国語字典を彼に贈っている[48]。この字典の編者と内容は不明であるが，値段が付いていることから考えると，出版され，販売されていた字典である可能性が大きい。

②ラテン語・中国語字典 (b)

東インド会社の医者 Alexander Pearson から借りたものである。この字典には2万余りのラテン語単語に対応する漢字と熟語が含まれている[49]。そしてモリソンは7ケ月をかけて，この1100頁もある字典を書き写したという[50]。2万あまりのラテン語単語と1100頁という点から考えるとかなり大きな字典のようだが，作者の情報がないため，第1節に掲げたモリソン以前の漢語字典一覧表の中のどれにあたるか，あるいはそもそも同表に含まれていないものなのかは，現時点では判断できない。

③ローマカトリック教会の字典の写本（the Manuscript Dictionaries of the Roman Church）

上記の写本についてモリソンは，「華英・英華字典」の序および日記，書簡の中にしばしば言及している[51]。名詞が複数形で表記されていることから見ると，モリソンが参考にした写本が数冊あったことが分かる。

モリソンは「華英・英華字典」の序文で，ローマカトリック教会の字典の写本は「1万から1万3千字含まれており，後のフランス語刊行本は1万3千316字含まれている」と述べている[52]。この「フランス語刊行本」とは1813年に出版された中国語・ラテン語・フランス語の『漢字西訳』を指していることはまちがいない。すでに述べたように『漢字西訳』はジェモーナ神父の写本に基づいており，したがってモリソンが序文の中に言及した数冊の字典とはジェモーナ神父の *Dictionarium Sinico-Latinum* の，部首別配列とアルファベット順配列の2つのテキストではないかと推測できる。

なおかつてモリソンがジェモーナ神父の字典を剽窃した，とあるカトリック宣教師から批判を受けたことがある[53]。もちろんこの批判はあたっていないが，モリソンがたしかにジェモーナ写本を参考にしたことの傍証の1つにはなる。実際に「華英・英華字典」の第1部第1巻と第3部に，モリソンはときどき例文などの出典を“MS. Dictionary”，つまり写本によるものだと明記している。

モリソンが中国へ行く前にロンドンのロイヤル協会からローマカトリック教会宣教師が編集したラテン語・中国語字典（Latin and Chinese Dictionary）

の写本を借り，それを全部書き写して中国に持参したことは先に触れた。そして1807年の日記に「いま持参してきたラテン語・中国語（Latin Chinese Dictionary）字典を翻訳し，『康熙字典』にある文字を増補している」とある[54]。この記述からモリソンがイギリスから持参した字典がラテン語・中国語字典であったことがわかるが，しかしHenri Cordierによると，香港の香港大書楼（The City Hall Library）に中国語・ラテン語字典の写本が所蔵されており，その字典にモリソンの直筆メモが見えるという。「この字典は1806年にロンドンのロイヤル協会にある写本から写したものである。この写本はウィリアム・ジョーンズ卿（Sir William Jones）がインドで入手したものである。彼によると，この写本はある宣教活動に従事している人物によるものである[55]。」もし香港大書楼にあったこの写本がHenri Cordierの言う通りに中国語・ラテン語字典で，かつそれにモリソンによる直筆メモがあるならば，モリソンがイギリスから持参してきたのはラテン語・中国語字典ではなく，中国語・ラテン語字典である可能性が大きい。その字典の編纂者は現物を見ていないかぎり特定できないが，第1節に述べたように1700年代には宣教師の間にバジル・デ・ジェモーナ神父の中国語・ラテン語字典の写本が重宝されていて，その写本が多数作られた。また第2章の第6節で再度論証するが，モリソンの字典にはジェモーナ神父の中国語・ラテン語字典を典拠したところが多い。したがってモリソンがロンドンで写したカトリック宣教師の写本がジェモーナ神父のものであったことはほぼ間違いないと考えられる。

モリソンが写したジェモーナ神父の中国語・ラテン語字典の所在に関して，香港のThe City Hall Libraryに問い合わせたところ，Henri Cordier氏の言う香港大書楼とは，1869年から1947年の間に存在していた博物館兼図書館であったとのことだった。現在のThe City Hall Libraryは1962年にできたものであるため，モリソンが写した写本は収蔵されていない。しかし記録によれば1925年にかつての香港大書楼が，モリソンに関するコレクションをすべて香港大学に移した，と同The City Hall Libraryからの教示を得た。香港大学のモリソンコレクションはよく知られており，さっそく問い合わせてみたが，残念ながら現段階では，モリソンがロンドンから持参してきた中国語・ラテン語字典の写本の所在をつきとめることができなかった。これについては，今後改めて調査を実施したいと考えている。

④スペイン語の中国語文法書

これは東インド会社の Samuel Ball 氏からの贈り物である。スペイン語・中国語文法書と言えば，第1節の表1にヴァロの *Arte de la lengua Mandarina*（官話文典）を挙げているが，モリソンが譲り受けた文法書がヴァロの著作であるか今となっては確認することが難しい。或いはもう1つの推測もできる。先ほども見たように Samuel Ball はスペイン人 Rodriguez 神父に中国語を教わっていた。Susan Reed Stifler によると，Rodriguez 神父は自分の学生のためにラテン語で中国語の簡易文法書を編んだことがあるという[56]。たぶん刊行物ではなく小冊子程度のものであろう。一方モリソンも日記で，Ball 氏からスペイン語で書かれた中国語文法書をもらったと記している[57]。おそらく Stifler とモリソンが言っているのはおなじ書物，すなわちスペイン人 Rodriguez 神父がラテン語またはスペイン語混じりのラテン語で書いた簡易文法書のことであろう。

⑤*Dictionnaire Chinois, Français et Latin*『漢字西訳』

1815年3月15日ロンドン伝道会からモリソンに宛てた手紙に，最近パリで出版された中国語字典を送ると書かれている。これは間違いなく第1節で触れたド・ギーニュによって編集された『漢字西訳』を指していると考えられる[58]。「華英・英華字典」の第1部第1巻に例文などの出典として，ときどき“De Guigne”と記してあり，モリソンが「華英・英華字典」の編纂にド・ギーニュの『漢字西訳』を参照した明証である。

⑥*Linguae Sinarum Mandarinicae Hieroglyphicae Grammatica Duplex, Latine & cum characteribus Sinensium*『中国官話』

モリソンは「華英・英華字典」の第1部の序文に，このフールモン（Etienne Fourmont）の文典に言及し，多くの間違いを指摘している[59]。それはモリソンが「華英・英華字典」を編纂する際，この『中国官話』も参考にしたことを示唆している。

⑦*Supplement Au Dictionnaire Chinois-Latin*『漢字西訳補』

どこで入手したか不明であるが，「華英・英華字典」の第1部第1巻に例文などの出典として，“Klaproth's Supplement”と明記している箇所が見える。

注

1）平川祐弘『マッテオ・リッチ伝』1（平凡社，1969年）p.72.

2）費頼之著，馮承鈞訳『入華耶蘇会士列伝』（商務印書館，1938年）p.55.

3）石崎博志「翻刻資料 Barcelona 大学蔵“Arte de la lengua chin cheu”」『日本東洋文化論集』（琉球大学法文学部，第12号，2002年）

4）Giuliano Bertuccioli 著，白樺訳「衛匡国的『中国文法』」任継愈主編『国際漢学』第15輯（2007年）p.220-231.

5）石田幹之助『欧人の支那研究』（共立社書店，1932年）p.174.

6）石田幹之助，前掲書，p.245.

7）Henri Cordier, *Bibliotheca Sinica* (Paris Librairie Orientale & Americaine, 1905-1906), Vol.III p.1634.
Federico Masini,「宣教師が中国語に与えた影響について」狭間直樹編,『西洋近代文明と中華世界』（京都大学学術出版会，2001年）p.98.

8）石田幹之助，前掲書，p.172-173.
John Lust, *Western Books on China Published Up To 1850* (Bamboo Publishing Ltd London, 1987), p.246.
Henri Cordier, Ibid. p.1587.

9）石田幹之助，前掲書，p.173.
費頼之著，馮承鈞訳『在華耶蘇会士列伝及書目』（中華書局，1995年）p.318にも *Lexicon Sinicum* についての言及が見える。作者はメンツェルではなく，クプレとされている。

10）バルセロナ大学図書館に「字彙」と題する中国語・ラテン語字典の写本が所蔵されている。これもジェモーナ字典の写本ではないかと推測されている。この「字彙」という写本は Dolors Folch 氏の ‘Sinological materials in Some Spanish Libraries’ に詳しい。*Europe Studies China* (Han-Shan-Tang Books, 1995)，p.155-156.

11）Giuliano Bertuccioli, ‘Sinology in Italy 1600-1950’ *Europe Studies China* (Han-Shan-Tang Books, 1995)，p.69-70.

12）平野日出雄,「ナポレオン大帝勅版『漢仏羅書』の出版をめぐる人々の物語」『葵（静岡県立中央図書館報）』18号　p.18-21.

13）2002年10月にフランス在住の友人に頼んでファイスト研究院図書館所蔵『漢字西訳』の一部をコピーしてもらい，2003年2月に東洋文庫からジェモーナの写本の一部のコピーを取り寄せた。

14）ヴァロの文法書に関して，W. South Coblin，Joseph A. Levi の *Francisco Varo's*

Grammar of the Mandarin Language (1703) を参照されたい。(John Benjamins Publishing Company Amsterdam/Philadelphia, 2000)

15) 何群雄編著『初期中国語文法学史研究資料』(三元社，2002年) p.309.
Henri Cordier, Ibid. p.1633.

16) 費頼之著，馮承鈞訳『在華耶蘇会士列伝及書目』(中華書局，1995年) p.533，p.592.
Henri Cordier, Ibid. p.1636.

17) 鈴木廣光「ヨーロッパ人による漢字活字の開発　その歴史と背景」『本と活字の歴史事典』印刷史研究会編（柏書房，2000年）p.147-150.

18) Henri Cordier, Ibid. p.1626-1637.

19) Andrew C. West, *Catalogue of the Morrison Collection of Chinese Books* (University of London School of Oriental and African Studies, 1998) によると，モリソンの蔵書に康熙55年（1716）御制『康熙字典』があり，しかもそれにモリソンの書き込みがあり，字典の末尾に「Finished April 9th 1822, Tues. Canton」と記しているという (p.17)。「華英・英華字典」編纂と同時進行して，モリソンが『康熙字典』を丁寧に読んでいたことがわかる。

20) Robert Morrison, *A Dictionary of the Chinese Language* (East India Company's Press, 1815-1823), Part I Vol.I p.ix.

21) このリストは *Catalogue of the Morrison Collection of Chinese Books* の目録順によるものである。ただ，『全人矩矱』と『太平広記』は目録にみえるが，ロンドン大学アジア・アフリカ学院に実際所蔵されていない。『覚世編』『姓譜』『二十一史』『初集啓蒙』『京報』『政府布告』『五車韻府』は目録に収録されていない。

22) 「華英・英華字典」に集められた膨大な書籍情報は，後述のように，モリソンの個人教授をつとめた中国人教師の指導によるものもあっただろうが，モリソン自身が独自に書籍を収集し，原典に当たっていたと考えられる。その証拠の一つに，モリソンの蔵書目録に，上記の表に挙げた書籍のほとんどが収められているのである。

23) 「華英・英華字典」第2部第1巻の献辞によると，『五車韻府』は陳先生（Chin seen sang）という人物によって編纂された字典であり，彼の生前には出版されなかった。『康熙字典』が編纂された時，彼の弟子によってこの原稿の存在が康熙帝に報告され，やがて『康熙字典』の編纂にも用いられたとされている。『五車韻府』とモリソン字典の関係について第2章第6節で詳細に検証する。

24) W. Lobscheid, *English and Chinese Dictionary* (Hongkong, 1866-1868)

25) Eliza Morrison, *Memoirs of the Life and Labours of Robert Morrison* (London, 1939), Vol.I p.68.

26) "we trust that no objection will be made to your continuing in Canton, till you have accomplished your great object of acquiring the language. When this is done, you may, probably, soon afterwards begin to turn this attainment into a direction which may be of extensive use to the world: perhaps you may have the honor of forming a Chinese Dictionary, more comprehensive and correct than any preceding one; or the still great honor of translating the sacred Scripture into a language spoken by a third part of the human race." Eliza Morrison, Ibid.Vol.I p.96.

27) Eliza Morrison, Ibid. Vol.I p.78.

28) Eliza Morrison, Ibid. Vol.I p.164.

29) Eliza Morrison, Ibid. Vol.I p.186.

30) 蘇精『馬禮遜与中文印刷出版』（台湾学生書局，2000年）p.82.

31) 蘇精，前掲書，p.82，88，90.

32) Lindsay Ride, *Robert Morrison The Scholar and the Man* (Hong Kong University Press, 1957), p.14.

33) "Of the following Dictionary, Kang-he's Tsze-Teen, forms the ground work; the arrangement and number of Characters in the First Part, are according to it. The Definitions and Examples, are derived chiefly from it; from Personal knowledge of the use of the Character; from the Manuscript Dictionaries of the Romish church; from Native Scholars; and from Miscellaneous Works perused on purpose." Robert Morrison, Ibid. Part I Vol.I p. ix.

34) 蘇精，前掲書，p.69.

35) "Ko Seen-sang is a man forty-five years of age. His grandfather was a Mandarin of some rank. He is of a mild and amiable disposition, of good natural parts, and has been accustomed all his life to teach." Eliza Morrison, Ibid. Vol.I, p.343.

36) "During this year Ko seen-sang has led me through a part of the works of Confucius, to which I have alluded above. His ability to teach them is considerable, and he is very willing." Eliza Morrison, Ibid. Vol.I p.274.

37) "Ko seen-sang revises what is translated." Eliza Morrison, Ibid. Vol.I p. 343.

38) "He (Ko seen-sang) carefully corrects the idioms of my translations; helps to examine the pages that are written for type-cutter." Eliza Morrison, Ibid. Vol.I p.353.

39) "They (Hymns and psalms) were translated from the English by me, and

rendered into verse by Ko seen-sang and his son." Eliza Morrison, Ibid. Vol.I p.407.

40) "Ko seen-sang continues with me to assist in compiling the Dictionary, or whatever else I require." Eliza Morrison, Ibid. Vol.I p.439.

41) "He (Low-Heen) writes a good hand, and is very useful in writing for the press. Ko seen-sang revises what is translated. They both do their parts without scruple." Eliza Morrison, Ibid.Vol.I p.343.

42) "to The Honorable The court of Directors of The United East India Company, at whose sole expense, the following work is printed"

43) 1810年4月18日付けの東インド会社の役員会から広東事務所あての公文書に下記のような記述がある。

"After Sir George Staunton shall have returned to China…you will of course have no further occasion for the Services of Mr. Morrison…and must immediately discontinue the salary you have granted him." Susan Reed Stifler, 'The Language Students of the East India Company's Canton Factory' *Journal of North—China Branch of the Royal Asiatic Society* Vol.69, 1938 p.62.

44) モリソンの日記にこのような記述がある。"Mr. Roberts approved of my intention to form a Dictionary and felt disposed to aid me in the expense, apprehending the Company would not be averse to it" Eliza Morrison, Ibid. Vol.I p.212.

45) "On his arrival, Sir George introduced Mr. M. to Mr. Roberts, the Chief of the English Factory, and obtained for him, as a teacher, Abel Yun, a Roman Catholic Chinese from Pekin." Eliza Morrison, Ibid. Vol.I p.159.

46) "The kindness with which Sir George Staunton had received Mr. M. at Macao, engaged his confidence, and laid the foundation of a close intimacy which was only dissolved by death." Eliza Morrison, Ibid. Vol.I p.158-159.

47) Eliza Morrison, Ibid. Vol.I p.206.

48) Eliza Morrison, Ibid. Vol.I p.196.

49) 蘇精，前掲書，p.82.

50) Eliza Morrison, Ibid. Vol.I p.226.

51) モリソンがある書簡の中で参考にした字典についてこのように述べている。

'To these means Dr. Morrison added such help as he could derive from several MS. Dictionaries of the old Missionaries, in English and French, and latterly, the printed copy of Father Basil's Dictionary.' Eliza Morrison, Ibid. Vol.II p.454.

52）Robert Morrison, Ibid. Part I Vol.I p.ix-x.

53）*The Chinese Repository* (Tokyo Maruzen, 1941-1943), Vol.13 p.569.

54）Eliza Morrison, Ibid. Vol.I p.164.

55）Henri Cordier, Ibid. Vol.III p.1627.

56）Susan Reed Stifler, Ibid. Vol.69 p.56.

57）Eliza Morrison, Ibid. Vol.I p.206.

58）Eliza Morrison, Ibid. Vol.I p.419.

59）Robert Morrison, Ibid. Part I Vol.I p.xi.

第2章 「華英・英華字典」にみる中国文化情報

モリソンの「華英・英華字典」には中国文化を紹介する用例と西洋文化を紹介する語彙の両側面が備わっていることから，第1章第1節に述べたような多くの先行研究が行なわれ，19世紀におけるモリソンの東西文化交流への貢献が称えられた。本章では,「華英・英華字典」に収録された用例の内容に注目し，3部で構成されている「華英・英華字典」を第1部『字典』，第2部『五車韻府』，第3部 *English and Chinese* と部ごとに分析し，字典の中にどのような中国文化情報が収録されたかについて検討する。

第1節 『字典』にみえる『論語』

モリソンは中国に到着した翌年から，はやくも「華英・英華字典」の編纂に着手した。すでに述べたように，モリソンの「華英・英華字典」はそれまでにヨーロッパで刊行された，個々の漢字の釈義と一部の口語の収録にとどまっている中国語・ラテン語，あるいは中国語・フランス語字典に比べ，豊富な熟語や例文を原文のまま組み入れている点において，きわだった斬新さをもっている。しかしそれ以上に，その豊富な熟語と例文に，中国の古典が原文併記でふんだんに含まれているのも注目すべき画期的な点である。

今後中国に着任する宣教師たちの役に立ちたい，というのが「華英・英華字典」編纂の直接的な動機の1つであった[1)]。英語圏の人々にとっては他言語からの転訳しかなかった時代に，モリソンは中国語や中国文化を習いはじめた人のために，なるべく多くの中国古典の原文を英訳するとともに提示するのに努めた。注目したいのは，その際のモリソンの原典に対する扱いである。「華英・英華字典」の第1部である『字典』の見出し字と配列順序はすでにみてきたように,『康熙字典』に従っている。そのため『字典』の原典引用も当然『康熙字典』をふまえているが，ただ実際に『字典』に取り込まれた原典の量は,『康熙字典』をはるかに上回っている。

この節では，『論語』の引用を例に，『字典』における原典重視の編纂および扱われた原典情報量の大きさを，下記の表を通して示したい。

表 3 『字典』に収録されている『論語』

見出し字	『字典』	『康熙字典』	『論語』の篇名
三	三思而後行。	三思而後行	公冶長
乞	乞諸其隣，而與之。		公冶長
事	君使臣以禮，臣事君以忠。 事父母能竭其力，事君能致其身，雖曰未學，吾必謂之學矣。		八佾 学而
二	回也，聞一以知十，賜也，聞一以知二。		公冶長
仁	巧言令色，鮮矣仁。 仁以爲己任。	仁以爲己任	学而 泰伯
以	不使大臣怨乎不以。 視其所以，觀其所由，察其所安，人焉廋哉，人焉廋哉。	不使大臣怨乎不以 視其所以	微子 為政
何	子曰，不曰如之何如之何者，吾莫如之何也巳矣。		衛霊公
佞	或曰，雍也，仁而不佞，子曰，焉用佞，禦人以口給，屢憎於人，不知其仁，焉用佞。	焉用佞	公冶長
俟	君命召，不俟駕行矣。		郷党
信	子曰，人而無信不知其可也。 與朋友交，言而有信。 上好信，則民莫敢不用情。		為政 学而 子路
倍	出辞氣，斯遠鄙倍矣。	斯遠鄙倍矣	泰伯

倦	誨人不倦。		述而
備	無求備於一人。		微子
億	賜不受命，而貨殖焉，億則屢中。	億則屢中	先進
儺	郷人儺，朝服而立於阼階。		郷党
克	克己復禮爲仁。	克己復禮爲仁	顔淵
免	子生三年，然後免於父母之懷。		陽貨
勃	色勃如也。	色勃如也	郷党
兢	戰戰兢兢，如臨深淵，如履薄氷。		泰伯
共	子曰，爲政以徳，譬如北辰，居其所，而衆星共之。	居其所而衆星共之	為政
出	弟子入則孝，出則弟。		学而
則	行有余力，則以學文。 過則勿憚改。 克伐怨欲不行焉，可以爲難矣，仁則吾不知也。	行有余力則以學文	学而 憲問
加	冉有曰，既庶矣，又何加焉，曰，富之曰既富矣又何加焉曰教之。 我不欲人之加諸我也吾亦欲無加諸人。	又何加焉	子路 公冶長
勸	擧善而教，不能則勸。	擧善而教，不能則勸。	為政
勿	非禮勿視，勿聽勿言，勿動。	非禮勿視	顔淵
巻	巻而懐之。		衛霊公
匼	以杖荷匼。	以杖荷匼	微子
厭	天厭之，天厭之。	天厭之	雍也
厲	君子聽其言也厲	聽其言也厲	子張

叩	子以杖叩其脛。	以杖叩其脛	憲問
召	君命召，不俟駕行矣。		郷党
吝	驕且吝。	使驕且吝	泰伯
周	君子周急。	君子周急不繼富	雍也
器	君子易事而難説也，説之不以道，不説也，及其使人也，器之，小人難事而易説也，説之，雖不以道，説也，及其使人也，求備焉。 子曰，管仲之器小哉。	及其使人也器之 管仲之器小哉	子路 八佾
喩	子曰君子於義，小人喩於利。	子曰君子於義，小人喩於利	里仁
嗅	三嗅而作。	三嗅而作	郷党
因	殷因於夏禮，周因於殷禮。 因不失其親，亦可宗也。	殷因於夏禮 因不失其親亦可宗也	為政 学而
困	不爲酒困。 生而知之者，上也，學而知之者，次也，困而學之，又其次也，困而不學，民斯爲下矣。	困而學之又其次也	子罕 季氏
固	君子不重，則不威，學則不固。 孔子曰，非敢爲佞也，疾固也。	學則不固 非敢爲佞也疾固也 君子固窮（「衞靈公」）	学而 憲問
圖	子在齊聞韶，三月不知肉味，曰，不圖爲樂之至於斯也。	不圖爲樂之至於斯也	述而
在	父母在，不遠遊，遊必有方。	父母在	里仁
堂	門人不敬子路，子曰，由也升堂矣，未入於室也。 曾子曰，堂堂乎張也，難與並爲仁矣。	 堂堂乎張也	先進 子張
報	以直報怨，以德報德。		憲問

墜	文武之道，未墜於地。	未墜於地	子張
夷	原壤夷俟，子曰，幼而不孫弟，長而無述焉，老而不死，是爲賊，以杖叩其脛。	原壤夷俟	憲問
奚	奚其爲爲政。		為政
奪	或問管仲，曰，人也，奪伯氏騈邑三百，飯疏食，没歯無怨言。	奪伯氏騈邑三百	憲問
如	孔子於郷黨，恂恂如也，似不能言者，便便言。	恂恂如也	郷党
子	孔子曰，君子有三畏，畏天命，畏大人，畏聖人之言，小人不知天命而不畏也，狎大人，侮聖人之言。 君子有九思。 君子謀道不謀食，憂道不憂貧。 人不知而不慍，不亦君子乎。 （君子）求諸己，小人求諸人。 （君子）矜而不争，羣而不黨。 君子病無能焉，不病人之不己知也。疾没世而名不稱焉。		季氏 衛霊公 学而 衛霊公
孝	孟懿子問孝，子曰無違，不背於理。 生事之以禮，死葬之以禮，祭之以禮。 父母唯其疾之憂。 子游問孝，今之孝者是謂能養，至於犬馬，皆能有養，不敬何以別乎。 子夏問孝，色難，有事弟子服其勞，有酒食先生饌，曾是以爲孝乎。		子罕
学	子曰，学而時習之，不亦説乎。		学而
安	仁者安仁，知者利仁。		里仁
寒	歳寒，然後知松柏之後彫也。		子罕

甯	甯武子，邦有道則知，邦無道則愚，其知可及也，其愚不可及也。		公冶長
察	察言而觀色。		顔淵
寢	終日不食，終日不寢，以思，無益，不如學也。 宰予晝寢，朽木不可雕也，糞土之牆，不可杇也，於予與何誅。	 宰予晝寢	衛霊公 公冶長

以上の表からわかるように，モリソンは『字典』においてだけでも，『論語』を79条も引いている。同じ見出し字のもとで，『康熙字典』では37条の引用しかないのに対して，『字典』は『康熙字典』に従いながら，『論語』から2倍以上の引用をしている。「君子固窮（衛霊公)」をのぞいて，『康熙字典』の引く『論語』を全部引いているうえ，『康熙字典』が触れていないところで『字典』が独自に引いたのは43条もある。

1．『康熙字典』と異なった引用方法

引用の数だけではない。『康熙字典』の引用が概して短いのに対して，『字典』でははるかに長い場合が多い。その内訳を見ると『康熙字典』と全く同じ長さで引いているのは11条しかなく，『康熙字典』より短くしているのは「君子周急不繼富」(『字典』は「君子周急」）と「使驕且吝」(『字典』は「驕且吝」）の2条のみである。

『康熙字典』は当該文字の用法を『論語』の用例を引いて示せばこと足りるのに対して，『字典』ではあきらかに，『論語』のあるまとまった言説を提示しようとする編纂者の意図がみられる。

たとえば見出し字「佞」のもとで，『康熙字典』は「焉用佞」としか引いていないのに対し，『字典』では「或曰，雍也，仁而不佞，子曰，焉用佞，禦人以口給，屢憎於人，不知其仁，焉用佞」と，1節を全文引いている。「佞」すなわち弁舌が立つことについて孔子がどう考えているのか，「焉用佞」だけでは伝わらない。弁論術が早くから発達した西洋では弁舌が立つことが積極的に評価されているだけに，モリソンは，それとことなる孔子の思想を，この

1節の全文引用を通して伝えようとしたようにうかがえる。

見出し字「器」のもとでは,『康熙字典』の引用「及其使人也器之」をふまえながら,『字典』は「君子易事而難説也,説之不以道,不説也,及其使人也,器之,小人難事而易説也,説之,雖不以道,説也,及其使人也,求備焉」と紙幅を惜しまず,やはり1節を全文引いている。この節は後述するように君子のあるべき姿の一面を説いているものであって,モリソンの引き方はあきらかに「器」,すなわち人を才能に応じて使う,という文字の,釈義の範囲を超えている。

見出し字「寢」のもとでは,『康熙字典』は「宰予晝寢」としか引いていない。中国人の利用者なら宰予という弟子に対する孔子の評価や,孔子から求められる弟子の姿,あるいは「朽木不可雕」という言葉をこの句から連想するのは難しいことではないが,西洋の利用者にとっては「宰予晝寢」というだけでは字面の昼寝の意味がわかっても,昼寝がどうしたのか,孔子がそれを取り上げて何を言おうとするのかは理解しかねる。ここでもモリソンは,このことに関する孔子の言説の全容を利用者に説明するために,「宰予晝寢,朽木不可雕也,糞土之牆,不可杇也,於予與何誅」という1節を引いたのである。

2.『論語集注』を利用した釈義

引用数が『康熙字典』をはるかに上回っていることや,『康熙字典』と違ってなるべくまとまった言説の全容を提示しようとすることのほかに,もう1つ注目すべきなのは,モリソンが『論語』を引く際に朱子の『論語集注』を利用していることである。

たとえば見出し字「因」のもとに「為政」の「殷因於夏禮,周因於殷禮」が引かれているが,そのすぐ次にモリソンは,『論語集注』からこの文に対する朱子の注,「三代相繼,皆因之而不能變」を添えている。

見出し字「子」のもとでは「人不知而不慍,不亦君子乎」を引いた次に『論語集注』にみえる尹氏の言葉「學在己,知不知在人,何慍之有」を,孔子の言葉の注釈として載せている。

見出し字「孝」のもとでは「子夏問孝,色難,有事弟子服其勞,有酒食先生饌，曾是以爲孝乎」が引かれている。この場合の「色難」について，親の顔色をうかがって親の意向に背かないように孝行することが難しい，という古注と，親にいつもおだやかな表情で接するのが難しい，という新注との2つの解釈がある。そこでモリソンは『論語集注』から，「舊説承順父母之色爲難，亦通」を引いてその2つの可能性を記している。

見出し字「寒」のもとでは「歲寒，然後知松柏之後彫也」が引かれている。厳寒の冬になってはじめて松柏が他の植物とちがって凋まないことを知る，という孔子のこの言葉が何を指すのか，あるいは松柏は何の比喩なのか，モリソンはそれを明かすために『論語集注』から「小人之在治世或與君子無異，惟臨利害遇事變然後君子之所守可見也」を引いている。

見出し字「寝」のもとでは，さきほども触れたように「宰予晝寢，朽木不可雕也，糞土之牆，不可杇也，於予與何誅」が引かれており，『康熙字典』に比べ，孔子の意図がよくわかるようになっているが，そのあとにモリソンはさらに「言不足責，乃所以深責之」と『論語集注』を引いて補足しているのである。

時にはそのような『論語集注』からの引用がかなり長い場合もある。見出し字「堂」のもとで，「先進」より「門人不敬子路，子曰，由也升堂矣，未入於室也」を引いたあと，「升堂」とはなにか，「入室」とはなにかをさらに明らかにするために，モリソンはこのあたりに関する『論語集注』の次のような注を全文取り入れた。「升堂入室，喩入道之次第，言子路之學已造乎正大高明之域，特未深入精微之奧耳，未可以一事之失而遽忽之也[2]」。

このような『論語』からの引用箇所の多さや，なるべくまとまった言説の全容が可能な限り伝わるように配慮する引用の細やかさからみると，『字典』はすでに文字や言葉の釈義を中心とする一般的な「字典」のカテゴリーを超えているといえよう。中国語学習用の字典なら，たとえば，見出し字「寝」の用法の1つに「晝寝」というのがあり，それを示すために『康熙字典』のように「宰予晝寝」とだけ引けば十分である。しかし『字典』は『論語』を単なる言葉の用例としてだけ引こうとはせず，西洋人に中国の古典の内容を断片的にでも伝えようとした。『康熙字典』を利用する中国の知識人なら，千数百年ものあいだ科挙制度に身を置いており，『論語』を熟知していて当然であるため，片言只句だけでも『論語』のまとまった言説が思い浮かぶが，『字典』を利用する西洋人に同じ『論語』のまとまった言説を理解させるためには，片言只句だけでは情報不足である。そのために『字典』における『論語』の引用はしばしば長文になっているのである。『論語』の引用に貫かれたこの姿勢に，『字典』に託されたモリソンの思いがうかがえる。

このような中国文化と中国人の思想をヨーロッパ人に伝えようとする試みから見ると，『字典』はもはや「文化事典」と呼べるような性格をもっているものと言わざるを得ない。

3．「君子」と「孝」に関する情報と解釈

ここで表3に隠されたもう1つの数字にも目を向けてみたい。表の一番右の列には引用された『論語』の篇名を記しているが，その数は19になる。『論語』20篇のうち，最終篇の「尭曰」以外，『字典』の引用は実に満遍なく全編に及んでいるのである。あるまとまった言説を引用する際になるべくその全容がわかるように配慮しているのみならず，おそらくモリソンは，『論語』の全体像も努めて『字典』に採り入れようとしたのであろうと考えられる。

こういう視点から先ほどの表をもう一度眺めると，『論語』の中心をなす仁・礼・孝・君子・教育などに関する孔子の言説のほとんどに触れられているのがわかる。なかでも特に『字典』が力を入れているのは「君子」と「孝」であった。

見出し字「孝」のもとで『康熙字典』がなにも引いていないのに対して，『字典』は『論語』から4条も引いている。ちなみに『論語』には「孝」に直接触れているのは14条しかない。モリソンが見出し字「出」のもとでも1条引いているので，合計14条の中の5条まで『字典』に採り入れているのである。

見出し字「子」のもとで，やはり『康熙字典』がなにも引いていないのに対して，「華英・英華字典」は『論語』から君子に関するまとまった言説を7条も引いている。

のみならずモリソンは『論語』に依りながら，「孝」と「君子」の記述に実に大きな紙幅を使っている。「孝」には「二十四孝」の物語を逐一紹介するな

ど6頁以上のスペースを割き,「君子」にいたっても『論語』以外の典籍などを引きながら,記述が2頁にわたっている。『字典』の文字釈義以外の情報量がいかに大きいかがうかがえる。

ちなみに「孝」をモリソンは,“duty and obedience to one's parents, filial piety, duty to superiors”(両親に対する責任と服従,孝行,年長者に対する責任)と英訳している。西洋ではこのような責任と服従は両親に向けるものであるため,両親の健在を前提とするものである。しかしモリソンは曾子の「身也者父母之遺體也」や『孝經・開宗名儀章第一』の「身體髪膚受之父母,不敢毀傷孝之始也」まで引用して,中国の「孝」の責任範囲は両親のみならず,両親から与えられた自らの身体までも含めているため,両親健在中はもちろんのこと,この身体の在る限り責任がある,という西洋とは異なる中国の「孝」をヨーロッパ人に伝えようとする。モリソンは次のようにコメントした。「多くの中国人が孝を(人間)の形成と考えている。両親に従わないのを不孝と言われるだけではなく,両親がすでに久しくこの世を去ったにもかかわらず,彼の身体に関するすべての不注意,社会生活及び日常生活におけるすべての失敗,彼の身に起こるかもしれないすべての非難や不名誉なことも孝の欠如という。なぜならば彼の身に不名誉をもたらすことは両親から譲り受けた身体を汚すことになるからだ。この考えから彼は何よりも両親に名誉をもたらすよう行動しなければならない[3)]。」

そして「君子」に関してモリソンは「(ヨーロッパ人)が考えている立派な人(honorable man),聡明な人(wise man),あるいは単なる良い人(good man)ではない,君子はその3つとも備えている[4)]。」と説明している。さらに「(君子)とは私的な信念と公的な責任を忠実に受け入れ,そして完全に遂行する人である。その信念と責任は人間を存在させる「天理」のパワーによるものであると教えこまれ,そして認められている。(中略)もし儒教の倫理観に無神論の性格がなければ,君子は『聖書』にある品行方正な人に匹敵する[5)]。」,と『聖書』を引き合いに出しながら「君子」のイメージをヨーロッパ人に伝えようと努めた。

原典併記をはじめて導入し,かつ原典を全容が伝わるように丁寧に引き,その上朱子の注にも目を配りながら中国文化と中国思想を伝える,こうしたモリソンの字典編纂姿勢によって，それまでにない百科全書的な「字典」が誕生したのである。

第2節 『字典』にみえる『詩経』

『論語』に引きつづき，この節では，『字典』における『詩経』の取り扱い方を検討してみたい。

『字典』は『詩経』から計253箇所を引用している。その中で『康熙字典』とまったく一致する引用が114箇所，『康熙字典』を参照しながら『康熙字典』よりも短い引用が29箇所，『康熙字典』を参照しながら『康熙字典』より長い引用が96箇所，『康熙字典』に依拠しない独自の引用が14箇所ある。

ここで『詩経』引用における『字典』の特徴を示すために，『康熙字典』と一致している引用を除いて，『康熙字典』より長い引用及び『字典』独自の引用を表4にまとめてみた。

表4 『字典』に収録されている『詩経』

見出し字	『字典』	『康熙字典』	『詩経』の篇名
介	好是正直　神之聽之　介爾景福	神之聽之　介爾景福	小明
仔	佛時仔肩　示我顯徳行	佛時仔肩	敬之
仰	顒顒卬卬		巻阿
佃	無田甫田　維莠驕驕　無思遠人　勞心忉忉	無田甫田	甫田
佼	月出佼兮　佼人僚兮	佼人僚兮	月出
俄	既酔不知其郵　側弁之俄　屢舞傞傞	側弁之俄	賓之初筵
倩	巧笑倩兮　美目盼兮	巧笑倩兮	碩人
假	心之憂矣　不遑假寐	不遑假寐	小弁

傭	昊天不傭　降此鞠	昊天不傭	節南山
僭	不僭不賊　鮮不爲則	不僭不賊	抑
儀	儀形文王　萬邦作孚	儀形文王	文王
兄	棠棣之華　鄂不韡韡　凡今之人　莫如兄弟	凡今之人　莫如兄弟	常棣
兩	之子于歸　百兩御之	百兩御之	鵲巣
冓	中冓之言　不可道也	中冓之言	墻有茨
刀	誰謂河廣　曾不容刀　誰謂宋遠　曾不崇朝	誰謂河廣　曾不容刀	河廣
刺	天何以刺　何神不富	天何以刺	瞻卬
則	帝謂文王　予懷明徳　順帝之則	順帝之則	皇矣
勝	民今方殆　視天夢夢　既克有定　靡人弗勝	既克有定　靡人弗勝	正月
勤	無毀我室　恩斯勤斯	恩斯勤斯	鴟鴞
卬	顒顒卬卬　如圭如璋　令聞令望　豈弟君子　四方爲綱	顒顒卬卬	巻阿
厭	厭厭夜飲　不醉無歸	厭厭夜飲	湛露
厭	厭厭其苗		載芟
厭	驛驛其達　有厭其傑	有厭其傑	載芟
厲	深則厲　淺則揭	深則厲	匏有苦葉
厲	有狐綏綏　在彼淇厲	在彼淇厲	有狐
及	内奰于中國　覃及鬼方	覃及鬼方	蕩
合	妻子好合　如鼓瑟琴　兄弟既翕　和樂且湛	妻子好合	常棣

吐	人亦有言　柔則茹之　剛則吐之　維仲山甫　柔亦不茹　剛亦不吐　不侮矜寡　不畏彊禦	柔則茹之　剛則吐之	烝民
吪	逢其百罹　尚寐無吪	尚寐無吪	兔爰
周	有杕之杜　生于道周	生于道周	有杕之杜
周	示我周行		鹿鳴
喉	王之喉舌　賦政于外　四方爰發	出納王命　王之喉舌	烝民
嘒	菀彼柳斯　鳴蜩嘒嘒	鳴蜩嘒嘒	小弁
嘗	攘其左右　嘗其旨否	嘗其旨否	甫田
嘯	嘯歌傷懷　念彼碩人	嘯歌傷懷	白華
嘽	王旅嘽嘽　如飛如翰　如江如漢　如山之苞　如川之流　緜緜翼翼　不測不克　濯征徐國	王旅嘽嘽	常武
嚶	伐木丁丁　鳥鳴嚶嚶　出自幽谷　遷于喬木　嚶其鳴矣　求其友聲　相彼鳥矣　猶友求聲　矧伊人矣　不求友生　神之聽之　終和且平	鳥鳴嚶嚶	伐木
嚴	天命降監　下民有嚴　不僭不濫　不敢怠遑　命于下國　封建厥福		殷武
囂	之子于苗　選徒囂囂	選徒囂囂	車攻
囂	黽勉從事　不敢告勞　無罪無辜　讒口囂囂　下民之孽　匪降自天　噂沓背憎　職競由人	讒口囂囂	十月之交
囊	迺裹餱糧　于槖于囊	于槖于囊	公劉
囿	王在靈囿　麀鹿攸伏　麀鹿濯濯　白鳥翯翯　王在靈沼　於牣魚躍	王在靈囿　麀鹿攸伏	霊台

圖	宜爾室家　樂爾妻帑　是究是圖　亶其然乎	是究是圖　亶其然乎	常棣
圖	人亦有言　徳輶如毛　民鮮克擧之　我儀圖之　維仲山甫擧之	我儀圖之　維仲山甫擧之	烝民
地	溥天之下　莫非王土		北山
均	我馬維駰　六轡則均　載馳載驅　周爰諮詢	六轡則均	皇皇者華
坰	牡馬在坰之坰（野）	在坰之野	駉
坻	蒹葭淒淒　白露未晞　所謂伊人　在水之湄　遡迴從之　道阻且躋　遡遊從之　宛在水中坻	宛在水中坻	蒹葭
坼	厥初生民　時維姜嫄　生民如何　克禋克祀　以弗無子　履帝武敏歆　攸介攸止　載震載夙　載生載育　時維后稷　誕彌厥月　先生如達　不坼不副　無菑無害　以赫厥靈　上帝不寧　不康禋祀　居然生子	先生如達　不坼不副	生民
垂	彼都人士　垂帶而厲	垂帶而厲	都人士
垝	乗彼垝垣　以望復關	乗彼垝垣	氓
垢	大風有隧　有空大谷　維此良人　作爲式穀　維彼不順　征以中垢	維彼不順　征以中垢	桑柔
垤	我徂東來　慆慆不歸　我來自東　零雨其濛　鸛鳴于垤　婦嘆于室	鸛鳴于垤　婦嘆于室	東山
垣	君子無易由言　耳屬于垣		小弁
城	哲夫成城　哲婦傾城　懿厥哲婦　爲梟爲鴟　婦有長舌　維厲之階　亂匪降自天　生自婦人　匪教匪誨　時維婦寺		瞻卬
域	邦畿千里　維民所止　肇域彼四海	肇域彼四海	玄鳥

埸	彊埸翼翼　黍稷彧彧	彊埸翼翼	信南山
堇	堇荼如飴		緜
報	投我以木瓜　報之以瓊琚　匪報也　永以爲好也	投我以木瓜　報之以瓊琚	木瓜
堵	鴻鴈于飛　集于中澤　子之于垣　百堵皆作	百堵皆作	鴻鴈
塒	君子于役　不知其期　曷至哉　鷄棲于塒　日之夕矣　羊牛下來　君子于役　如之何勿思	君子于役　鷄棲于塒	君子于役
塡	瞻卬昊天　則我不惠　孔塡不寧　降此大厲	孔塡不寧	瞻卬
壎	伯氏吹壎　仲氏吹篪	伯氏吹壎	何人斯
壞	譬彼壞木　疾用無枝　心之憂矣　寧莫之知	譬彼壞木　疾用無枝	小弁
士	肆成人有德　小子有造　古之人無斁　譽髦斯士	譽髦斯士	思齊
夢	蟲飛薨薨　甘于子同夢	甘于子同夢	鷄鳴
夢	乃占我夢　吉夢維何	乃占斯（我）夢	斯干
天	悠悠蒼天　此何人哉		黍離
夭	桃之夭夭　灼灼其華	桃之夭夭	桃夭
央	王命南仲　往城于方　出車彭彭　旂旐央央	旂旐央央	出車
央	蒹葭蒼蒼　白露爲霜　所謂伊人　在水一方　遡洄從之　道阻且長　遡遊從之　宛在水中央		蒹葭
奐	伴奐爾游矣　優游爾休矣　豈弟君子　俾爾彌爾性　似先公酋矣	伴奐爾游矣	卷阿

奔	鶉之奔奔　鵲之彊彊　人之無良　我以爲兄	鶉之奔奔	鶉之奔奔
奔	鹿斯之奔　維足伎伎	鹿斯之奔	小弁
奕	新廟奕奕　奚斯所作	新廟奕奕	閟宮
奕	庸鼓有斁　萬舞有奕　我有嘉客　亦不夷懌	萬舞有奕	那
奥	昔我往矣　日月方奥	日月方奥	小明
奮	日居月諸　胡迭而微　心之憂矣　如匪澣衣　静言思之　不能奮飛	不能奮飛	柏舟
女	乃生男子　載寢之牀　載衣之裳　載弄之璋　其泣喤喤　朱芾斯皇　室家君王　乃生女子　載寢之地　載衣之裼　載弄之瓦　無非無儀　唯酒食是議　無父母詒罹	乃生女子　載寢之地　載衣之裼　載弄之瓦	斯干
好	匪報也　永以爲好也	永以爲好也	木瓜
好	弋言加之　與子宜之　宜言飲酒　與子偕老　琴瑟在御　莫不静好	琴瑟在御　莫不静好	女曰鶏鳴
好	有杕之杜　生于道左　彼君子兮　噬肯適我　中心好之　曷飲食之	中心好之	有杕之杜
妹	大邦有子　俔天之妹　文定厥祥　親迎于渭　造舟爲梁　不顯其光	俔天之妹	大明
妻	雝雝鳴鴈　旭日始旦　士如歸妻　迨氷未泮	士如歸妻　迨氷未泮	匏有苦葉
姊	出宿于泲　飲餞于禰　女子有行　遠父母兄弟　問我諸姑　遂及伯姊	遂及伯姊	泉水
姒	思齊大任　文王之母　思媚周姜　京室之婦　太姒嗣徽音　則百斯男	太姒嗣徽音	思齊

姓	有杕之杜　其葉菁菁　獨行睘睘　豈無他人　不如我同姓　嗟行之人　胡不比焉　人無兄弟　胡不佽焉	豈無他人　不如我同姓	杕杜
姓	麟之定　振振公姓　于嗟麟兮	振振公姓	麟之定
姝	静女其姝　俟我于城隅　愛而不見　搔首踟躕	静女其姝	静女
姞	蹶父孔武　靡國不到　爲韓姞相攸　莫如韓樂	爲韓姞相攸　莫如韓樂	韓奕
姻	綢繆束薪　三星在天　今夕何夕　見此良人　子兮子兮　如此良人何		綢繆
威	伊威在室　蠨蛸在戸	伊威在室	東山
娑	東門之枌　宛丘之栩　子仲之子　婆娑其下	子仲之子　婆娑其下	東門之枌
婁	山有樞　隰有榆　子有衣裳　弗曳弗婁　子有車馬　弗馳弗驅　宛其死矣　他人是愉	子有衣裳　弗曳弗婁	山有樞
嫄	赫赫姜嫄　其德不回　上帝是依　無災無害	赫赫姜嫄	閟宮
孌	薈兮蔚兮　南山朝隮　婉兮孌兮　季女斯飢	婉兮孌兮	候人
孔	我有嘉賓　德音孔昭	德音孔昭	鹿鳴
孫	孝孫有慶　報以介福　萬壽無彊	神保是饗　孝孫有慶	楚茨
孥	宜爾室家　樂爾妻孥	樂爾妻孥	常棣
學	維予小子　不聰敬止　日就月將　學有緝熙于光明　佛時仔肩　示我顯徳行	日就月將　學有緝熙	敬之

學	呦呦鹿鳴　食野之苹　我有嘉賓　鼓瑟吹笙　吹笙鼓簧　承筐是將　人之好我　示我周行		鹿鳴
宅	上帝乃眷西顧　此維與宅	乃眷西顧　此維與宅	皇矣
宗	懷德維寧　宗子維城	宗子維城	板
定	不弔昊天　亂靡有定	亂靡有定	節南山
宜	君子偕老　副笄六珈　委委佗佗　如山如河　象服是宜　子之不淑　云之如何	如山如河　象服是宜	君子偕老
寇	式遏寇虐　僭不畏明	式遏寇虐	民勞
富	天何以刺　何神不富	何神不富	瞻卬
富	人之齊聖　飲酒温克　彼昏不知　壹醉日富		小宛
寤	獨寐寤言　永矢弗諼		考槃
寘	将恐将懼　寘予于懷　将安将樂　棄予如遺	寘予于懷	穀風

非常に長い表となってしまったが，それだけ『字典』に『詩経』が数多く取り込まれているということでもある。重複を含めずに，引かれた篇名だけを数えると，149篇にものぼる。

しかし前節でみた『論語』の扱い方と違って，『詩経』では149篇253箇所の引用がほぼ『康熙字典』をふまえている。『康熙字典』には見えず，『華英字典』が引いているのは14箇所のみ。だから『康熙字典』に見えない用例を独自に数多く引いた『論語』の扱い方と違って，『詩経』の引用はほぼ『康熙字典』に沿っているといえる。

むしろ逆に『康熙字典』に引かれていながら，モリソンが取り上げなかった『詩経』の句は少なくない。たとえば見出し字「嚴」のもとでは，『康熙字典』が「常武」篇から「有嚴天子」を引いているのに対して『字典』は「殷武」篇から引いている。見出し字「儀」のもとでは，『康熙字典』が「文王」

「鳲鳩」「柏舟」「烝民」篇から4条引いているのに対して,『字典』の引用は「文王」篇の1条のみとなっている。

とはいえ『康熙字典』をふまえながら,『字典』の『詩経』引用がいずれも『康熙字典』より詳細であるという点においては,前節であきらかにした『論語』に対する扱い方と変わらない。そしてモリソンがとくに『詩経』のどういうところに興味を示し,どの部分をとりわけ紙幅を割いて取り上げているかを,以下に検討してみたい。

結論を先に言えば,『詩経』に対する取捨選択の基準は,主にモリソンの歴史人物,民俗,文学などに対する関心に基づいているものと考えられる。

1. 歴史人物と関わりのある『詩経』の引用

まず中国の歴史に対する関心から『詩経』を引いた例について見る。

(1) 姜嫄と後稷

見出し字「嫄」のもとで,『康熙字典』は魯頌「閟宮」篇から「赫赫姜嫄」を引く。この句に対し,それをふまえた『字典』は,「赫赫姜嫄,其徳不回,上帝是依,無災無害」とひとまとまりの4句を引き,さらにモリソンは次のような注を付けている。

> これは彼女の奇跡的な懐妊と出産を歌っているものである。彼女は炎帝の後裔で,高辛の子あるいは孫の妃,そして,中国大洪水(B.C. 2169)直後の農業の発明者である后稷の母と言われている。后稷は周王朝の始祖とされ,周王朝は彼より千年以上後,すなわちB.C. 1112年,モーゼのすぐあとに始まったのである[6]。

『康熙字典』が「赫赫姜嫄」を引いたのは,「嫄」の用例を示すためにすぎないのに対して,『字典』はあきらかに中国古代史の一端を紹介する材料として扱っている。特に興味深いのはモリソンが大洪水とモーゼに言及しながら,姜嫄と后稷を紹介していることである。

中国の古代史を『聖書』の年代記に比定して,『聖書』年代学の枠内に納めようとするのは,17世紀以降宣教師をはじめとする多くのヨーロッパ人の宗教的情熱をこめた努力であった。中国歴史の源をノアの大洪水以降に設定し，モーゼ年代記とのずれを解消しようとすることにとりわけエネルギーを傾注していた。その努力は19世紀になってほとんど無意味なものとなったが，『字典』が大洪水やモーゼに関連して周王朝の始祖を記述しているところに，キリスト教史観の余韻がかすかに残っているといえるであろう。

周王朝の始祖に対するモリソンの関心は，その奇異な誕生にまつわる神話に対する深い関心にもあらわれている。

大雅「生民」篇は后稷の誕生奇跡を歌う長篇で，『康熙字典』は「坼」の用例として「先生如達，不坼不副」とわずか2句しか引いていない。これに対して『字典』は，朱子『詩集伝』に基づいて姜嫄を「高辛氏（B.C. 2350）の妃」，すべての周人の母とした上で，8章あるこの詩の冒頭2章を引いた。

> 厥初生民，時維姜嫄，生民如何，克禋克祀，以弗無子，履帝武敏歆，攸介攸止，載震載夙，載生載育，時維后稷，誕彌厥月，先生如達，不坼不副，無蓄無害，以赫厥靈，上帝不寧，不康禋祀，居然生子

詩のはじめの2章は上帝の足跡を踏んで懐妊し，痛みも苦しみもなくあたかも羊が子を産むように后稷を出産した姜嫄，そしてその安産を喜んだ上帝，と奇跡的な出産神話を歌う。モリソンはそれを逐一英訳したばかりでなく，さらにこの長編詩の後半も伝えようとして，以下のように要約した。

> 詩は次に奇跡的な出産をした姜嫄の不安と恐怖を伝えている。不安と恐怖に駆られて，彼女は赤ちゃんを羊や牛に踏みつけられるようなところに遺棄した。しかし羊や牛が保護してくれた。次に彼女は赤ちゃんを森に捨てた。しかし木こりが救ってくれた。最後に彼女は赤ちゃんを氷の上に置いたが，鳥たちが食べ物を与え，翼で暖めてくれた。もはやなにも上帝のご加護に背くことができない。鳥たちが離れたあと，赤ちゃんは通りかかった人の注意を引くように，大声で泣き出した。赤ちゃんは家に連れて行かれ，かしずかれた。この上ないほど見目麗しい，賢い子であった。この子の遊びは，栽培と種まきだった。彼は多くの人々にそれを教え，おびただしいほどの収穫を得た。祝いの酒が造られ，感謝を

こめて上帝に捧げられた。香りが立ち昇り，上帝は満足げにそれを受け入れてくださった。[7]

このようにモリソンは，8章からなるこの長編詩の冒頭の2章をすべて引いて英訳したのみならず，詩の全容も『字典』に取り入れたのである。

それでもまだこの神話伝説に関するモリソンの関心はおさまらない。『論語』などを引く際に朱子の注釈に目を配っていることを前節で見てきたが，『詩経』の引用でもモリソンは朱子の『詩集伝』をよく参照している。この詩でも上記の原文引用と要約に続き，みずからのコメントをつけて『詩集伝』を引いている。

このような奇跡的な懐妊が可能かどうかについての中国人の見解は興味深い。「先儒はすこぶる疑っていた。しかし，天地の始まりにはもとより人はまだいなかったので，人はもともと化して（超自然的に）生まれるものである，と張子は言う。蘇氏も神人の誕生が人に異なっても，何が怪しむに足るだろう，と言う。」[8]

周王朝始祖の誕生にまつわる中国古代史の1コマに関してこれだけの情報が見出し字「嫄」と「坼」のもとに収められており，そこから，この記述はもはや個々の文字の釈義をはるかに超えて，百科全書的な性格を『字典』にもたせているという事実を指摘できるだろう。

(2) 周文王

周の文王についても，モリソンはかなりの紙幅をさいている。

見出し字「姒」のもとで，大雅「思齊」篇冒頭の1章が全文引かれている。

思齊大任，文王之母，思媚周姜，京室之婦，太姒嗣徽音，則百斯男

詩の前にはモリソンのコメントがついている。「太姒は文王の母の名前である。『詩経』の1節に彼女の名前が登場すると，スタイルの変化が顕著に見られる。」これはおそらく，「太姒嗣徽音」が他の句とちがって，1句5文字になっていることを指している。モリソンが中国史における文王の特別な地

位を示唆しようとしているのがわかる。

文王の母についてのほかに，モリソンは文王の結婚や妻に触れる大雅「大明」篇にも「これは文王とプリンセス莘との結婚を歌っている詩」とコメントして，見出し字「妹」のもとで引いている。

大邦有子，俔天之妹，文定厥祥，親迎于渭，造舟爲梁，不顯其光

『康熙字典』では「俔天之妹」の句しか引かれていないのに対し，『字典』では天使の妹のような娘莘との出会いや結婚式の一部始終が伝わるように，「大明」篇から1章がまるごと引かれている。

見出し字「則」のもとでは，上帝が文王に直接語りかける場面を示す次のような詩句を大雅「皇矣」篇から引く。

帝謂文王，予懷明德，順帝之則

同じく大雅の「霊台」篇は文王を讃える詩とされるが，『字典』では「文王，B.C. 1100，霊台とよばれるテラスのような公園をつくり，そのまわりを魚のための池でめぐらせた。次の1章は生きとし生けるものが高徳の王から安らぎと楽しみを得ていることを歌っている」とコメントして，その章を引く。

王在靈囿，麀鹿攸伏，麀鹿濯濯，白鳥翯翯，王在靈沼，於牣魚躍[9]

そして，「文王」篇からは，「儀形文王，萬邦作孚[10]」を引いている。

以上のようにモリソンは文王に並々ならぬ関心を示し，文王をさまざまな角度から取り上げ，字典という制限されたスタイルの中で，文王像を浮き彫りにしているのである。

(3) 褒姒

一方周王朝を滅ぼした悪女として名高い褒姒についても，『字典』は強い関心を示している。見出し字「城」のもとで，褒姒は幽王の妃でB.C. 760年ごろに生きていたと紹介した上，大雅「瞻卬」篇から次の詩句を引く。

哲夫成城，哲婦傾城，懿厥哲婦，爲梟爲鴟，婦有長舌，維厲之階，亂匪

降自天，生自婦人，匪教匪誨，時維婦寺

注目すべきなのは，『字典』が以上の詩を訳出した上で，次のような長い注を付けていることである。

褒姒は非常によく言及される。最初の2行はことわざにもなっている：賢い夫は国を築き上げるが，賢い妻はそれを滅ぼす。彼ら（中国の知識人）はこれをこう解釈する。すなわち家庭に対する単純で素朴な関心が女性の美徳であり，それは高い知性を必要としない。しかし女性が分限を超えて政治に口出しをすれば，間違いなく災いをもたらすのだ。[11)]

モリソンのこの注は，原文こそ引いていないがほとんど『詩集伝』をふまえている。わざわざここまで丁寧に長い注をもうけているのは，褒姒という歴史人物にたいする関心もさることながら，おそらく権力と女性や男性の美徳と女性の美徳についての伝統的な中国人の考え方に深い関心があり，それをこの詩を通して西洋社会に伝えようとしたためであろう。モリソンのこうした関心は，『字典』の内容を『康熙字典』より豊かなものにし，『字典』を単なる文字の字義を知るための字典ではなく，ヨーロッパ人に中国の歴史，神話，民俗学などを伝える書物にしたのである。

2. 民俗と関わりのある『詩経』の引用

次に中国の民俗に対する関心にもとづいて『詩経』を取り扱っている点について見てみる。

上で褒姒の取り上げ方にも見たように，モリソンは中国社会における女性に特に関心を強くもっているようである。『詩経』の取り扱い方に関しても，女性の出生や婚礼などに対するモリソンの民俗学的関心が読みとれる場面が少なくない。中国の女性に対する考え方や婚礼の儀式が，きっとヨーロッパ人の目には非常に不思議に映っていたのだろう。モリソンはこれらについて詳細に説明を施している。

(1) 女性の出生

女性の出生について,『字典』はかなり詳しく触れている。見出し字「女」のもとで,女性の出生と男性の出生の違いを小雅「斯干」篇から紙幅を惜しまず2章引いて紹介している。

> 乃生男子,載寢之牀,載衣之裳,載弄之璋,其泣喤喤,朱芾斯皇,室家君王,乃生女子,載寢之地,載衣之裼,載弄之瓦,無非無儀,唯酒食是議,無父母詒罹

この詩の前にモリソンは『礼記』「郊特牲」の「子生男子設弧於門左,女子設帨於門右,三日始負子,男射女否」を引き,現在ではこういう風習がなくなっているが,古代中国人は男女の別を重んじ,生まれた時から男の子には威厳をつけるためにベッドに寝かせ,女の子は卑下するために床に寝かせていたのであり,服や玩具でもそういう違いを際だたせようとしていた,と解説している。そしてその風習を具体的に示す例として,「斯干」篇を引いたのである。

『礼記』に記述されている古代の風習が歌われているほかに,「斯干」篇でモリソンがもう一つ注目しているのは,女性が倫理の世界から排除されていることである。「無非無儀」について,『詩集伝』は「有非,非婦人也,有善,非婦人也」(非があれば婦人ではない,善があれば婦人ではない)と注釈しており,女性は善とも非ともかかわりのない,あるいはかかわってはいけない存在だとする。モリソンはこれを取り上げて「奇妙な説を解釈する奇妙な論理」とコメントしている。そしてモリソンは「奴隷的な服従が女性の責務であり,女性に対する最高の称賛である。たとえ女性が道徳的あるいは非道徳的な行為をすることがあっても,善と悪は女性に属するものではなく,女性は古代の聖人たちから倫理的な存在として認められていない」と解説している。物質面で設けられた差別よりも,おそらく女性が倫理的な存在として認められていないことの方が,モリソンの目には「奇妙」に映ったのだろう。

(2) 婚礼

婚礼の民俗について,『字典』はさらに一層深い関心をはらっている。

唐風「綢繆」篇は新婚の喜びを詠む歌とされるが,『字典』はこの詩の3章冒頭の詩句を引く。

綢繆束薪,三星在天,今夕何夕,見此良人,子兮子兮,如此良人何

見出し字「姻」のもとに掲載されているこの詩はしかし,見出し字と直接かかわりがない。モリソンは星の下で逢う夫婦や恋人の意味をもつ「星期」という言葉を解説するためにこの詩を載せているのであり,その続きにモリソンは「月老」,すなわち月下老人の典故の由来を,出典こそ明記していないが,ほぼ唐李復言の『続玄怪録』にもとづきながら詳しく紹介している[12)]。

「綢繆」篇も「星期」も「月老」も,見出し字「姻」とは直接かかわらないから,通常の辞書的記述から考えれば「逸脱」ともいえるが,モリソンは見出し字「姻」のもとで,次に述べる「六礼」をはじめ中国の婚姻にまつわるさまざまな風習をこれでもかと思うほど取り上げている。

婚姻風習に関する『字典』の情報量はきわめて豊富であり,そのことがほかでもなく『字典』の百科全書的な性格をよく示している。以下にその情報の中身を見てみよう。

婚姻風習に関する情報の中身は,民間の作法と清朝の法律とに大きく分けることができる。

1)民間の作法

民間作法について,『字典』は「六礼」を詳しく解説する。それによると「六礼」とは次のようなものである。

①男性側の親兄弟が仲人をたてて,女性側の親兄弟のところに遣わせ,女性の出生年月日と時刻などをたずねて,「卜者」に占いを依頼する。吉と出れば次のステップへ進めるが,凶ならすべてご破産にする。

②占いの結果が吉と出れば,仲人がそれを知らせるために女性の親兄弟のところに遣わされ,女性側に結婚の約束を求める。これを「納吉」という。

③男性側の親友が女性の両親のところに遣わされ,書面による結婚約束を交換する。これを「納采」という。

④男性側は絹布や銀または金,羊,酒,果物などを女性側の親友に贈る。

これを「納幣」という。

⑤男性側の親友が使者として，結婚式の日にちを定めるよう女性の両親に派遣される。これを「請期」という。

⑥新郎がみずから新婦を迎えに来る。これを「親迎」または「迎娶」という。

『字典』に取り上げられているこの「六礼」の出典は『儀礼』「士昏礼」にある。ただ『儀礼』「士昏礼」では，「納采」（男性側が女性側に結婚を申し入れる）・「問名」（男性側が占いのため女性の姓名をたずねる）・「納吉」（占いで吉と出れば男性側が女性側に知らせる）・「納徴」（男性側が女性側に贈り物をする）・「請期」（男性側が吉日を占いで得て女性側に知らせる）・「親迎」（新郎がみずから新婦を迎える）と各段階の呼び方や順序に『字典』とちがいがある。おそらくモリソンは『儀礼』に基づいているのではなく，当代の一般的習慣によってその風習を記述したのだろう。だからモリソンは，実際の婚礼では「六礼」がよく「文定」（文書約束）・「過礼」（結納）・「娶」（新婦を迎える）に簡略される，とも述べている。

あわせてモリソンはタタール（満州族）人と中国人の風習の違いにも言及する。タタール（満州族）人が婚姻の約束を決める儀式は，男性側から遣わされた既婚の女性が未来の新婦に「挿簪」，簪を挿すことである。一方中国人は結婚式に先立って，男性は正式に帽子をかぶってもう1つの名前「字」をもらう。女性は友人に助けてもらって髪の結い方を変え，顔をそったりする。それを「及笄」という。

そして古代から伝わる伝統的な「六礼」の当時における様式を記述するのみならず，さらに，『字典』は結婚式が行なわれたその日の風習をも取り上げている。

結婚式当日になると新郎の親戚や友人はお祝いとして，書状や鴈，酒などを新郎の家に届ける。彼らは喜びのしるしとして新郎の髪に花を挿し，新郎に赤い服をまとわせたりする。新婦の親戚や友人は彼女に簪や腕輪，衣類，化粧品，口紅など新婦にふさわしいさまざまな物を贈る。若い女友達が集まり，彼女が迎えの輿に乗るまで，昼夜彼女のために泣く。これを「送嫁」という。みんなの前で，彼女はこれからふるさとの地を離れて夫に仕えるために行くのだと説明される。当日，新郎の友人は飾りたてられた輿や提灯，音楽，幕などを用意し，行列を作って新郎とともに新婦を迎えに行く。新婦が玄関の前に到着すると音楽が演奏され，「嫁婆」たちが新婦をかかえあげて玄関の内側に置かれた火鉢を乗り越えさせる。乗り越えると，彼女たちは新婦を閨に案内し，彼女を座らせる。

次に新婦は「嫁婆」に案内されて，檳榔の実をもって客間に出てお客さんたちに勧める。それから新郎とともに鴈に拝礼してから，彼女は再び閨に戻る。

「嫁婆」は次に新郎を呼び入れ，新婦の頭上から赤いベールを取らせ，新婦の行李を開けさせる。行李には新婦の衣装が入っており，衣装の上には幸せのしるしとしてお金が置かれている。

これらの儀式がすむと，酒をのせたテーブルが寝室に運ばれ，新郎新婦が対座する。これを「坐歌堂」という。「花燭酒」の儀式がはじまり，新郎が一口飲み，そして新婦が両手で顔を隠しながら飲む。

それから「嫁婆」は，たくさんの子供をもつ既婚女性を中に入らせ，お祝いの言葉を述べたあと，ベッドメーキングをさせる。そとではみんなは帰宅の時間が来るまで飲んだり騒いだりする。時間が来ると彼らは新郎を寝室のドアまでお供してたち去る。翌朝，新郎新婦は広間に出て家の神さまを拝み，両親や伯父叔母に挨拶をする。それがすむと寝室に戻って，若い友人たちの訪問を受ける。若い友人たちは新郎新婦をネタに二人をからかったりしてもよいことになっており，この風習を「反新娘」または「打房」という。

新婚３日目の朝，新婦は新郎が用意した飾り付けの輿に載って実家に戻る。新郎は白い肉（豚肉）の宴を用意するときもある。１ケ月が満了すると，新婦の親友たちが頭飾りを新婦に贈る。これを「換髻」という。この日には新婚夫婦の親類に宴が振る舞われ，これでもって一連の婚礼儀式が終わる。

さきほど新郎の友人が新郎に「鴈」を贈るという記述があったが，なぜ鴈を送るのか，これについてもモリソンは，鴈は中国では婚姻における忠実性の象徴と解説しており，邶風「匏有苦葉」篇から次の詩句を引く。

雝雝鳴鴈，旭日始旦，士如歸妻，迨氷未泮

すなわち鴈はつねにペアでいるから忠実なイメージがもたれるほか，冬は南へ夏は北へと移動するため，調和と自然に順応する精神を象徴するものとされる，とモリソンはコメントする。

2)清朝の法律

以上は婚礼の民間風習に関する『字典』の記述である。次に『字典』に取り上げられた，婚姻に関する『大清律例』の法律条文について見てみよう。ここでもモリソンはかなりの紙幅をさいて『大清律例』の法律条文を解説しながら掲載しているが，要約すると次のような内容である。

婚約した双方に言い争いや婚約不履行，あるいは婚約後に姦通罪などで告訴されたり，仲人に詐欺があったりするケースがある。それを防ぐために『大清律例』では，婚約当事者双方が相手側に，身体的欠陥の有無や年齢，母親が正妻かどうか，本人が実子か養子か，などをはっきり告知するよう義務づける。はっきり告知したのに婚約不履行があった場合，責任者が杖打ち50回の罰に処される。

女性側が身体的欠陥を隠したり，仲人に替え玉を見せたりした場合，責任者が杖打ち80回。男性側がおなじく身体的欠陥を隠したり，仲人に替え玉を見せたり，あるいは養子であるのを隠したりした場合，女性側より罪がワンランク重くなる。

奴隷の結婚を妨げた主人は処罰されるが，一方親に仕えるためみずからの意志で結婚しない女性や，生涯処女を貫く女性は表彰される。逆に正式に婚姻手続きを踏んでいないで結ばれた場合は，姦通罪で処罰される。『大清律例』では，たとえ幼いときに親が決めた婚姻関係でも忠実に守り通すカップルを特に表彰する。

以上のように中国の婚姻風習に関して，民間の作法から法律の条文まで『字典』の記述は実に細部にまで行きわたっている。

3．文学と関わりのある『詩経』の引用

ここまでは歴史や民俗への関心に基づいて『詩経』を取捨選択して紹介している面から『字典』を見てきたが，最後に文学への関心に基づく『詩経』の取り扱い方を見てみたい。

見出し字「姝」のもとで，邶風「静女」篇の「静女其姝，俟我于城隅，愛而不見，掻首踟躕」が引かれている。待ち合わせをしているはずの彼女が見えなくていらいらして頭をかきむしるという，真剣な恋心だけに笑いを誘う滑稽な場面であるが，モリソンもまさにこの詩の面白さに惹かれているようで，『康熙字典』が「静女其姝」の１句しか引かないのに対して，頭をかきむしる男の全景が見えるようにとの意図をこめて，１章を始めから終わりまで掲載した。そして，これは地域や時代の区別なく，中国でもヨーロッパでも見られることで不思議である，とコメントをつけている。

見出し字「姓」のもとでは，唐風「杕杜」が引かれる。

有杕之杜，其葉菁菁，獨行睘睘，豈無他人，不如我同姓，嗟行之人，胡不比焉，人無兄弟，胡不佽焉

この詩に対してモリソンは，杜という樹は『詩経』に３度あらわれており，つねに孤独や貧困，悲しみやわびしさの象徴となっている，とコメントを加えている。

特定の樹のイメージに注目しているのは，文学的な鑑賞眼のゆえである。『康熙字典』が「豈無他人，不如我同姓」とだけ引いているのに対し，『字典』が２章からなるこの長い詩の半分を引いているのは，そういう文学的な鑑賞の姿勢を読者に提供しようとしたためと考えられる。

「杜」，すなわちカタナシは，モリソンの言うように『詩経』では３回見られ，上記の唐風「杕杜」のほか，小雅「杕杜」と唐風「有杕之杜」に登場するのだが，『字典』では「有杕之杜」も２度引かれている。

有杕之杜，生于道左，彼君子兮，噬肯適我，中心好之，曷飲食之

見出し字「好」のもとで引かれるこの詩句は，「有杕之杜」の半分を占める長さである。一方『康熙字典』が引くのは「中心好之」のみである。そしてこれにもモリソンは再び「杜」のイメージを解説し，「この詩は孤独な杜という樹を用いて詩人の寂しさや弱さを表現しており，そして詩人は，自分はもっとも敬愛する高潔な友人の友情にはふさわしくないと卑下している」と述べる。

中国の歴史，民俗，文学などに対する幅広い関心に基づく『詩経』の引き方をここまで見てきたが，中国文化に対するモリソンの関心は，次節以降でも検討するように，歴史や民俗，文学だけには限られない。『詩経』の扱い方はただひとつの例にすぎないが，しかしそれを通して『字典』が百科全書を志向した著述であったということがはっきりとうかがえる。

モリソンが作ろうとしたのは，彼以前のヨーロッパ人が作った文字や熟語の釈義・例文を解説するにとどまった「字典」ではなく，中国文化全般を網羅しようとする百科全書であった。そういう中国文化全般に対する幅広い関心があったからこそ，モリソンは貪欲なまでに中国に関するさまざまな情報を収集し，それらを『字典』に盛り込もうとしたのであろう。

第3節 『字典』にみえる科挙

『字典』の百科全書的な一面をもっともよく示すのは，同字典に収録されている科挙に関する豊富な情報である。科挙による任官制度はヨーロッパ人にとってまことに新鮮で，かつ驚嘆すべきものであった。次章であらためて述べるように，19世紀までに西洋人によって書かれたさまざまな科挙を紹介する書物がみられるが，その多くは試験風景の描写にとどまるものである。それに対して，もっとも科挙試験の本質に近づき，質の高い情報を提供したのは，モリソンの『字典』であった。この節では，『字典』の中に科挙に関する情報がどれくらい含まれているかをとりあげたい。

科挙に関する情報は，主として見出し字「學」のところに集められていて，そこにモリソンが当時の中国人の学問に対する考え方について，自身の見解を述べている。

> 中国では，古代と現代の知識人に本質的な違いが存在している。孔子の時代から降った最初の千年に「儒」と称される人々は一種の哲学者であり，国家とまったく無関係で，彼らの目標は主に道徳学であった。中国の全盛期である漢代ではその階級の存在がまだほとんど知られていなかったが，ここ千二百年の間に，彼らは「儒教」と呼ばれるようになり，

彼らは学問を功名心のための単なる道具に変えてしまった。彼らは真の宗教に無関心であるのと同じように真の学問にも無関心であり，学問は国家の道具だと考えている。[13)]

そして科挙に関してモリソンはつぎのようなコメントを述べている。

中国の政府にとっても知識人にとっても，科挙は人間の知を広めるためのものではない。政府のねらいは既存の知で若い世代を教育し，低俗凡庸な群衆から真の人材を抜擢し，これらの天才を利用して一般民衆を支配することにある。本来の意味における学問の振興や科学の発明は，政府の関心事ではない。政府は学ぶべき書物を指定し，それ以外の書物を禁止する。そしてみずからの主導によらない，いかなる新しい変化をも許さないのである。[14)]

新しい知を求めるのではなく，政府によって定められた範囲のなかで学問を身につけ，政府にとって有用な人材になる，あるいはそういう人材を育てることに，科挙の本質がある，とモリソンは見た。この視点に立つ『字典』の科挙記述は，おもに３種類の情報からなっている。それは，科挙を目指すための勉学上の作法・心得，科挙に関する法規，科挙に受かるための作文技法，の３種である。

１．科挙を目指すための勉学上の作法・心得

勉学上の作法・心得について，『字典』は『家宝全集』から「学堂条約」「読書心法」「読書十戒」を掲げている。

『家宝全集』は全４集32巻，揚州石天基（1658-？）撰，親孝行を説く教義から学問の勧めや医学豆知識，炊事料理法などまで含む，今でいえば家庭百科のような書物である。康熙46年（1707）初印，乾隆４年（1739）や道光14年（1835）に重刻があるから，社会にある程度広く利用されていたと推測される。

初集巻２に収録されている「学堂条約」は，石天基が教師と生徒のために書いたもので，中に教師としての心得や教授法も含まれるが，主として生徒

向けの勉学上の作法や心得を内容とする。試験そのものすらなかったヨーロッパとちがって，科挙制度を発明した中国人にとって勉強とは何か，勉学にはどんな作法を守らなければならないかをヨーロッパ人が知るのには格好な資料である。『字典』は100条からなる「学堂条約」のうち33条を省き，残り67条を全文訳出か要約して掲載している。

「学堂条約」第99条に，子供に勉強させることはこの世でいちばんすばらしいことだとある。なぜなら勉強しない子供は小さい時から邪悪な心と粗野な性格を身につけ，大きくなれば犯罪に走りかねない。勉強した人間はそんなふうにはならない。だからどんなに農業で忙しい家庭でも，子供にはかならず勉強させなければならない。3年か5年ほど勉強すれば，「成人」，一人前の人間になる，と力説している[15)]。

ここで見られるように，勉強とは「成人」すなわち一人前の人間，あるいは「邪悪な心と粗野な性格」から卒業したまともな人間になるためだと考えられていたのである。先のモリソンのコメントにあったように，科挙は学問の発展や知の探求をめざすものではなかった。科挙を頂点とする教育や官僚選抜のシステムを有する中国では，勉強の究極の目的は知の探求ではなく，「成人」，つまり人間としての完成にあった。それは国家にとって有用な人材になる意味においても，個人の自己完成の意味においても同じである。

そのため，勉学のしつけと心得を教授する「学堂条約」には，「登校したらまず孔聖人に一礼，それから先生に一礼する」をはじめ，「座る時は端正かつ厳かに座らなければならず，股を開いたり，足を組んだり，あるいは身体を斜めにしてはいけない」，「食事は細かく噛んでゆっくり飲み込むように，音をたててはいけない」など，一見したところでは勉学と直接かかわりのない，人としてのしつけを教える条項が非常に多い。

勉学に直接かかわる作法と心得についても，たとえば「読書するときは，眼・心・口ともに本に集中しなければならない。口で読んでいながら心では別のことを考えてはいけない」とか，「本にはっきりわからないところがあれば，丁寧に質問しなければならない。鵜呑みにしてはいけない」，「淫詞・艶曲・小説・俚唱はもっとも気を散らすもので，読んではいけない」などと，細かくさまざまに説かれていることはいうまでもないが，それらはかならず人としての作法とセットで提示されている。

そういう100条にもわたる「学堂条約」を，モリソンは丁寧に訳出し掲載している。「科挙の国」中国における知とはなにか，またそこで知の伝授がいかになされているかを，モリソンはそれで説明しようとしたのである。

続いてモリソンが引いているのは「読書心法」である。同じ『家宝全集』初集巻2に収められる「読書心法」は，読書の心得を説いたものである。「学堂条約」が人としての作法も含めた初級者向けのものなら，「読書心法」は読書法のみを伝授しようとする，いわば中級者向けのものであって，そこで語られる読書法には，たとえば次のようなものがある。

> 読書するにはまず雑念を除去してこそはじめて透徹に理解でき，長く記憶にとどめることができる。たとえていえば，人がお腹に藜(あかざ)や藿(まめのは)や野菜（のような質素なもの）をいっぱい食べてからは，たとえどんなご馳走があっても喉を通らないものだ。必ずお腹の中からいくらかの藜や藿のような野菜を除いて，それではじめてその分だけご馳走を入れることができる。この雑念とは俗世間のことを指しているばかりではなく，本の中にも大事なものとそうでないものがある[16]。
>
> 読書は活用できなければならない。活用とは理解力にたけることである。甲を聞けば乙を知り，類推することができれば，1篇が10篇，10篇が百千篇にもなり，無限に活用できる。わたしはよく，たくさんの本を読んでいながら字面にとらわれて活用を知らないばかりでなく，なにに使えるかも知らない人を見かける。それよりはかえって，読むのが少なくても活用できる者の方が上である[17]。

このような読書の心得が全部で27項目ある。「学堂条約」を掲載する際に「毎日の在館（学校にいる）中に，小便は4，5回，大便は1回のみ許される」というような細かい規定を33条省いたのに対して，「読書心法」はわずかな文言の省略を除き，ほぼ全文が原典掲載つきで訳出されている。

「読書心法」は著者自序にもあるように，「才高学博之士」のためのものではなく，これから志を立てて勉学に励もうとする人のためのものである[18]。なぜ志を立てて，発憤して勉強しなければならないかについて，「試験会場で出された問題を呆然と眺めて解き方がわからない時の悲しさや焦燥感を想像してみれば，自然に発憤して読書する」と「読書心法」が説いているように，この読書手引き書もあきらかに科挙を意識したものである。

「読書心法」に続き，『家宝全集』2集巻7に見える次の「読書十戒」も，同じく見出し字「學」に収録された。「莫分志，莫牽事，莫懈惰，莫間斷，莫妄想，莫枯守，莫多言，莫間出，莫高誦，莫呆坐」

この「読書十戒」は，同じ著者によるものだけに，内容的には「読書心法」の要約に近い。

2．科挙に関する法規

以上のような勉学上の作法・心得に続いて，『字典』は『科場条例』をとりあげた。『科場条例』は，『欽定科場条例』ともいい，朝廷が10年ごとに更新する細かな規定も含めた科挙に関するさまざまな法規集である。主な項目を挙げると，次のようなものがある。

郷試（試験日程や受験者，定員などについて）
会試（受験手続きや受験者への旅費などについて）
考官（試験官について）
執事官員（係官について）
試題（試験問題の出題範囲，規定などについて）
試芸（いわゆる八股文について）
試巻（試験問題の書式などについて）
閲巻（採点について）
中額（合格者定員などについて）
広額（恩賜による特別合格者枠などについて）
廻避（試験官の縁戚に対する同じ会場での受験禁止条項などについて）
関防（試験会場の警備，試験会場設置に関する規定などについて）
禁令（不正行為に関する禁止条項について）
冒籍（出生地を偽ることに関する禁止条項について）
坐号（座席順について）
外簾所官（答案の受領，封印，複写，読み合わせなどについて）

収掌所官（答案の保管，移送などについて）

違式（諱の避け方や書写形式について）

供具（試験場内備え付け書籍や備品について）

掲暁（結果発表について）

筵宴（試験官，合格者に対する招宴について）

闈墨（上位合格者答案の刊行や落第者答案の本人開示などについて）

解巻（合格者答案と合格者自筆履歴書の移送などについて）

覆試（替え玉受験防止の再試について）

磨勘（合格答案の再吟味について）

殿試（試験日程，手続きなどについて）

朝考（新しい進士に対する任官前の試験について）

主要項目を並べただけでも，上のように数多くある。むろんそれぞれの項目の下にはさらに下位の細目が枝分かれしていく。そのうえ『科場条例』は10年ごとに更新されるため，「現行事例」（現行法規）や「例案」（現行法規の実例）のみならず，「附載旧例」（過去の実行例）や「附載駁案」（過去の否決例）も併記されているので，16冊（道光２年版）にわたる膨大な文書である。それにもかかわらず『字典』は20頁の紙幅を費やして，この全60巻の『科場条例』の主要項目を，ほとんど漏らさずに逐一要約して訳出しているのである。それればかりでなく，『字典』はさらに必要に応じて「附載旧例」の一部にも触れている。一般百科事典項目の文字数を優にうわまわる長い項目を多くもつ『字典』の中でも，この『科場条例』に関する記述がもっとも長く，膨大な量になっている。

しかしモリソンはただ『科場条例』を翻訳しただけではない。逐一訳出しているかたわら，モリソンはみずからの解釈や批判も加えているのである。

たとえば，「禁令」の中に，民間の印刷屋に小さいサイズの教科書類の刊行を禁止する，という１条があって，そのわけをモリソンはこう解説する。「どの答案も独自で作成されることが期待されている。小型教科書を試験会場に持ち込む可能性は皆無だが，世間にはたしかに非常に小さいサイズの本があり，手書きのものも買える[19]」。この解説により，それがカンニングに悪用されることを恐れて出された禁令ということがわかるだけでなく，当時の中国における出版事情の一端がうかがえて実に興味深い。

また答案の書き直しや抹消字数についての規定があり，合計100字を超えれば受験者の名前が入口に張り出されることになっている。モリソンは，名前が張り出されるというのは当該の受験者がその年の試験から除名されることを意味すると解説し，こう付け加えている。「広東では通常100人あるいはそれ以上の受験生が，おびただしい規定のどれかを破ったかどでこの罰則を受けている[20]」。ここにモリソンみずからの広東での見聞が披露されているが，それは公式な文書に残らない貴重な記録にほかならない。このようなモリソンが広東を中心として収集したビビッドな情報が，翻訳の合間に散見される。

条文の翻訳にもっとも長い解説を加えているのは，「筵宴」条項に出る「鹿鳴宴」に関してである。モリソンは「鹿鳴」の出典を示すために，『詩経』の「鹿鳴」1章8句を全部引いているが，それはヨーロッパ人の利用者にはまことに行き届いたサービスであるといえよう。

先ほども触れたように，モリソンは科挙を批判的な目で見ていた。『科場条例』の翻訳にもモリソンの批判が散見するのだが，ここで2つの点について例をあげる。

はじめは「宗室人員」すなわち皇族関係者が受験する場合の条項に関して，モリソンはその実態をこう指摘する。「それはまったくの猿芝居である。彼らの問題は他の人が代わりにやっており，その間彼らは近くで飲んだりどんちゃん騒ぎをしたりしている[21]」。

もう1つは答案の書式についてで，答案においては「列聖」「郊」「廟」などの文字は通常の行頭より3文字上げて書く，「徳意」「恩膏」など2文字上げて書く，「朝廷」「国家」などは1文字上げて書く，という細かな規定がある。それを間違うとそれだけで不合格になるのだが，モリソンはそれらについて逐一サンプルを示しながら翻訳紹介したあと，思わずため息をついた。「あぁ，頭文字の書き方に関する教育上のルールが，勉学の向上に何のかかわりがあろうか[22]！」

このように時折みずからの解説や批判を加えながらまとめた『科場条例』の要約は，20頁にもわたり，それだけでも科挙を欧米に紹介する際の貴重な資料となる。実際に，後年モリソンは，『字典』に掲載したこの『科場条例』

の要約をほぼそのまま，‘The Literati of China’（中国の知識人）という題で，*The Asiatic journal and monthly register for British India and its dependencies*（Vol.22 (1826) p.521-527）に発表され，中国の科挙試験に関する詳細な内容をより多くのヨーロッパ人に広めたと言えよう。

3．科挙に受かるための作文技法

科挙に関する『字典』の記述にはもうひとつ目を引くものがあり，それは科挙に受かるための作文の技法についての情報である。『科場条例』は科挙の本質を知る上で欠かせない根本資料であり，それを取り上げたモリソンは，科挙制度の骨格を的確に欧米に紹介したといえる。しかしそれだけではなく，モリソンはさらに科挙での作文の技法にまで立ち入って，科挙における知のあり方を開示しようとした。『科場条例』に続いて『字典』は，科挙の作文技法を紹介するために，『初学明鏡』と『初集啓蒙』の2冊をとりあげた。

『初学明鏡』は，科挙をめざす「童生」のために書かれた作文技法を伝授する本と紹介されている。この『初学明鏡』は現在目にすることが非常に難しく，モリソンの蔵書目録（Andrew C. *West Catalogue of the Morrison Collection of Chinese Books*『馬禮遜蔵書目録』，School of Oriental and African studies University of London 1998）を収蔵しているロンドン大学アジア・アフリカ学院（SOAS）図書館以外に，まだ所蔵図書館を知らない[23)]。

『字典』が『初学明鏡』から引いたのは，いわゆる八股文の作文技法である。「破題」「承題」「起講」「提股」「過脉」「中股」「末股」「束股」という八股のそれぞれの要領を要約している。

たとえば「破題」については，①明破，②暗破，③合破，④分破，⑤或先破意後点題面，⑥或先破題面後足題意，⑦或先破後断，⑧或先断後破，と，「破題」の8技法を逐一詳しく取り上げている。

商衍鎏の『清代科挙考試述録』に，「明から清に至り，汗牛充棟ほどの文（八股文），その数は数え切れない。しかし蔵書家は重んぜず，目録学は言及せず，図書館は収蔵しない。科挙が停止され，八股が廃止されてからは，零落散逸し，二束三文のものになりはててしまった。将来の段階で，今もなお世間に残っていて，多くの学者の口にのぼるような策論や詩賦のようにこれを求めようとしても，それはきっと不可能だろう[24)]」とある。実際そのとおり，『四庫全書』に収められている「欽定四書文」以外に，八股文の文集は現在ほとんど残っていない状態である。八股文の文集すらそういう状況であるから，八股文の作文技法を説く『初学明鏡』を所蔵する図書館が見あたらないのも当然かもしれない。その意味では『初学明鏡』を収録した『字典』は，希少な資料を保存したといえるだろう。

『初学明鏡』の次に，『字典』は『初集啓蒙』をとりあげた。『初学明鏡』から八股文の作文技法を解説したのに対して，『初集啓蒙』からは一般的な作文技法を紹介している。それは，①与えられた題を血脈までみえるようにしっかり把握するようにという「認題」，②文章全体の呼吸や勢いをあらかじめ心の中で描いて把握するようにという「布勢」，③古典の傑作の魂をみずからの文章に取り入れるようにという「錬格」，④正鵠を射るようにという「中彀」，という作文における「四則」，四つの基本技法である。八股文の技法ではないが，こちらも試験における作文の技法である。

科挙を頂点とする中国の教育における，入門者への作法からはじまって，科挙に関する法規や，科挙合格のための作文技法にいたるまで，『字典』は科挙の全体像や当時の知のあり方について，限られたスペースの中で詳細に描き出したのである。

第4節 『字典』，*English and Chinese* にみえる成語と諺

劉葉秋の『中国字典史略』に，中国の百科事典的な字書の誕生に触れた次の1節がある。

> 商務印書館が編纂した『辞源』は，近代もっとも早く刊行された，言葉を中心として百科知識をも含めた大辞典である。清の光緒34年（1908年）に編纂しはじめ，1915年に5種類の版型で出版された。（中略）収録された見出し字は1万以上，語例は約10万。見出し字と一般語彙のほか成語や故実，典章制度，天文，地理，人名，物名，書名，音楽，技芸，医学卜占，花草樹木，鳥獣蟲魚など，さまざまな分野にわたる資料や新しい

> 名詞が含まれている。古代の字書や韻書・類書を総合してひとつに結びつけ，当代外国語の辞書のすぐれたところも広く採用して，新しいスタイルを作り出した。その内容の幅広さは，それまでの字書になかったものである[25)]。

「それまでの字書」が，中国人の手による「国語」字書を指すなら，おそらくその通りであろう。しかしもしモリソンの3部6冊「華英・英華字典」も視野に入れるならば，この記述は若干修正されるべきである。なぜなら「華英・英華字典」は見出し字と一般語彙の外に，まさにおびただしい百科知識や情報を取り入れているからである。次の表は第1部『字典』と第3部 *English and Chinese* に収録されたさまざまな百科情報の主なデータである。

表5 「華英・英華字典」にみえる百科情報

	『字典』収録数	*English and Chinese* 収録数
成語	48	
諺・俗語	51	63
天文地理		1
数学		39
音楽		2
医学	32	
植物・鉱物	100	148
物産		2
典章制度	167	1
書名	54	
地名	146	
人名	29	

上記の表は『中国字典史略』にあげられている「百科知識」の項目を「華英・英華字典」に当てはめて調べた結果である。数字から見ても,「華英・英華字典」の百科知識の量がいかに多いかがわかる。

またこの表から『字典』に48の成語,『字典』と *English and Chinese* にあわせて114の諺・俗語が収録されていることが判明した。この節では,まず『字典』と *English and Chinese* に収録された成語と諺語・俗語に焦点をあて,それらの収録状況および,「華英・英華字典」編集への貢献を明らかにしたい。次節ではその他の百科情報を中心に検討していく。

1.『字典』に収録されている成語

成語とは,『漢語大詞典』(上海辞書出版社,1986年)によれば,「長い間慣用され,形が一定し,意味が整った熟語。四文字からなるものが多い」と定義されるもので,いわゆる四字熟語のことと考えてよい。たとえば「朝三暮四」,「大器晩成」などがそうだが,これらの四字熟語は,『康熙字典』を代表とする近代以前の伝統的な字典が取り扱わないものであった。しかし上記の表に示したように,『字典』には48句が取り入れられており,それは『辞源』より100年ほど早い試行であった。

取り扱った成語の中身について『字典』と『辞源』[26]とを比べると,『字典』に取り入れられている成語で,『辞源』に収録されていないものが少なくない。しかしそれらは現代の『漢語大詞典』にはほとんど収録されている。以下に『字典』と『漢語大詞典』に収録され,『辞源』には採用されなかった成語について,『漢語大詞典』が記す出典とともに列挙してみよう。

表6 『字典』に収録され,『辞源』にない成語

見出し字	成語	出典
不	不三不四	『水滸伝』『二刻拍案驚奇』
悔	悔人不倦	『論語』
倜	風流倜儻	明許三階『節侠記』『隋唐演義』

傾	傾家蕩産	『紅楼夢』
兵	兵荒馬乱	元無名氏『梧桐葉』
利	一本萬利	清昭槤『嘯亭続録』
力	盡心竭力	『南史』元高文秀『襄陽会』
力	年富力強	『論語集注』『醒世恒言』
勒	臨崖勒馬	元鄭光祖『智勇双全』
厚	天高地厚	『詩経』『荀子』『児女英雄伝』『西廂記』
佛	佛口蛇心	明梅鼎祚『玉盒記』
城	衆志成城	『国語』
天	天姿国色	『西廂記』『二刻拍案驚奇』『長生殿』
容	無地自容	宋司馬光『謝賜奨諭勅書並帯馬表』
夫	夫唱婦随	語本『関尹子』元無名氏『挙案斉眉』
多	多多益善	語本『史記』
忘	忘恩負義	元楊顕之『酷寒亭』
撈	水底撈月	明王守仁『伝習録』
気	有気無力	『醒世恒言』
沽	沽名干誉	明無名氏『鳴鳳記』
青	青黄不接	宋葉適『上寧宗皇帝札子』

上の表6には『論語』のごとく正統的な典籍に出典をもつ成語も含まれているが,『辞源』に取り入れられていない成語のほとんどは，小説や戯曲に由来するものであることが上の表から見てとれる。「朝三暮四」や「大器晩成」など出典が『荘子』や『老子』にさかのぼる成語を取り入れながらも,『辞源』は小説や戯曲などをほとんど視野に入れていなかった。それに対して，小説や戯曲など非正統的なジャンルからも語彙を積極的に取り入れた『字典』は,

約百年後に編纂された『辞源』よりも視野がずっと広かったといえる。この差異は次に取りあげる諺・俗語でいっそう顕著になる。

2．『字典』，*English and Chinese* に収録されている諺·俗語

『漢語大詞典』によれば，諺とは，「長い間伝わってきた，豊かな寓意と簡潔，洗練，安定した表現をもった古訓，俗語」のことであり，俗語とは，「民間に流行した表現」，「通俗で流行しかつ固定した表現をもった語句」，「方言土語」のことを指すという。どちらも民間に流行した俗語であるが，前者はより歴史的，後者はより現時的といえるかもしれない。ここではとりあえず両者を一括して扱うことにする。例としては，たとえば，「路遙知馬力，事久見人心」「好事不出門，悪事伝千里」などが挙げられる。

表5にあるように，『字典』と *English and Chinese* で，諺・俗語はあわせて114例取り入れられている。それぞれを『辞源』で調べてみると，『辞源』にも取り上げられているのは，わずか8例である。『字典』と *English and Chinese* のほうがはるかに採集範囲が広い。ここではその出典に注目して内容を検討してみたい。まず『辞源』にもみえる8例の諺・俗語の出典は下記の通り。

表7 『辞源』と「華英・英華字典」の両方に収録された諺・俗語

『辞源』と「華英・英華字典」	『辞源』に記されている出典
病従口入，禍従口出	『傳玄口銘』
豹死留皮，人死留名	『五代史』
近朱者赤，近墨者黒	『傳玄箴』
百聞不如一見	『漢書』
人棄我取，人取我與	『史記』
見怪不怪，其怪自敗	『夷堅志』
遠水不救近火	『韓非子』

放下屠刀，立地成仏	『山堂肆考』

次に，『辞源』には取り上げられていないが，「華英・英華字典」にみえる諺・俗語で，『漢語大詞典』にも収録されているものの出典は以下の通り。[27)]

表8　『漢語大詞典』と「華英・英華字典」の両方に収録された諺・俗語

『漢語大詞典』と「華英・英華字典」	『漢語大詞典』が記した出典
路遙知馬力，事久見人心	宋陳元靚『事林広記』
冤有頭，債有主	『五灯会元』『金瓶梅詞話』
善有善報，悪有悪報	『瓔珞経』『金瓶梅詞話』
玉不琢，不成器，人不学，不知道	『白虎通』
巧婦難爲無米之炊	宋荘季裕『鶏肋編』『古今小説』
牡丹雖好，還要緑葉扶持	『金瓶梅詞話』
癩蝦蟆想吃天鵝肉	『儒林外史』『紅楼夢』
世上無難事，只怕有心人	『西遊記』
有銭使得鬼推磨	『二刻拍案驚奇』
尺有所短，寸有所長	『楚辞』
比上不足，比下有余	晋張華『鷦鷯賦』
勝負乃兵家常事	『水滸伝』，清洪昇『長生殿』『児女英雄伝』
紙包不住火	周而復『上海的早晨』など
柴米夫妻，酒肉朋友	明顧起元『客座贅語・諺語』
各人自掃門前雪，莫管他人瓦上霜	『警世通言』
酒逢知己千杯少，話不投機半句多	明高明『琵琶記』，清洪昇『長生殿』など

飽暖思淫慾	明賈仲名『対玉梳』『二刻拍案驚奇』など
謀事在人，成事在天	『三国演義』『紅楼夢』
嫁出去的女，潑出去的水	『紅楼夢』
留得青山在，不怕没柴焼	『初刻拍案驚奇』
蛇入竹筒，曲性猶在	『事林広記』
今朝有酒今朝醉，明日愁来明日愁	唐権審『絶句』
不在其位，不謀其政	『論語』

以上23例の出典を見ると，『論語』や『楚辞』，唐権審の『絶句』，宋陳元靚の『事林広記』，晋張華『鷦鷯賦』をのぞいて，17例までが明清の小説や戯曲から出ているのがわかる。これらの諺・俗語が『字典』と *English and Chinese* や『漢語大詞典』に収録されていながら，『辞源』に取り扱われなかったのは，『辞源』の編集者が伝統の字典編集方法にとらわれ，明清の小説や戯曲類を，モリソンのように自由に扱うことができなかったことを物語っている。『字典』と *English and Chinese* には，出典をはっきりと『紅楼夢』と記している例文だけでも数多くある。中国の字書編纂史において，モリソンの字典は，伝統的な字書に取り扱われなかった小説や戯曲類をはじめて積極的に取り入れた字典といえる。

一方，「紙包不住火」の出典は，『漢語大詞典』でも現代の小説『上海的早晨』にまでしかさかのぼれないことからもわかるように，モリソンが字典を編纂当時，このたぐいの言葉には正統な出典がなかったのである。にもかかわらず，モリソンは出典の有無に束縛されずに，民間の口頭に伝わる諺・俗語を自由に取り入れていた。

さらにいえば，『字典』と *English and Chinese* の諺・俗語は必ずしも，明清の小説や戯曲類も含めて，直接原典から引いているわけではない。たとえば，「飽暖思淫慾」は『対玉梳』や『二刻拍案驚奇』に出典を求めることができ，『漢語大詞典』はそれらの出典にもとづいて引いているのに対して，モリソンが字典に取り入れているのは，「飽暖思淫慾，飢寒起盗心」である。あるいは出典のある「柴米夫妻，酒肉朋友」のかわりに，モリソンは「柴米夫妻，酒肉兄弟」を取り入れている。たとえ出典があっても，『字典』と*English and Chinese*は，それらの出典とともに民間の口頭に生きている言葉を直接取り入れていたのだと考えられる。

そしてまさに民間の口頭に生きている「諺・俗語」を縦横無尽，自由自在に取り入れる，視野の広さにおいて，モリソン字典は100年後の『辞源』よりも，あるいは現代の『漢語大詞典』よりも勝っていたのである。『字典』と*English and Chinese*に収録された114例の「諺・俗語」でみると，『辞源』にも収録されたのはわずか8例，『辞源』に収録されずに『漢語大詞典』に採用されたのもわずか23例。『辞源』にも『漢語大詞典』にも取り上げられなかったそれ以外のものは，明清小説や戯曲に出典確認できるものもあれば，必ずしも出典が確認できない民間の口語もある。たとえば，「好事不出門，悪事傳千里」(『北夢瑣言』『西遊記』『警世通言』)，「有酒有肉多朋友，患難之時一個無」(『目蓮救母・劉氏開葷』)，「人口兩塊皮，説話無定期」(『済公全伝』)，「人善被人欺，馬善被人騎」(『金瓶梅』)のような出典の確認できるもののほか，「人凭神力，草望春生」「是々非々地，明々白々天」「大富由天，少富由勤」「做得成不要喜，做不成不要怪」「無冤不結夫妻，有債方成父子」などのような出典がなく，民間の口承によって伝わっている俗語もある。これらの言葉は，今の中国語にも生きている。モリソンの視野の広さは，こうした生命力が強い俗語を幅広く採集した点においてきわだっている。

3．モリソンが収集した諺・俗語の由来

表5が示しているように『字典』と*English and Chinese*に収録されている諺・俗語は成語より倍以上の数がある。ではモリソンはいかにしてこれらの諺・俗語を収集したのであろうか。幾つかの推測ができる。

(1)　モリソンの時代にすでに刊行された諺・俗語集

モリソンが字典を編集した当時すでに数種類の諺・俗語集が刊行されていた。たとえば，郭子章の『六語』，翟灝の『通俗編』，銭大昕の『恒言録』などがある。モリソンがこれらの書物を利用したことも推測できようが，筆者

がこれらの書物を調べてみると，『六語』はただ古典に出典のある諺のみ収録し，民間に流行している俗語はまったく収録されていないことが判明した。『通俗編』は諺語を専門に収集する書物ではなく，典籍あるいは古代文人の書籍にある言葉を分かりやすいように解釈する際に諺と俗語を使っているのである。それらの諺と俗語がモリソンが収集したものと一致しているのは，「巧手莫爲無米之炊」(『字典』では「巧婦難爲無米之炊」となっている)，「對牛弾琴，吹毛求疵」ぐらいである。『恒言録』に収集されている言葉は「成語類」と「俗語類」に分類されている。このなかには，モリソンが収集した諺と一致或いは類似したものがある。

近朱者赤，近墨者黒
比上不足，比下有余
對牛弾琴，吹毛求疵
巧婦做不得無面之炊（『字典』では「巧婦難爲無米之炊」）
今朝有酒今朝醉，明日愁来明日愁
善悪到頭終有報，只争来早與来遲
自家掃去門前雪，莫管他家瓦上霜（『字典』では「各人自掃門前雪，莫管他人瓦上霜」）
柴米夫妻，酒肉朋友（『字典』では「柴米夫妻，酒肉兄弟」）
牡丹雖好，緑葉扶持[28]（『字典』では「牡丹雖好，還要緑葉扶持」）

このように，上記の書物からモリソンが収集した諺・俗語と一致するものが検出できるとはいえ，モリソンの収録がこれらの書物に依拠したとは断言できない。なぜならば，これらの言葉はその他の書物にも散見しているからである。また *Catalogue of the Morrison Collection of Chinese Books*『馬禮遜蔵書目録』にもこれらの書物が載っていない[29]。

(2) モリソンの読書による蓄積

モリソンは中国に到着した直後，中国語書物の学習と収集に精力を注いでいた。その収集数は1万冊にのぼる。1823年に帰国する際，モリソンはこれらの書物をイギリスに持ち帰った。これらの書物は現在ロンドン大学のアジア・アフリカ学院の図書館に所蔵されている。1998年 Andre C. West が『馬禮遜蔵書目録』を編集した。この目録を見てみると，モリソンの蔵書の膨大さには驚嘆するばかりである。彼の蔵書には四書五経はもちろんのこと，歴史，地理，数学，農学，医学，音楽，芸術，文学，訓詁学，音韻学，金石学，道教，儒教など，中国文化の各領域を網羅している。モリソンの前に多くの商人や宣教師が中国に滞在していたが，モリソンのように系統的に中国書籍を収集したのは皆無である。モリソンは字典を編集する際，これらの書籍を存分に利用していた。彼は『字典』の中で引用した用例に時々出典を表記している。これらの出典は四書五経，『家宝全集』『明心宝鑑』『大清律例』『紅楼夢』などの数十種類の書物にのぼる。ただ，諺・俗語の用例に関しては，出典をほとんど表記しておらず，出典を表記したのは，次のような3例のみである。

肥鶏得食湯鍋近，野鶴無糧天地寛。（唐朝，羅隠）[30]
善惡到頭終有報，只争来早與来遲。（『明心宝鑑』）[31]
剪草不除根，萌芽依舊生。剪草若除根，萌芽再不生。（諺）[32]

このように諺・俗語の出典の表記が少ないとはいえ，モリソンが収集した語句は1，2冊の諺語集にのみ出自したものではなく，モリソンの大量読書による結果だと思われる。出典に「諺」とだけ表記するのは，当該の語句が書物によるものではなく，民間の口語に伝わるものの可能性が大と考えられる。

⑶ 日常生活による蓄積

モリソンは来華後，中国語学習，字典の編纂，あるいは『聖書』の翻訳のために，常に多くの中国人との交流があった。彼の生活圏の中には，商人，カトリック教信者，教師，職人及び子供がいた。おそらく彼らとの交流の中で，モリソンは上記にリストアップした出典のない諺・俗語を知ったのではないだろうか。

したがって，『字典』と *English and Chinese* に収集されている諺・俗語はモリソンの勤勉な努力と多方面からの収集によるものと言える。モリソンは

『字典』の序言に「この字典の中の釈義と用例は主に『康熙字典』によるものだが，その他，著者の中国語知識，ローマカトリック教宣教師の字典の写本，中国文人の助け及び字典を編集するために収集した種々の書籍によるものもある」[33]と記している。この記述は諺・俗語の由来に対する最適な回答だと思われる。

4．字典に成語と諺を導入する先駆性とその意義

ここまで見てきたように，口語の性格を持つ成語や，諺・俗語も大量に収録されていることは，『字典』と *English and Chinese* の大きな特徴のひとつである。特に *English and Chinese* の用例にはほとんど文言文を使用せず，日常口語，諺・俗語及び明清小説の文章からじかに引いている。

字典に口語や小説の用例を使用しないのは中国の伝統的な字典編纂方法である。15世紀以降来華した宣教師たちが，中国語を学習するために自ら編纂した字典の中に日常会話の用例を多く取り入れていたが，しかしモリソンが収録した量にはとうてい及ばない。モリソンは口語或いは俗語に対して独自の見解をもっていた。

> 康熙帝は『康熙字典』が「すべての（漢字の）意味を釈義できる，すべての音声を収録する」ようにと編集者に求めていたが，しかしこの字典は口語をまったく収録していない。したがって，単に『康熙字典』を翻訳するのはとうていヨーロッパの中国語学習者を満足させることができない。[34]
>
> 中国文人に従来から無視されている「俗話（suh-hwa）」は低俗で趣味の悪い言葉を意味するものではない。ただ知識人にのみ適用する雅順で，古典的で，佶屈聱牙な言葉に対して，俗話は大衆化された言語である。あたかもヨーロッパの知識人が暗黒の時代において正統な書籍は俗語ではなく，ラテン語で書かなければならなかったように。中国の文人も彼らと同様である。（1819年11月25日に伝道会本部（the Directors of the Missionary Society）への書簡による[35]）

モリソンが外国人であるからこそ中国の伝統にとらわれず，より大衆的な

諺・俗語を収録することが出来た。前述したように，モリソン「華英・英華字典」より遅れること1世紀，近代最初の総合性を持つ字典と言われた『辞源』に多くの諺・俗語が収録されたとは言え，依然としてその出典は正統な書物にある言葉に限った。小説，戯曲或いは民間で流行っている大衆的な言葉は一切取り入れなかった。

このような中国の古典知識のみならず，大衆の言葉も豊富に取り入れた「華英・英華字典」は出版された後，ヨーロッパ社会で広く歓迎された。なぜならば「多くの人々は中国その国自身にあまり関心をもたず，ただ中国文学に興味があるとは言え，しかし多くの人は純文学の内容の他，さまざまな知識も網羅した字典の重要性と価値をはっきりと認識している」からである[36)]。

第5節 『字典』，*English and Chinese* にみえる百科情報

前節では表5で示した『字典』，*English and Chinese* に収録された成語と諺を中心に検討してきたが，この節では引き続きその他の百科情報を検討していく。

各情報に関する収録数は1から160以上とばらばらであるが，その情報の範囲は実に多岐にわたっている。

1．植物・鉱物

植物名に関する『字典』の情報はまことに注目すべきである。『字典』には「本草綱目」のコラムがいくつも設けられており，『本草綱目』から直接植物名を引いている。たとえば見出し字「大」のもとのコラムだけでも，「大蟲杖」「大瓠藤」をはじめ29種の植物名がそこに列挙される。

『本草綱目』のみならず，『字典』は康熙47年に編纂された植物百科全書『広群芳譜』を参照し，そこからたとえば「安石榴」「安息香樹」などを引いている。

それ以外に出典を明記しないものも多く，見出し字「天」のもとでは，たとえば「天竹黄」「天麻」など23種の植物名が記されている。名前を記すだけでなく，モリソンはそれぞれの植物がどんな効用があるかについての解説ま

で加えているのである。

植物名リストでもっとも注目すべきは，*English and Chinese* に見える，広東の月ごとに咲く148種の花の一覧表である。この一覧表を掲載するのに，実に3頁が費やされている[37]。さらに植物名ほどではないが，鉱物名もたとえば「太真」などが解説付きで掲載されている。

『字典』に取り上げられている植物名や鉱物名は，『辞源』はもちろん『漢語大詞典』にも見えないものがほとんどである。

2．典章制度

中国の典章制度に費やされた紙幅は，ここまで見てきたどの項目よりもさらに長い。『字典』見出し字「官」のもとでは，中国の官位制を説明するために実に27頁も割かれている。

その際に『字典』が基づいたのは『淵鑑類函』の21巻から37巻までの「設官部」である。伝説時代の伏羲から現在までの，文官武官中央地方を問わず，あらゆる官吏の官職名を中国語で収録し，またその役割，場合によってはその官職の由来なども含めて，まことに懇切丁寧に英語で解説されている。ここでは「都大提擧茶馬」についての解説を例として，その一端を見てみよう。

> 都大提挙茶馬，茶と馬の総監督責任者。この官職は熙寧帝（A.D. 1060）に由来する[38]。すでに唐王朝から茶と馬の交換が中国人と西北地域の回紇とのあいだで行なわれていた。はじめは茶の担当者「茶司」と馬の担当者「馬司」がいた。しかしその「茶司」が馬を買う役割を兼ねていないため，しばしば馬に危害を与えることがそのうち問題となったので，両者が「茶馬司」に統合された。明の弘治年間の1490年に茶と馬の交換が朝廷の独占事業となり，四川と陜西で行なわれた。朝廷に認可された事業者は，委任状として「金牌信符」を所持していた。上等の馬は茶百斤，中等の馬は七十斤，下等の馬は五十斤であった[39]。

これが1つの官職に関する解説である。『字典』では全部で165の官職が取り上げられている。さらに官位制度のほかに清朝の法律『大清律例』が13回もとりあげられ，「度量衡」の単位も事細かく記されている。たとえば「度」

の単位として，「尺」からはじまって最小単位の「清浄」まで23の単位が並べられている。「尺」の下にはさらに22の単位もあり，「清浄」が「度」の単位であるとは，おそらくどの字書にも書かれていないであろう。

3．書名

『字典』のところどころに書物を紹介する‘*Books*’（書名）コラムが見え，そこで取り上げられた書物だけでも54種にのぼる。‘*Books*’コラムの例を，見出し字「女」のもとに挿入されたコラムから見てみよう。

『女学言行纂』，女性の勉学や責任に関する逸話・随筆集。2巻。大判。
『女仙外史』，女仙人の歴史，二重含意をもつ小説。口語体。20または12巻。価格は，9 mace.[40)]
『女才子伝』，ある才媛の伝記。4巻。価格，1 mace。小説，完全口語体。中判。
『女科経綸』，4巻。婦人科に関する医学書。価額2 mace，5 cand。
『女科設要』，2巻。婦人科医学要点。価格1 mace，6 cand。
『女士詩抄』，女性の詩集。4巻。価格1 mace，5 cand。
『女訓遺規』，女性のための規則とアドバイス。2巻。価格1 mace。
『女四書』，女性向けの四書。3巻。価格1 mace，8 cand。
『女孝経』，女性向けの孝経。1巻。価格2 cand。[41)]

というように，書名だけでなく内容や文体，サイズ，そして価格についての情報までもが盛り込まれている。当時の出版や書物に流通事情を知るための貴重な資料といえる。

4．地名

『字典』には各地の地名を紹介する‘*Names of places*’（地名）コラムも数多く見え，そこではたとえば地名が次のように取り上げられている。

大城県，直隷省にある。北緯36. 44。
大理府，雲南省にある。北緯25. 44。

大寧県，山西省にある。北緯36. 30。
大足県，四川省にある。北緯29. 51[42]。

省名を中国語で収録するのみならず，緯度上の位置まで英語で記されているのである。そして植物名に広東の花名をずらりと並べたのと同じように，地名でもモリソンが活動する広東のローカル情報が豊富である。上記と同じ見出し字「大」のもとに，広東の地名を，たとえば次のようにとりあげている。

大殿，大石楼，大獅峰。いずれも羅浮山にある[43]。

このような地名の取り上げ方はあきらかに一般字典の範囲を超えている。

5．人名

『字典』の人名情報は全巻のあちこちに散見されており，統計するのが難しいほど膨大な量にのぼる。ここでは一例として，見出し字「張」のもとにとりあげられている人名を見てみる。モリソンはここでも，人名を中国語で取り上げるのにとどまらず，英語での説明も付け加えている。

張衡，漢代の数学者。
張文成，秦王朝を倒し，漢王朝をうち立てるのに貢献した。仙人になろうと食を断っていたが，皇后に強制的に食事を取らされ，それがもとで死んだ。
張横渠，宋代の厳格さで有名な倫理学者。
張文献，唐代の著名な政治家。九齢ともいう。
張中丞，唐代の著名な将軍。身長7キュービット[44]。超人的な記憶力と度胸のよさで知られる。戦闘でいったん本陣を張ると，いつも部下に「わたしはけっしてここを離れない。君たちは死ぬか勝利するまで戦いなさい」と告げる。数百回の戦いを経験し，300人の敵将の首を切り，50万人を殺した。
張紅紅，唐代の著名な妃。はじめは街角に立つ歌手であったが，歌がうまかったので青という人の妾に迎えられた。青は彼女を幕の向こうに立たせて新しい曲を聞かせたところ，彼女は机上のえんどう豆を並べて音を記憶し，すぐにそれを正確に歌うことができた。その噂がやがて皇帝の耳に入り，皇帝は彼女を後宮に入れた。のち青の訃報に接し，悲しみのあまり後宮で亡くなった。

張宣公，宋代の著名な倫理学者。

張徳，明王朝樹立に貢献した将軍。32歳の時に戦闘で殺された。

張中，鐵冠道人とも呼ばれる。明代の人。

張子，孔子の弟子の１人。

張麗嬪，元王朝末帝の後宮にて美しさで名を馳せた。気品高い刺繍で有名である。

張麗華，張貴妃ともいう。古代（A.D. 580）の美女。つやつやした長い髪で有名[45]。

このリストにみえる人名で，『辞源』でも取り上げられているのは張衡，張九齢，張紅紅，張麗華ぐらいである。収録の基準と範囲が字書によって違いがあるのは当然だが，近代の百科事典的字書として，人名を積極的に取り入れた点において『字典』が『辞源』より先駆けていたことは間違いない。

6．医学

『字典』にはときどき‘*Anatomy*’（解剖学）と名付けられるコラムがみえる。そこでは漢方医学でいう「ツボ」がまとめて取り上げられている。たとえば見出し字「大」のもとの‘*Anatomy*’コラムには，「大陵」「大赫」「大淵」「大包絡」「大腸」「大抒」「大顧骨会」「大椎」「大都穴」「大迎二穴」計10のツボが，名前だけでなくその位置まで記されている。また見出し字「天」のもとでは「天枢」をはじめ15の，見出し字「太」のもとでは「太沖」をはじめ６つのツボが紹介されるなど，医学関係の情報も豊富である。

7．天文地理

English and Chinese の見出し字‘Sign’のもとに，「黄道」に関する解説がみえる。そこでは，黄道は十二宮に分かれると紹介するのにとどまらず，「宮」の下に「秒」があり，「秒」の下にさらに，「微」「纖」「忽」「芒」がある，とまで紹介している。つづいて，十二宮の名前，「子宮」「亥宮」「戌宮」「酉宮」「申宮」「未宮」「午宮」「巳宮」「辰宮」「卯宮」「寅宮」「丑宮」を逐一紹介したうえ，それぞれの「宮」に属する二十四の節気の呼び名まで書き込んでいる。

ちなみに，『辞源』にも「黄道」という項目があるが，解釈は意味にとどまり，十二宮にすら触れていない。

8．物産

物産に関するモリソン字典の情報は，磁器についての記述を例に見てみよう。*English and Chinese* の見出し字‘Porcelain’のもとに，磁器についての微細にわたる説明がみえる。

まず，磁器産地としてもっとも有名な景徳鎮の地理的位置を紹介し，景徳鎮に関する文献『景徳鎮陶録』を記す。つぎに，記録にみえるもっとも古い窯は，江西の「陶窯」であり，唐の武徳年間に宮廷に作品を献上したが，そのときの陶器は「假玉器」と呼んでいた，とつづく。

それから磁器生産現場での特殊な言葉遣いを紹介する。「不」は２音節の「敦字」tun-teze と発音し，中国磁器の原料を意味する英語の‘petuntsze’はこれに由来すると解説する。

そしてここからいよいよ本論に入る。磁器原料ひとつひとつの名称，産地，質などを，かなり専門的に紹介していく。最後に，乾隆帝が作らせたという『龍威秘書』に掲載された，磁器生産の始めから終わりまでの20の過程を逐一解説する。原書には20の過程を示す絵図があったが，*English and Chinese* は絵図を割愛し，絵図の文字説明を取り上げている。

たったひとつの磁器を解説するために，これだけ幅広い，しかも専門的な知識を集めているのである。

9．その他

以上のほかに,『字典』, *English and Chinese* に盛り込まれた百科情報として，さらに2つ挙げたい。

ひとつは,「二十四孝」物語の全文掲載である。舜の孝行ぶりを語る「孝感動天」から，黄庭堅が親の溲瓶を洗浄する「滌親溺器」まで,『字典』は「二十四孝」物語を逐一訳出して，5頁にわたって，見出し字「孝」のもとに掲載している。

もうひとつは,『関聖帝君覚世真経』の全文掲載である。作者不明で,「関聖帝君」作に託されている『関聖帝君覚世真経』は，民間に流通する，道教の勧善書である。*English and Chinese* では，第1条の「敬天地，禮神明，奉祖先，孝雙親」から，最後の第30条の「吾言無私，惟佑善人，衆人奉行，毋怠毋昏」まで，全文原典付きで訳出されている[46)]。これを載せるのに，6頁も費やされたのである。

「二十四孝」物語と『関聖帝君覚世真経』のような，数頁にもわたる長さをもった原典は，たとえ百科事典でも容易に全文掲載できない。それらを紙幅を惜しまずに取り入れるところに,『字典』と *English and Chinese* の情報包容力の大きさが見て取れる。

モリソンは以上のように精力的に中国文化に関するあらゆる情報を自分の字典に収録すると同時に，ヨーロッパの文化情報もところどころ字典に収録している。数学と音楽に関する情報はそれにあたる。

English and Chinese に『数理精蘊』から引いた数学用語の多さが目を引く。たとえば,

如容九十度即直角，若過九十度者為鈍角，不足九十度為鋭角。
凡三角形一角直角為直角三角形。

などがそうである。『数理精蘊』は，数学に深い関心を寄せていた康熙帝の支持のもとで編纂され，1723年に刊行された，53巻にのぼる数学専門書である。マッテオ・リッチ訳ユークリッドの『幾何原本』(日本語訳名『幾何学原論』)なども含まれており，宣教師によって伝えられたヨーロッパ数学および

ヨーロッパ数学と中国数学が出会ったときの成果がここに集大成されている。この中国数学界の最新情報を最初に字書に取り入れたのは,「華英・英華字典」であった。

また *English and Chinese* の見出し字‘Music’のもとに,オランダ商館のI.H. Bletterman 氏が作成した, ヨーロッパの音階と中国の音階の対応図が掲載されている。そこには,「五音」の角・羽・徵半・商・徵・宮・商半だけでなく,「工尺譜」の合・士・乙・上・尺・工・凡・五・六・仕まで記されている。これに対して,『辞源』には,「工尺」の項目があるが, 図までは示されていない。ヨーロッパ式の音符記号と五線譜も『字典』に載せている。おそらくこれはもっとも早く中国語関係の字典に掲載された西洋音楽情報であろう。

モリソンの『字典』に載っている数学, 音楽及びその他の西洋文化情報は,後に中国及び日本の知識人の貴重な学習情報源になり, 近代日中語彙の形成にも貢献した。このことについて第4章であらためて論述したい。

第6節 『五車韻府』の収録内容及び参考書

第2章では主に『字典』と *English and Chinese* の内容を中心に論じてきたが, この最後の1節では『五車韻府』に目を向け, その収録内容と参考書に関して検討する。

モリソンはヨーロッパの中国語学習者のために3部6冊の「華英・英華字典」を編纂したが, その利用者はヨーロッパ人にとどまらず, 19世紀の中国人と日本人の西洋学習の参考書にもなった。特に第2部の『五車韻府』は出版後の100年にわたって版を重ね, 学習者に重宝された。[47]

前述したように, 第1部の『字典』は計3巻あり, 4万語あまりの漢字を収録している。見出し字の用例には中国史書から儒教仏教の教典, 政府律令,啓蒙書, 通俗小説まで多岐にわたり, 森羅万象を網羅しており, その意味において字典と言うより, 百科全書の性質を帯びた書物である。『字典』と比べると,『五車韻府』の内容ははるかに簡素である。『五車韻府』は2巻で構成されているが, 第1巻は字引であるのに対して第2巻は各種の検字表が収録されている。本節の考察対象は主に第1巻である。

第1章の第1節でも検証したように，モリソンは『字典』第1巻を出版した後（1815）に，続けて第2巻と第3巻を出版しなかった。先に『五車韻府』の2巻を出版し（1819-1820），その次に *English and Chinese*（1822），最後に『字典』の第2部（1822）と第3部（1823）と出版順を変更した。その理由は『字典』第1巻出版後の反響と大いに関係があるのではないかと考えられる。

表音文字を母語とするヨーロッパ人の中国語初心者にとって，第1巻の内容は煩雑すぎて，しかも漢字検索は部首別であるため利用しにくい。彼らはもっと簡単明瞭で，検索し易い字典を求めていた。モリソンは彼らの需要に応じて先にローマ字順の漢字検索字典『五車韻府』を出版し，その内容にも工夫を凝らした。初心者のために，『五車韻府』に収録する用例は基本的に口語を主とし，中国の古典，経典はできるだけ収録しないこととした。こうして編纂された『五車韻府』は出版後に大いに歓迎されたのである。

ではモリソンが『五車韻府』を編集する際に，どのような書物を参考にしたのだろうか。多くの学者はモリソンの『五車韻府』は中国人の陳先生が編纂した『五車韻府』（以下陳本と称する）を藍本にしたと考えている[48)]。しかし『五車韻府』と陳本との比較研究はいまだになされていないのが現状である。この節では『五車韻府』が編纂された時に使用された陳本を含む一連の参考書を調査し，その編纂方法と内容を考察して，モリソンの『五車韻府』が果たしてどのような書物を，どこまで参考にしたかを明らかにしたい。

1．モリソンが使用した参考書について

モリソンは『五車韻府』の献辞（preface）にこう書いている。「この字典は陳先生の『五車韻府』に基づいて編纂したものである。陳先生は生涯を『五車韻府』の単語収集に注いだ。彼は自分の書物を出版する前にこの世を去った[49)]」。また編纂中に陳本以外，『康熙字典』，『分韻』とローマカトリック教宣教師の字典（*Alphabetic Dictionary of the Roman Catholic Missionaries*）も参考にしたとモリソンが語っている。以下これらの参考書の著者，内容，編纂背景及びモリソン字典との関係について見ていきたい。

(1) 陳藎謨の『五車韻府』

モリソンが『五車韻府』の献辞に言及した陳先生は明末清初の嘉興人陳藎謨（1600？-1692？）である。陳藎謨の人物紹介及び業績に関して，香港大学の馮錦栄がすでに研究論文を発表している[50)]。馮錦栄の研究によると，陳藎謨は最初に『皇極統韻』を著し，順治年間（1644-1661）に初めて印刷出版し，およそ康熙30年（1691）ごろにこれを22巻に再編，書名を『元音統韻』と改めた。しかしこの書物の出版を待たずに陳藎謨は死去した。

筆者が目にしたのは康熙53年（1714）に慎思堂より刻本された『元音統韻』である。これは『四庫全書』に収録されている。この書物には陳藎謨の『元音統韻』の他に吳任臣の『字彙補』6巻も付け加えられ，計28巻となっている。また著者陳藎謨，出版者範廷瑚及びこの書物の発掘者潘應賓の序も載っている。香港大学の馮平山図書館には『五車韻府』10巻が所蔵されている。実はこれは『元音統韻』の第9巻から第18巻の部分である。筆者は2008年3月に香港大学を訪れ，この10巻本の『五車韻府』を目にした。この書物は原本『元音統韻』の巻首，巻末と版心に刻されている「元音統韻」を「五車韻府」と彫り直して出版したにすぎず，出版元は同じく慎思堂である。馮錦栄の研究によると，書名を『五車韻府』と彫り直したものがおよそ康熙末年から雍正年間（1723-1735）に最初に出版され，乾隆27年（1762）に江蘇松江縣玉衡堂より新しい刻本も出た[51)]。しかしモリソンの蔵書目録である『馬禮遜蔵書目録』には陳藎謨の『五車韻府』も『元音統韻』も収録されていないので，実際にモリソンがどの書物を読んでいたか今となっては解明し難い。

実は，モリソンは陳本についていくつか取り間違いがあったのである。すでに馮錦栄が指摘したとおり，モリソンは陳藎謨の門人である胡含一（Hoo-han-yih）を含一胡（Han-yi-hoo）と間違って記載してしまった[52)]。すなわち姓を「胡」ではなく「含」と誤解してしまったのである。「含一胡」という呼び方はおそらく潘應賓の「元音統韻序」にある「幸其門人含一胡君面承先生之訓俾令訂正」の文面に由来する。なぜかモリソンは「含一，胡君」を「含一胡君」と誤解し，苗字と名前を間違ってしまった。実は潘應賓の「元音統韻序」に再び胡含一の名前が登場した箇所がある。「余採藥羅浮，晤胡君於湞江」，この文面を読めば陳藎謨の門人の苗字は胡であることが明白である。なぜかモリソンはこの文面を見落としたようである。

そのほか，彼の潘應賓に関する認識にも誤りがある。彼は『五車韻府』の献辞に次のように書いている。

> Some of Chin Seen-sang's pupils rose to eminent situations in the state; and when the Emperor Kang-he 康熙 projected the formation of his Dictionary, one of them Pwan-ying-pin 潘應賓 mentioned to that great Monarch the work of his Master.[53)]
>
> 陳先生の弟子のうち何人かは政府の際だった地位に登りつめた。康熙皇帝が字典の編纂を計画している時，陳先生の弟子の 1 人であった潘應賓は皇帝に恩師の書物を推薦した。

実は潘應賓は陳藎謨の門人ではなく，康熙帝に陳藎謨の書を推薦した事実もない。潘應賓は彼と『元音統韻』の関係について，『元音統韻』のために書いた序の中に明白に述べている。

> 當先生書成時，年已垂耄，未獲剞劂公世。幸其門人含一胡君面承先生之訓，俾令訂正。（略）憶曩在史館時，余通家沈學士芷岸為余言幼時曾受業於陳先生，得其學而惜失其書。繼蒙皇上以韻學召問，訪其書竟不可得。（略）余採藥羅浮，晤胡君於湞江，挾其書講論，浹旬因益。嘆是書之廣大精微必能傳世。在粵之士大夫思表章絕學，謀付剞劂以公諸海內。[54)]

つまり陳藎謨の学生は沈芷岸であり潘應賓ではない。潘應賓はこの書物の発掘者で，彼はこの書物の保有者胡含一を広東で見つけ出した。広東の文人たちはこの書物を出版する意向があると潘應賓が述べている。しかしなぜかモリソンは『五車韻府』の献辞に潘應賓を陳藎謨の学生と誤解してしまった。

モリソンの一連の間違いは，彼が潘應賓の序を詳細に読むことができなかった，あるいは文章の内容を正確に理解できなかったことに原因があるのではないかと推測できる。では『五車韻府』ははたして陳本をどのぐらい参考にしたのだろうか。この問題については後述で明かにしたい。

⑵ ローマカトリック教会の辞典の写本（the Manuscript Dictionaries of the Roman Church）

この字典については，第1章第3節ですでに詳しく検証したので，詳しいことはそちらを参照されたい。これは17世紀に中国で活躍した宣教師バジル・デ・ジェモーナ（Basile De Glemona）が著したものであり，モリソンが自分の字典を編纂する際に大いに参考にした。『五車韻府』にもこの字典について言及したところがある。『五車韻府』に付している「写本字典音声表示表」（Orthography of the Manuscript Dictionary）に，モリソンは「私が時々使用しているこの写本字典はロイヤル教会の蔵書から写したものである。この字典はもともとWilliam Jonesが所有していた[55]」と記述している。

陳本に基づいて作られたといわれる『五車韻府』に収録された用例の多くはこのジェモーナに由来する。これについては後述する。

⑶ 『康熙字典』及びその他の参考書

モリソンの蔵書の中に字典，韻書類の書物がたくさん含まれている。『康熙字典』もその中の1冊である。『馬禮遜蔵書目録』の記述によると，モリソンが所蔵している『康熙字典』は康熙55年（1716）の刻本である。この字典の所々にモリソンが読書ノートを書き残している。彼は字典の最後の頁に「Finished April 9th 1822, Tues. Canton[56]」と記している。この時期はちょうどモリソンが字典編纂の最終段階に入ろうとしている時であった。つまりモリソンは字典編纂の傍ら『康熙字典』を読み続けていたのである。モリソンにとって『康熙字典』は字典編纂に欠かせない重要な参考書の1つであった。その他，『馬禮遜蔵書目録』に載っている『説文解字』『字彙』『正字通』などの書物もモリソンの参考書であった。ただ，『五車韻府』の献辞で言及された『分韻』は『馬禮遜蔵書目録』に載っていない。モリソンによると，これは小さな字典であるようだ[57]。

2．『五車韻府』の配列方法

『五車韻府』の見出し字の配列に関して，モリソンは陳本の方法を次のように批評している。

原書は発音（sound）と声調（tone）によって見出し字が配列されているので，たとえ漢字の発音が同じであっても声調が違うと別々の巻に配置される。しかも分類が細かすぎて，私が今まで会ったこの字書を使おうとしているすべての中国人が困惑していた。1812年に私はこれらの見出し字を分解し，現在の音節（syllable）の方法で見出し字を配列し直した。[58)]

たしかに，陳本は平声，上声，去声と入声によって巻次が決められている。その中平声，上声，去声はそれぞれ36の韻に，入声は20の韻に分けられ，計128の韻で，４万語程度の漢字が収録されている。たとえば，「公」と「貢」では韻は同じであるが，声調が違う。「公」が平声であるのに対して「貢」は去声であるため，違う巻に収録されている。

この配列のデメリットを強く感じたモリソンは『五車韻府』における見出し字の配列方法に中国と西洋の折衷法を採用した。その配列方法には２つの特徴がある。

①見出し字は声母のローマ字発音順にしたがって配列し，次には韻母の音節もローマ字順で配列する。（たとえば，Cha 査，Chae 齋，Chan 毚……）

②同じ音節（syllable）に属する語根（elementary word）を筆頭に，その派生字を部首別で配列する。（たとえば，Cha「查」は語根で，そこから派生する「渣」，「楂」などは派生字。）

上記の２つの特徴の生まれた背景について次のように考えられる。

⑴　音節配列とモリソンの漢字発音に対する考え方

前述したように，『五車韻府』では声調ではなく，音節によって漢字を分類し，配列している。それはモリソンの中国語の発音に対する独自な考え方から生まれたものである。

『五車韻府』には計12,674の漢字が収録されている（異体字と俗字を含まず）。モリソンはこの12,674の漢字を411の音節に分類した。この411の音節の分類法はモリソンが長年の中国語学習の経験から生み出したものだと考えられる。

モリソンは中国人が字典を編纂する時に同韻同調（same termination, same

tone）に基づいているのに対して，ヨーロッパ人は声母（initial sound）に基づくことに気づいた。彼はかつて幾つかの著書において声調は中国語のオリジナルな部分ではなく，後に付け加えられたものであると指摘している。良い中国人の助手がいなければ，外国人は正確な声調を身につけにくい。声調は有用なものであるが，絶対に必要なものではない。中国の書物の閲覧と理解に，或いは口語の理解には重要ではない。字典に付している声調記号は外国人にとってはそれほど重要なものではない[59]。したがって，中国語学習者はある程度の単語と熟語をマスターする前にあまり声調のことに気を取られすぎない方がよい。もしマスターしたければ，直接先生の発音を聞くのがベストだとアドバイスした[60]。

そう言いながらも，モリソンはけっして声調のことを軽視していたわけではなかった。彼は中国の伝統的な声調で見出し字を配列する方法を採用してはいないが，字典に収録された多くの漢字に「−」（平声），「＼」（上声），「／」（去声），「c」（破裂音）などの声調記号と発音記号を付けている。また入声に対しては特別扱いしている。入声を持つ漢字は独立の音節として単独配列しているのである。

彼は『通用漢言之法』（*A Grammar of the Chinese Language*, 1815）を著す時に，中国語の音節に関してこう述べている。「1漢字に1音節のみ含まれると言える。もし我々のローマ字でこれらの音節を表示するならば，漢字の音節は350を超えない[61]」。彼はこの独自の分析に基づいてこの本の中に，中国語の音節を336個収録した「中国語音節表」（A Table of Syllables contained in the Chinese Language）を作り，『五車韻府』の中にも「中国語音節表」（Order and Number of the Syllables）を掲載した。両者を比較してみると，『五車韻府』にある音節表は『通用漢言之法』の改良版であることが分かる。中国語の音節は411に増やされた。つまりモリソンは中国語の発音をさらに細分化した。そして，モリソンが増やした音節をさらに分析していくと，その増えた部分の多くは入声であることが判明した。彼は漢字における入声の特別性に気づき，『五車韻府』に入声の持つ漢字を単独配列している。

たとえば，音節Hoに平声，上声，去声の漢字「火，禾，何，苛，賀」が配列されている。Hŏの音節には発音はHoでありながら声調は入声の「合，赫，盒，豁」のような漢字が単独に配列されている。

他の3つの声調と比べると，入声の発音が短く，弁別し易いのが特徴である。モリソンはこの特徴に目を付け，入声の書写に工夫をした。彼はローマカトリック教宣教師の写本字典にみえる入声の表記記号「ˇ」を継承した上，ローマ字綴りの最後に「h」を付け加え，入声を表記する方法も創出した。たとえば，「Heuh」で「畜，蓄，旭」，「Suh」で「夙，俗，縮」などの入声を表示するなど。

アルファベット順に漢字を配列する方法は，モリソンが始めたものではなく，カトリック宣教師たちが中国語字書を編纂する時にすでにその方法を採用していた。彼が参考にしたジェモーナの字典もその方法を採っている。しかし彼はそのまま踏襲したのではなく，ジェモーナの漢字音節分類法を発展させ，さらにローマ字の綴り法（Orthography）も英語の発音に合わせて組み合わせ直し，『五車韻府』に「写本字典綴り法対照表」（Orthography of the Manuscript Dictionary）を付している[62]。

⑵　語根と派生字の配列

モリソンは声母と音節が同じ漢字を1箇所にまとめ，さらに語根を筆頭にしてその派生字を部首順に配列した。

「多くの言語の基本として，特別な意味を有する短い語根を持っている。これらの語根に新たな字母を加えると，多くの単語或いは音節が生まれる。まるで植物が生長し，根もとから枝が生えるように。中国語にも同じものが存在している」とモリソンは語っている[63]。モリソンは漢字の派生字には音符と義符があり，さらに語根に音符の役割があるという特徴を捉えている。

たとえば，音節 chung のもとに「中，充，虫，重」など11の語根が収録され，これらの語根にさらに以下のような漢字が収録されている。

中：仲，沖，忠，衷……などの18の派生字。

充：茺，銃……などの9の派生字。

虫：烛，螽……など4の派生字。

重：揰，種，腫……などの25の派生字。

つまり，モリソンは同じ音節の本で見出し字を語根によって配列し，さらに同じ語根の派生字も１箇所に配列しており，順番は精密で，一目瞭然である。彼のこのような配列方法は明らかにジェモーナの字典よりさらに進化している。ジェモーナは漢字を発音によって分類し，ローマ字順に配列したが，漢字の語根に音符の役割があるという特徴は意識しなかった。

以上『五車韻府』の見出し字の配列方法とモリソンの中国語観を考察してきた。モリソンは主にジェモーナ字典のローマ字配列法を参考にした配列方法を考案し，その上漢字の音節分類と表示法に改良を加え，また語根による配列法も創出した。配列方法に関しては，陳本の40,000字から12,674字を選び出した以外，ほとんど参考にしていないと確認できる。

３．『五車韻府』の内容

『五車韻府』には収録されているひとつひとつの見出し字に関して詳細な注釈が付されている。その注釈は２つに分けることができる。

①釈字。英語でひとつひとつの漢字の構造及び字意を説明する。

②用例。見出し字のもとで，漢字で用例を並べ，その横に漢字の発音をローマ字で表示し，さらに英語の翻訳も付け加えている。

たとえば次のようである。

東：「－」 From *the sun* and *a tree*; the sun rising among the tree. The place where the sun rises, and from which light emanates; the east; the place of honour. A surname. Kaou 杲 is the sun above the trees, *light*. Yaou 杳 is the sun below the trees. *Obscure twilight.*

Tung fang 東方 the eastern quarter of the heaven

Tung kea 東家 the master of a house is thus denominated by a private tutor and others.

Tung se 東西 east and west; a thing; all inanimate things between the rising and the setting sun

Tung ching se tsew 東成西就 every thing well arranged

and brought to a conclusion Tung taou yin 東道銀 money employed by offenders against the laws to procure mitigation of the harshness of confinement, or of fetters.

ではモリソンのこれらの釈義と用例は何を参考にしたものであろうか。陳本の内容をそのまま写したのだろうか，或いは陳本の内容を英訳しただけなのであろうか。次ではこれらの疑問に関して詳細に検証したい。

(1) 釈字部分の内容

上記の見出し字「東」のように，モリソンはまず「東」に声調記号「–」を付け,「東」は平声であることを示した。その次に英語で漢字の意味に関して解釈する。「日に従い，木に従う。日は木より昇る。日の昇るところである。光は東より出づ。東方。名誉のところ。姓である。杲は日が木の上にあり，光なり。杳は日が木の下にあり，黄昏の意なり」。

この解釈の出所はどこであろうか。陳本にある「東」の釈字は次のようである。

> 東方也，動也。陽氣動也，於時為春。又姓。舜後有東不訾。又東方，東郭，東門，東里倶複姓。淮南子曰，日拂於扶桑是謂晨明，故東字在木中。若日登於扶桑是為朏明，故杲字日在木上。若日晡則反景上照於桑楡，故杳字日在木下[64]。

モリソンの解釈と照らし合わせてみると，モリソンの釈字の一部は陳本を参考したのが分かる。またモリソンの「日に従い，木に従う」という釈義は『説文解字』の影響を受けたとも考えられる。

また『康熙字典』もモリソンが釈字する時の重要な参考書であった。次は見出し字「公」を例にして検証する。

①モリソン『五車韻府』

公「–」　From pa, To turn the back up, and Sze, Selfish, the opposite of that which is selfish and unjust; equitable; fair; the male of animals. A term of respect, addressed to persons; name of certain official situations; a title of nobility; name of certain stars; a surname.

Keun kung 君公 a king, or sovereign of a country.

Seang kung 相公 a state minister.

Sze tow kung 事頭公 the master of a shop.

Kung choo 公主 a prince.

Kung fei 公費 public expenditure.

……(以下の例文を省略)

(八に従い,背なり。厶にしたがい,私なり。公の反対は私なり,不正なり。平等,公平。雄の獣なり。人に対する尊称。役所名,爵位名。星座名。姓。)

②陳本

公　見公切。無私也。正也。又爵名五等之首曰公。又三公官名也。又尊老皆曰公。婦　稱舅姑曰公。又官所曰公。「詩南」退食自公。又事也。「詩大雅」王公伊濯。又與功同。「詩小雅」以奏膚公。又姓。漢有公儉。又公儀、公西、公叔、公行、公輸、公都、正公。

③『康熙字典』

『康熙字典』には上記の陳本と同様な解釈以外に,次のような説明も見える。

「說文」平分也。從八從厶。八猶為背也。厶音私。韓非曰、自營為厶、背厶為公。「玉篇」方平也。正也。通也。又星名。

モリソンの『五車韻府』,陳本及び『康熙字典』の見出し字「公」を比較してみると,モリソンの釈字は陳本の内容を採らず,『康熙字典』から釈字の内容を引いたことが判明した。

つまり,モリソンの『五車韻府』に収録されている釈字の内容に関して,陳本だけを写したのではなく,その他の書物も参考にしたことが分かる。

(2) 用例の内容

また「東」と「公」の用例から,モリソンの用例は陳本と『康熙字典』の中の用例とまったく違うものであるのに気が付く。陳本及び『康熙字典』の用例が主に『書経』『詩経』『史記』などの経典及び史書に由来するのに対して，モリソンの用例は簡単明瞭な口語が中心である。つまり，モリソンが使っている用例は陳本や，『康熙字典』にしたがっているものではない。では，モリソンはなぜ陳本と『康熙字典』から用例を引かなかったのか，またこれらの用例はどのような本を参考にして出来たものであろうか。

実はモリソンは第1部の『字典』を編纂する時に，できるだけ中国の詩歌，比喩及び古典の用例を収録した。彼はこうすることで中国語学習資料が少なく，しかも中国から遠く離れているヨーロッパにいる中国語学習者の役に立つと考えていた。しかし『字典』の第1巻を出版した直後，彼の思いに反して「内容が冗長であり煩雑すぎる」と多くの批判を受けた。これらの批判に対して，モリソンは極力反論する一方，当時の外国人の中国語観をどうすることもできなかった[65]。特に当時の広東に滞在していた外国商人の中国語学習目的は実用中心であり，中国文化にはあまり関心を持っていなかった[66]。このような現状を目の当たりにして，モリソンは最初の出版計画を修正し，『字典』の第2巻と第3巻を後回しにして，第2部の『五車韻府』を先に出版した。また内容に関しても大幅に変更し，簡単で分かりやすい用例を収録している字典を読者に提供するようにした。

モリソンのこのような妥協はけっして彼の本意ではないと思われる。彼は『五車韻府』の献辞にこの字典に収録されている用例について，「学習者は翻訳する際に必要なぴったりの単語をこの字典に期待してはならない。そのかわりにわたしたちは，学習者が適切な語句を選択する手がかりとして，単語の豊富な釈義を用意した。またすべての単語が持っている詩的な意味や，ありとあらゆる比喩及び古典的な修辞もこの字典に期待してはならない。それは，より多くの人の連携やより多様な才能と努力を必要とする仕事であるが，ヨーロッパ人が中国語にまだそれほどの関心を持っていないし，近い将来そうなるとも思えない。それはヨーロッパの知識人が関心を持っていることに比べて，中国語がそれだけの価値がないからではない。ただ彼らが打ち込むほど，中国語は，ファッションでも興味のあるものでもなく，その上外交交渉に必要でもないからである。」と述べている[67]。

モリソンのこの言葉は当時の多くの中国語学習者の真の目的を明らかにしている。彼は当時の多くのヨーロッパ人が利益を求めるために中国語を学習していることを見抜いている。彼らにとっては口語を学習することは文学や歴史を学習するよりはるかに大事であった。モリソンは理想と現実のギャップを感じながらも，彼らのために，『五車韻府』にできるだけ文学性の強い用例，あるいは古典の用例を収録しないことにした。しかし彼は学習者に「中国人は固有の民族であり，彼らの思想と理論も固有性を持ち，ヨーロッパ人の考え方とは全く違うものである[68]」と告げている。『五車韻府』の中で，漢字のひとつひとつに英語で釈義することは，モリソンの漢字文化に対する真摯な姿勢を示していると言える。中国語の学習は単に言語を学習することではなく，同時に中国文化も学習しなければならないとモリソンが言おうとしているではないかと考えられる。『五車韻府』に収録されている釈字部分はモリソンの中国語学習初心者への老婆心と期待であると言える。

『五車韻府』に収録されている用例の出所について，モリソンが参考にしたジェモーナの写本字典を検証する必要がある。モリソンが自ら写した写本字典の行方は不明になっているが，そのもとであるジェモーナの写本はまだ多く残っている。東洋文庫に Abbe Dufayel という人が写しているジェモーナの写本がある。その中に収録されている用例をモリソンの『五車韻府』の用例と比較してみたい。

次の表9の比較から，モリソンの『五車韻府』の用例の多くはジェモーナの写本によるものであることが判明した。（下線部分はジェモーナ写本と一致している用例である）。もちろんモリソンの用例の中には独自のものも多くある。『五車韻府』に当時の最新用語（公司・公司船・英吉利国公班衙）や成語（車載斗量）及び諺（尺有所短寸有所長）も収録されているため，この字典の実用性はさらに高められた。

表 9　ジェモーナ写本と『五車韻府』の比較

見出し字	ジェモーナ写本 （原書の用例はローマ字綴りのみである。漢字は筆者が付け加えたものである。）	モリソン『五車韻府』 （原書の用例はローマ字綴り，漢字，英語訳の順となっている。ここでは用例の漢字部分のみ表示し，ローマ字綴りと英文訳を省略する。）
在	cai-kia 在家　so-cai 所在　sien-fu-cai-xi 先父在時　po-cai-leao 不在了 po-cai-go 不在我　hoai-hen-cai-sin 懷恨在心　fang-cai-cho-xang 放在桌上　ping-po-cai-to 並不在多　cui-po-cai-ni 罪不在你　xing-fu-cai-ciang-po-cai-ping 勝負在上不在兵　po-cu-cai 不自在　hao-cu-cai 好自在　tu-cai-go-xin-xang 都在我身上	你去問他在那裡　先父在時　罪不在你　都在我身上　不在心上　自在　好自在　安樂在　所在　放在桌上　懷恨在心　在目前　在乎　不在乎　在當面　在家不在家
宰	Cai-siong 宰相　chu-cai 主宰　ta-cai 大宰　cai-jo 宰肉　xen-cai 膳宰	制宰　邑宰　主宰　大宰　小宰　烹宰　天地者萬物之主宰　諸宰　家宰　膳宰　庖宰　屠宰　宰相　宰牛　宰相之容
告	Kao-xi 告示　kao-kia 告假　kao-cu 告訴　kao-cu 告祖　kao-cho-ang 告狀　Yuen-kao 原告　pu-kao 被告	上告　控告　原告　被告　稟告　禱告　告狀　告發　告解　告厥成功　告假　告示　告身　告訴人知　告訟　告祖　告辭　告於神明
公	kiu-kung 鉅公　kia-kung 家公 cun-kung 尊公　kung-ku 公姑 kung-chu 公主　lui-kung 雷公 cie-kung 七公（星座名－筆者注） siang-kung 相公	君公　相公　事頭公　公主　公費　公幹　公務　公車　公家　公門　公平　公道　公心　公平正直雖無子息死為神　公司　公司船　英吉利國公班衙　公所　公所行用　公私公仔　公私兩盡　公爵　公子　周公　周相公　公祖大人　公子家

車	che-hing 車行 che-ciang 車床 fung-che 風車	車床 車輪 車載斗量
尺	san-che 三尺 kio-che 九尺	十尺為丈 咫尺 尺有所短寸有所長 尺角 尺寸

4．結論

モリソンの『五車韻府』の献辞の中にある「この字典は陳先生（Chin Seen-san）の『五車韻府』を土台に編纂されたものである」との一言により，また陳先生という人物に関する研究もほとんどされていなかったことにより，いままではモリソン『五車韻府』の内容の多くは陳本に依拠するものと誤解されていた。2007年に香港大学の馮錦栄が論文を発表し，陳先生の人物及びその業績に関する研究に大きく貢献した。しかし馮錦栄の論文は陳藎謨という人物に限られていて，モリソンの『五車韻府』の内容までは追求していなかった。

本節の検証を通して，以下のような結論が得られる。

①モリソンの『五車韻府』は陳本の書名をそのまま使用した上，釈字の部分も一部参考したが，その大部分の内容は陳本に依拠したものではない。

②『五車韻府』の重要な部分である用例は主にジェモーナの写本字典によるものである。それに加えて用例に口語性の強い四文字成語と俗語も収録されている。用例に漢字を使っていないジェモーナの写本と比べると，モリソンはローマ字の綴りに漢字もつけ加えて，ヨーロッパの中国語学習者に中国語の発音だけではなく，漢字にじかに触れる場も提供した。

③モリソンは当時のヨーロッパ人の需要に応じて口語を中心にした簡単で使いやすい『五車韻府』を編纂したが，彼は中国語を学習する時には中国文化の勉強も不可欠だとのメッセージを字典の中に盛り込んでいる。

④『五車韻府』が出版された後，幾度も版を重ね，多くの読者に歓迎され

た理由は第1部の『字典』と違い，中国文化を所々に紹介すると同時に，引きやすい，用例が分かりやすいなどの利点を備えているからである。

本来『五車韻府』は中国語学習者のために編纂された字典である。しかしその用例が簡単で分かりやすい上，英語訳も付いているため，『五車韻府』は19世紀末から20世紀初めの中国人と日本人の英語学習書にもなった。

注

1）Eliza Morrison, *Memoirs of the Life and Labours of Robert Morrison* (London, 1939), Vol.I p.96.

2）引用した『論語』の言説に，朱子の注釈が丁寧に取り入れられていることにたびたび触れたが，古注，新注の中でとくに朱子の新注がよく引かれるのは，おそらくひとつは朱子の注が科挙試験の基本テキストであったため，もうひとつはモリソンのまわりにいた中国人が古典学の専門家であったというよりも，たとえばモリソンに中国古典を教えた葛先生がそうであるように，科挙試験を経験した一般知識人であったためと考えられる。

3）"much of the Chinese reasoning on filial duty is built, and not only disobedience to his parents is called a breach of filial duty, but every failure in attention to his own person, every failure in social and relative life, whatever may bring up on himself any blame or any disgrace, is a want of filial duty, although these things may occur long after his parents are dead-because in disgracing himself, he disgraces that body which his parents transmitted to him. And on that account chiefly he ought to act so, as to reflect honor on his parents." Robert Morrison , *A Dictionary of the Chinese Language* (East India Company's Press, 1815-1823), Part I Vol.I p. 723.

4）"Neither honorable man, nor wise man, nor the simple term good man, render it fully, the Keun-tsze implies all the three-honor, and wisdom, and goodness." Robert Morrison, Ibid. Part I Vol.I p.704-705.

5）"It denotes those who sincerely adopt and resolutely practice the principle of personal and social duties, there inculcated and recognized, as derived from Heaven by the inspiration of that Power which gave existence to human being. …Were it not for the godless character of the Confucian Ethics, the Keun-tzse might be considered as parallel to the righteous man in Sacred Scripture." Robert Morrison, Ibid. Part I Vol.I p.705.

6）"This is said in reference to her miraculous conception, and child-birth.

She is called a descendant of Yen-te and the wife of a son or grandson of Kaou-sin, and the mother of How-tseih, the inventor of agriculture subsequently to the Chinese deluge, (B.C.2169), How-tseih is considered the first ancestor of the Chow dynasty, which commenced upwards of a thousand years after his day, (viz. B.C.1112) soon after the age of Moses." Robert Morrison, Idid. Part I Vol.I p.675.

7) "The Ode next represents Keang-yuen, apprehensive of something infelicitous, from the miraculous birth of her son, and under this apprehension, she exposed him to be trodden to death by sheep and oxen, these however, nursed him, she next cast him to perish in a wood, but the wooden sustained him, she finally threw him upon the ice, but the birds fed him and warmed him beneath their wings. They add, -nothing can destroy what Heaven wills to preserve, -the birds left him, the infant cried aloud, so as to arouse the attention of travellers passing at a distance, He was taken home, nursed , discovered extraordinary comeliness of person, and talents, his boyish play was planting and sowing, he taught the art to others , abundance was produced, wine for the use of man in pouring forth libations, and grateful offerings to God." Robert Morrison, Ibid. Part I Vol. I p.495.

8) Robert Morrison, Ibid. Part I Vol.I p.495.

9) この引用は，見出し字「囿」にみえる。Robert Morrison, Ibid. Part I Vol.I p. 467.

10) この引用は，見出し字「儀」にみえる。Robert Morrison, Ibid. Part I Vol.I p. 163.

11) Robert Morrison, Ibid. Part I Vol.I p.504.

12)「月老」の話は，『続玄怪録』の「定婚店」にみえる。韋固という男が旅先で，月の下で本を読む爺さんに出会った。何の本かとたずねたら，世の中の婚姻を定めた「天下之婚牘」，という。さらに爺さんの嚢の中に何が入っているかとたずねたら，天下の男女を結びあわせる「赤い縄」と教えてもらった。『字典』の英訳は，ここまでほぼ『続玄怪録』をふまえている。『玄怪録・続玄怪録』（中華書局，1982年）p.179-181.

13) "The learned, or literali, in China, of ancient and of modern times, differ very materially. The 儒 Joo, of the first thousand years, from the time of Confucius, were a sort of philosophers entirely unconnected with the state, and whose object was chiefly moral science. The Han 漢 dynasty, which is the pride of China, knew nothing of that class of men, who, for the last

twelve hundred years, have been called the Joo keaou 儒教 who have converted learning into a mere tool of ambition, and who care as little for true learning, as those men do for true religion, who consider it a tool of the state." Robert Morrison, Idid. Part I Vol.I p.758-759.

14) Robert Morrison, Ibid. Part I Vol.I p.759.

15) 石天基「学堂条約」『家宝初集』巻2　p.28. 道光14年（1835)。『字典』見出し字「學」にもその要約が載っている。

16) Robert Morrison, Ibid.Part I Vol.I p.755.

17) Robert Morrison, Ibid.Part I Vol.I p.755.

18) 鄧美中『初学明鏡』正祖会賢堂 康熙癸未（1703年）初集巻2　p.32.

19) "where every composition is expected to emanale from a man's mental stores: there are however very small editions of the standard works, and some to be bought in manuscript." Robert Morrison, Ibid. Part I Vol.I p.774.

20) "At Canton, there are generally a hundred or more persons subjected to this punishment, for breaking some of the numerous regulations." Robert Morrison, Ibid. Part I Vol.I p.767.

21) "of the examination of these it is said, that it is altogether a mockery, their themes are composed by other people, whilst they sit near drinking and carousing." Robert Morrison, Ibid. Part I Vol.I p.760.

22) "alas, what have pedagogical rules about the writing of capitals to do with the advancement of learning!" Robert Morrison, Ibid. Part I Vol.I p.776.

23) 本論文執筆のため，ロンドン大学アジア・アフリカ学院図書館から『初学明鏡』のコピーを全文取り寄せた。それによると，モリソンが所持していた『初学明鏡』は南海鄧美中先生の編著で，康熙癸未（1703年）春自序，正祖会賢堂より刊行されたものとかわる。

24) 商衍鎏『清代科挙考試述録』(生活・読書・新知三聯書店，1958年）p.227-228.

25) 劉葉秋『中国字典史略』(中華書局，1983年）p.233.

26)『辞源』の引用は1915年初版本にもとづく。

27)「華英・英華字典」と『辞源』,『漢語大詞典』とのあいだで，個々の諺・俗語の表現に若干の違いが見られる。たとえば,『辞源』の「豹死留皮，人死留名」は,「華英・英華字典」では「人死留名，虎死留皮」,『漢語大詞典』の「玉不琢，不成器，人不学，不知道」は,「華英・英華字典」では「玉不琢不成器，人不学不知理」となっているなど。ここではそういう違いを問題にしないことにする。

28) 銭大昕『恒言録』,『叢書集成初編』に収録されている。(商務印書館，1939年)

29) Andrew C.West, *Catalogue of the Morrison Collection of Chinese Books*『馬禮遜蔵書目録』を参照。(University of London school of Oriental and Afri-

can Studies, 1998)
30) Robert Morrison, Ibid. Part III Vol.I p.377.
31) Robert Morrison, Ibid. Part I Vol.I p.523.
32) Robert Morrison, Ibid. Part I Vol.II p.340.
33) "The Definitions and Example, are derived chiefly from it; from Personal knowledge of the use of the Character; from the Manuscript Dictionaries of the Romish Church; from Native Scholars; and Miscellaneous Works perused on purpose." Robert Morrison, Ibid.Part I Vol.I p.ix.
34) "Though the Compilers were instructed by His Majesty, that "No meaning should be left unexplained, as well as no sound omitted." They have almost entirely overlocked the Colloqual Dialect. Hence, a mere translation of Kang-he's Dictionary, would be far from answering the purpose of the European Student." Robert Morrison, Ibid. Part I Vol.I p.ix.
35) "The Suh-hwa, or 'vulgar talk' of the Chinese, which is always despised by the literati, does not mean 'low vulgar expressions,' but common language, in contradistinction from an elevated, classical, and recondite style, which style is intelligible only to persons of education.The learned of China think, as the learned of Europe thought in darker times, that every respectable book ought to be written in a sort of Latin, not in the vulgar tongue." Eliza Morrison, Ibid. Vol.II p.7.
36) "although Chinese literature certainly excites but little interest in this country, most people are sensible of the value and importance of the formation of a good Dictionary,with a view to many objects, besides such as are purely literary." Eliza Morrison, Ibid.Vol.II p.94.
37) この引用は 'flower' にみえる。Robert Morrison, Idid. Part III Vol.I p.172-174.
38) この場合の A.D.1060は熙寧帝の即位年を指すと思われるが，実際，熙寧帝の即位は A.D.1068年だったため，モリソンの誤記であるかもしれない。
39) Robert Morrison, Ibid.Part I Vol.I p.824.
40) mace はどんな貨幣単位なのか，専門家にも尋ねてみたが，まだ判明できていない。以下の cand も同様。
41) この引用は「女」にみえる。Robert Morrison, Ibid. Part I Vol.I p.603.
42) Robert Morrison, Ibid. Part I Vol.I p.575.
43) Robert Morrison, Ibid. Part I Vol.I p.575.
44) 腕尺：中指の先端からひじまでの長さで，通例43-53cm を表した古代の尺度（小学館『英和中辞典』）。

45) Robert Morrison, Ibid. Part I Vol.II p.110.

46) Robert Morrison, Ibid. Part III Vol.I p.146-151.

47)『五車韻府』は1865年，1879年と1907年に版を重ねた。モリソン字典の出版後すぐ日本の徳川幕府も購入し翻訳しようとする動きがあった。

48) 飛田良文・宮田和子「ロバート・モリソンの華英字典・英華字典 *A Dictionary of the Chinese Language* について」《日本近代語研究》(ひつじ書房，1991年) p.239，蘇精《中国開門！馬禮遜及相関人物研究》(香港基督教中国宗教文化研究社，2000年) p.285-286等。

49) "the Chinese work, Woo-chay-yun-foo 五車韻府 on which the following part of the dictionary is founded, was compiled by Chin Seen-sang 陳先生 who is said to have spent his life in making the collection of words contained in it; and to have died before its publicaton." Robert Morrison, Ibid. Part II Vol.1 p.v.

50) 馮錦栄「陳藎謨（1600？-1692？）之生平及西学研究—兼論其著作與馬禮遜（1782-1834）『華英字典』之中西学縁—」『明清史集刊』第九巻 2007年9月

51) 馮錦栄，前掲書　p.273.

52) 馮錦栄，前掲書　p.244。馮錦栄は論文の中で胡含一（Hoo-han-yih）を胡一含（Hoo-yih-han）と書き間違えている。

53) Robert Morrison, Ibid. Part II Vol.1 p.v.

54) 潘應賓「潘序」《元音統韻》28巻 清康熙53年範廷瑚刻本 第1-7葉

55) "The Manuscript used on this occasion was a copy of that in the Library of the Royal Society, and which was once the property of Sir William Jones." Robert Morrison, Ibid. Part II Vol.1 p.xvii.

56) Andrew C. West, Ibid. p.17.

57) "In the progress of the work, I have collected it with *Kanghe's* dictionary, which is commonly much fuller, and with a small Chinese Dictionary, called Fun-yun 分韻 as well as, with the Alphabetic Dictionary of the Roman Catholic Missionaries." Robert Morrison, Ibid. Part II Vol.1 p.v.

58) "In the original, the arrangement is according to the sound and the tones; but the Characters pronounced alike, and which differ only in accent, are placed in different volumes, and divided with so much minuteness as to puzzle all the Natives whom I ever saw attempt to consult it. In the year 1812, I took it to pieces, and arranged it under the syllables as they now stand." Robert Morrison, Ibid. Part II Vol.1 p.v.

59) Robert Morrison, Ibid. Part II Vol.1 p.vii.

60) Robert Morrison, Ibid. Part II Vol.1 p.vii.

Robert Morrison, *A Grammar of the Chinese Language*『通用漢言之法』(Serampore, 1815) p.21.

61) "It is proper to premise that their words consist but of one syllable, and those syllables distinguishable by our alphabet are not more in number than about three hundred fifty." Robert Morrison, Ibid. p.2.

62) Robert Morrison, Ibid. Part II Vol.1 p.xvii-xix.

63) 'As it is a principle in most languages, that from a short word of a specific meaning, various other words, increased by the addition of letters, or syllables shall arise, as plants grow up and branch off from a root, something similar exists in the Chinese language.' Robert Morrison Ibid. Part II Vol.1 p.xi-xii.

64)《元音統韻》巻之9 清康熙53年範廷瑚刻本 第2葉

65) Robert Morrison, Ibid. Part II Vol.1 p.vii-viii.

66) モリソンの学生の一人 John Francis Davis はその典型的な例である。John Francis Davis の言語観について，筆者の「John Francis Davis の中国語学習とその言語観—*A Commercial Vocabulary* を中心に」『漢字文化圏諸言語の近代語彙の形成-創出と共有-』（関西大学出版部，2008年）p.335-352を参照されたい。

67) "The student must not expect from this work, the precise words to be employed in translation, but so much of the meaning of a word, as will furnish him with a clue to select a proper phrase. Nor must the poetical meaning of words be expected to be given with precision; nor the whole of the figurative meaning; nor the classical allusions, on all occasions. These require more associated effort: more diversity of talent, and of pursuit, than have yet been applied by Europeans to the Chinese language; and much more than is likely to be soon applied; not because Chinese is less worthy the attention of European literati than many other subjects to which they do attend, but because application to it is not dictated by fashion, -nor by interest, -nor by national intercourse." Robert Morrison, Ibid. Part II Vol.1 p.vii.

68) "The Chinese are an original people. Their modes of thinking and reasoning are original; and are often widely different from those of Europeans." Robert Morrison, Ibid. Part II Vol.1 p.viii.

第3章　ヨーロッパ漢学史における「華英・英華字典」の位置づけ

第2章において，3部6巻の「華英・英華字典」の具体的な内容と参考書に関して詳細に検証してみた。ここまで見てきたように，「華英・英華字典」には四書五経をはじめ典籍情報がおびただしく含まれている。この章では，これらの情報がヨーロッパの漢学史上にどのような位置づけをもつものなのかを検討してみたい。本章では4節に分けて，モリソン以前にヨーロッパに紹介された中国文化情報と「華英・英華字典」の内容を比較し，モリソンの東西文化交流における貢献を考えていく。

第1節　モリソン以前のヨーロッパにおける四書五経翻訳

そのためには,「華英・英華字典」以前のヨーロッパにおける四書五経の翻訳情況を簡単に整理する必要がある。ヨーロッパにおける中国典籍の翻訳に関してはすでに以下のような研究がある。

方豪「十七八世紀来華西人対我国経籍之研究」『方豪六十自定稿』上冊（台湾学生書局，1969年）

石田幹之助『欧人の支那研究』（共立社書房，1932）

費頼之著，馮承鈞訳『入華耶蘇会士列伝』（商務印書館，1938）

費頼之著，馮承鈞訳『在華耶蘇会士列伝及書目』（中華書局，1995）

後藤末雄『中国思想のフランス西漸』（平凡社，1969）

張国剛等『明清伝教士与欧州漢学』（中国社会科学出版社，2001）

Henri Cordier *Bibliotheca Sinica* (Paris Librairie Orientale & Americaine, 1905-1906), Vol.II, III

John Lust *Western Books On China Published Up To 1850* (Bamboo Publishing Ltd., 1987)

それらを参照して，以下にモリソン以前にヨーロッパ言語に翻訳された四書五経の一覧表を作った。

表10　モリソン以前に翻訳された四書五経

（注：訳者名は，原語名，中国名，日本語読みの順に記す。）

No.	訳者 （国籍）	原典名 翻訳名或は掲載書名	翻訳言語	翻訳或は 出版年月	出版地
①	Michel Ruggieri 羅明堅 ミケーレ・ルッジェーリ （イタリア）	大学	ラテン語	1593	
②	Matteo Ricci 利瑪竇 マッテオ・リッチ （イタリア）	四書 Tetrabiblion Sinense de Moribus 『中国道徳に関する四書』	ラテン語	1593年訳	
③	Matteo Ricci	四書 De christiana expeditione apud Sinas suscepta ab Societate Jesu 『中国キリスト教布教史』	ラテン語	1615	ドイツ
④	Nicolas Trigault 金尼閣 ニコラ・トリゴール （フランス）	五経 Pentabiblion Sinense 『中国五経』	ラテン語	1626	杭州
⑤	Martino Martini 衛匡国 マルティーノ・マルティーニ （イタリア）	易経（卦図） Sinicae Historiae decas prima 『中国上古史』	ラテン語	1658	ドイツ

⑥	Ignace da Costa 郭納爵 イグナシ・ダ・コスタ （ポルトガル） Prospero Intorcetta 殷鐸澤 プロスペロ・イントルチェッタ （イタリア）	大学・論語 Sapientia Sinica 『中国箴言』	ラテン語	1662	江西建昌
⑦	Prospero Intorcetta	中庸 Sinarum Scientia politico-moralis 『中国の政治道徳学』	ラテン語	1667 1669	広東 ゴア
⑧	Philippe Couplet 柏応理 フィリップ・クプレ （ベルギー）	大学・中庸・論語 Confucius Sinarum Philosophus, sive Scientia Sinensis Latine exposita 『中国の哲学者孔子』	ラテン語	1687	パリ
⑨	Grueber Jean 白乃心 グルベー・ジャン （オーストリア）	中庸 Notizie varie dell'imperio della Cina 『中華帝国雑記』	イタリア語	1691	イタリア
⑩	Joachim Bouvet 白晋 ヨアヒム・ブーヴェ （フランス）	易経 Idea Generalis Doctrinae Libri I King	ラテン語	不明	
⑪	Francois Noel 衛方済 フランソア・ノエル （ドイツ）	大学・中庸・論語・孟子・孝経・小学 Sinensis imperii libri classici Sex 『中国典籍六種』	ラテン語	1711	プラーグ

⑫	Joseph Henri Marie de Prémaré 馬若瑟 ジョセフ・アンリ・マリー・ド・プレマール （フランス）	書経・詩経 Le Chou King Le Chi King 『中華帝国全誌』	フランス語	1735	パリ
⑬	Antoine Gaubil 宋君栄 アントワヌ・ゴービル （フランス）	書経 Le Chou-King, un des livres sacres des Chinois	フランス語	1770 1852	パリ
⑭	Claude de Vis-delou 劉応 クロード・デ・ビスドルー （フランス）	礼記・書経	ラテン語	不明	
⑮	Michel Benoist 蒋友仁 ミシェル・ブノワ （フランス）	書経 Traduction du Chou-king 『中国叢刊』	ラテン語	1776	パリ
⑯	Alexandre de la Charme 孫璋 アレキサンドル・ド・ラ・シャルム （フランス）	礼記 Traduction du Li-ki 『中国叢刊』	フランス語	1776	パリ
⑰	Pierre Martial Cibot 韓国英 ピエール・マーシャル・シボー （フランス）	大学・中庸 Traduction du Ta-hio et du Tchong-yong 『中国叢刊』	フランス語	1776	パリ

⑱	Pierre Martial Cibot	詩経 a traduit 10 odes du Chi king dans les Mémoires concernant les Chinois 『中国叢刊』	フランス語	1779 1782	パリ
⑲	Pierre Martial Cibot	孝経 Mémoire sur la. Piété filiale des Chinois 『中国人の孝道』	フランス語	1776	パリ
⑳	Alexandre de la Charme	詩経 Livre de Vers	フランス語	1830	シュトゥットガルト
㉑	Jean-Baptiste Régis 雷孝思 ジャン-バティスト・レジス （フランス）	易経 Y King, antiquissimus Sinarum liber 『中国最古之書易経』	ラテン語	1834-39	チュービンゲン シュトゥットガルト

①は，はじめてヨーロッパ言語に翻訳された中国の古典である[1)]。d' Elia が編纂した *Edizione nazionale delle opere edite e inedited di Matteo Ricci*（マッテオ・リッチの既刊と未刊作品集）の記述によると，ローマの国立図書館（National Library）にルッジエーリが1591年-1594年の間に書いた写本が３部所蔵されている。第１部は大学，中庸と論語の翻訳（計125頁），第２部は諺集，第３部は孟子の翻訳という構成になっている。ただそれらの写本はルッジエーリの時代では出版されなかったようだ[2)]。

②は，マッテオ・リッチがラテン語に翻訳し，注釈も一部付けて，上記のタイトルで本国に送ったものであり，中国へ赴任する宣教師たちはみなこの書物を写して読んでいたと言われている[3)]。d'Elia によると，この翻訳の写本にはイエズス会士に中国語を教えている間に多くの注釈が付けられた。リッチはかつて手紙の中にこの翻訳写本をローマに送るつもりだと書いており，

1630年のある情報によれば，彼はたしかに送ったようだ。しかしd'Eliaが上記の本を編集していた時（1942-1949）までには，リッチの翻訳の写本はまだ見つかっていない[4)]。リッチの翻訳は結局写本にとどまり，出版されなかった。その上写本も散佚したようだ。

③は，マッテオ・リッチがイタリア語で書いた中国の地理，物産，文学，政治制度，宗教などを紹介する著作で，『四書』の一部の翻訳も含まれているという[5)]。リッチ生前に出版に及ばなかったが，のちにトリゴールがこれを整理し，ラテン語で世に出した。この本が出版されるとヨーロッパで大きな反響を呼び，フランス語，ドイツ語，スペイン語，イタリア語，英語などの訳本が相継いで出版された[6)]。

④はニコラ・トリゴールが翻訳し，1626年に杭州で出版されたという説[7)]と，未刊行という説がある[8)]。

⑤は，翻訳というよりも『易経』の卦図が掲載されているものである。

⑥は，コスタとイントルチェッタがラテン語で『大学』と『論語』の最初の5篇を訳し，上記の書名で出版したものである[9)]。

⑦は，1672年パリでフランス語版も刊行された[10)]。

⑧はベルギー人宣教師フィリップ・クプレがラテン語で編集したものである。イントルチェッタの孔子伝と，イントルチェッタ，クリスチャン・ヘルトリヒト（Christian Herdtricht，1624-1684，恩理格），フランソア・ド・ルージェモン（Francois de Rougemont，1624-1976，魯日満）などが翻訳した『大学』，『中庸』，『論語』が収録されているほか，周易六十四卦も附されている。1688年にフランス語版，1691年に英語版が刊行された[11)]。

しかし実際に1687年版ラテン語テキストを読んでいただいたカリフォルニア大学ロサンゼルス校（UCLA）のLothar v. Falkenhausen教授の教示[12)]によると，同書は翻訳にほど遠いものである。『大学』『中庸』『論語』のほか『孟子』にも触れているが，翻訳というより，もとのテキストから離れたかなり大胆な要約であるという。しかも著者は中国の古典をそのまま紹介するのではなく，17世紀の『聖書』解釈学的な手法を巧妙に使い，中国の典籍をカトリックキリスト教的に解釈し，キリスト教教義との融合をはかろうとしている。中国歴史上の大洪水記録を，ノアの大洪水と同一視しようとするなどがその例である。著者は中国的な考え方や中国語にはまったく興味がなく，同書には中国の文字が一つも紹介されていない，と Falkenhausen 教授が指摘している。

⑨は，『中華帝国雑記』に孔子伝と『中庸』の抄訳が附されている。

⑩は，フランス人宣教師ブーヴエがラテン語で書いたものであるが，出版されたかどうかは不明である。原稿は今パリの国立図書館に所蔵されているという[13]。

⑪は，初版はラテン語であり，後にはフランス語版も出版された。

⑫は，フランス人宣教師ジョセフ・アンリ・マリー・ド・プレマールが訳した『書経』の一部と『詩経』の8首である。デュ・アルド（Du Halde，1674-1743）の『中華帝国全誌』に収録されているが，同書は1736，1738年にロンドンで英語の抄訳と全訳が出版された。

⑬は，フランス人宣教師アントワヌ・ゴービルによる翻訳であるが，この書物にクロード・デ・ビスドルーが書いた『易経』に関する概説も附されている。

⑭は，出版年月と場所が不明である。その4巻6冊の書物は今バチカン図書館に所蔵されているとされる[14]。

⑮-⑲は，いずれも同じ雑誌に掲載されている。同誌の全称は『中国の歴史，科学，芸術，風習にかんする北京宣教師の論叢』となっているが，『中国叢刊』『中国雑叢』『北京耶蘇会士紀要』などと略称される。1776年から1814年まで17集刊行された[15]。

⑱は，⑫のプレマールに継ぐ『詩経』のフランス語訳。『中国叢刊』第4巻に7首，第8巻3首が掲載されている。

⑲は，『中国人の孝道』という書名が示すとおり，『礼記』や『大清律例』から詩文，物語，風習まで，中国の「孝」に関するさまざまな資料が紹介されている。なかに『孝経』の翻訳が含まれているが，抄訳である[16]。

⑳は，『明清伝教士与欧州漢学』によるもので，抄訳か全訳かは確認できていない。

㉑は，『易経』のはじめてのラテン語訳である[17]。

以上はモリソン以前のヨーロッパにおける中国典籍の翻訳情況であり，遺漏もあるかもしれないが，大枠はほぼこの通りだと考えられる。

以上のリストに基づいて，モリソン以前のヨーロッパにおける中国典籍の翻訳情況について，いくつかのことが指摘できる。

ひとつは，18世紀までの翻訳にはほとんどラテン語が使われていたということである。『四書』の翻訳が含まれているという『中国キリスト教布教史』はマッテオ・リッチがイタリア語で執筆したものだったが，出版時はトリゴールによってラテン語に翻訳された。ラテン語以外の，中国語からの直接翻訳では，1691年のイタリア語訳『中庸』がもっとも早いが，フランス語の翻訳は18世紀まで待たなければならなかった。

もうひとつは，中国語からの直接翻訳に英語訳が一点もなかったことである。これは19世紀までの宣教師がイエズス会を中心とするカトリック教教会から派遣された者がほとんどで，英語を母語とする人がほとんどいなかったことと，ラテン語は当時まだカトリック教会の公用語であり，同時にヨーロッパ社会の学術用語に用いられる言語であったことによるものと考えられる。

さらにもうひとつは，ラテン語やフランス語などから転訳された英訳文献も少なかったことが指摘できる。中国の典籍をラテン語やフランス語訳から転訳したもので確認できるのは，⑧クプレ編著『中国の哲学者孔子』と⑫プレマールの『書経』『詩経』訳ぐらいである。しかも先ほど述べたように，『中国の哲学者孔子』に収録された『大学』『中庸』『論語』などのラテン語訳は，翻訳にはほど遠いものであった。したがってそれに基づく英語訳も，当然中国古典の本来の姿を伝えるとは期待できない。③のマッテオ・リッチの『中国キリスト教布教史』は1625年に英訳され，*Purchase His Pilgrims in Five Books* に収録されたが，『四書』の部分は訳出されていない。

第2節　「華英・英華字典」の四書五経翻訳の位置づけ

プロテスタント宣教師であるモリソンはおそらく，中国の古典が読める最初のイギリス人であった。それを考えると，中国古典の直接英訳がなかったのはいたしかたないことであるが，しかし転訳も少なかったことから考えれば，モリソンが登場するまでは，英語で中国の典籍を読む機会が非常に少なかったというのが，おそらく19世紀までの実情であろう。

その意味において，字典という制約のある書物であったにもかかわらず，モリソンの「華英・英華字典」が，原典付きの中国典籍の英訳を，たとえ一部でも，はじめて英語の読者に提供したことは，画期的な意味をもつものと指摘できる。「華英・英華字典」に含まれる膨大な中国典籍の情報のすべてにここで触れることは不可能だが，以下に「華英・英華字典」によってはじめて英語読者に提供された典籍を四書五経に限ってとりあげ，ヨーロッパ漢学史における「華英・英華字典」の果たした貢献を検証してみたい。

1.『詩経』について

先のリストにもあったように，『詩経』の翻訳は『大学』や『中庸』『論語』より遅れて，1736年にはじめてプレマール訳がデュ・アルドの『中華帝国全誌』に発表された。『中華帝国全誌』を調べると，プレマールが訳出したのは，「皇矣」「天作」「敬之」「抑」「瞻卬」「板」「蕩」「正月」の８篇であった。

プレマールの次にシボーが，1779年と1782年に，『中国叢刊』に２度に分けて，「蓼莪」「常棣」「文王」「将仲子」「谷風」など計10篇の翻訳を発表した[18)]。

以上は上のリストに示した，宣教師による翻訳の内訳であるが，そこでは305篇からなる『詩経』のうち，ごくわずかな篇数しか翻訳されていなかったことがわかる。その中でさらに英語への転訳に限っていえば，『中華帝国全誌』に掲載された８篇にとどまることになる。『中華帝国全誌』は，1736年と1738年にロンドンで２つの翻訳が出版されたが，前者は抄訳，後者は全訳である。抄訳版には『詩経』が見あたらないので，英語訳『詩経』は1738年の『中華帝国全誌』ではじめて登場したことになる。

また上のリストには載せなかったが，『詩経』の英訳はほかにも２つ挙げることができる。ひとつは1761年にトーマス・パーシィ（Thomas Percy）が *Hau Kiou Choaan*『好逑伝』, *the Pleasing history*を出版した際に，『詩経』の「淇澳」「桃夭」「節南山」計３篇の一部英訳をこの書物に収録した[19)]。しかし，パーシィ本人は中国語が読めないため，３篇の訳はいずれもプレマールなどのフランス語訳にもとづく転訳にすぎない[20)]。

もうひとつはイギリスの著名な東洋学者ウィリアム・ジョーンズ（Sir William Jones）が1799年に出版した*Sir William Jones's Works*のなかの“*The Second Classical Book of The Chinese*”という論文に，自ら翻訳した『詩経』が3篇みえる。それはおそらくパーシィと同じように，プレマールなどのフランス語訳にもとづいているので，篇名は同じ「淇澳」「桃夭」「節南山」である。しかもこちらも全訳ではなく，抄訳であった。「淇澳」は1－9句，すなわち三分の一，「桃夭」は1－4句，やはり三分の一，「節南山」も1－4句だが，こちらの方は全体の十六分の一にすぎない。

この2つを入れても，英語であるいはラテン語やフランス語で読める『詩経』は，19世紀まではごくわずかであった。『詩経』の英語全訳は，ジェームズ・レッグ（James Legge，1815-1897，理雅各）の，*The She king, or, The book of poetry*（1871）まで待たなければならなかった。

そんな中でモリソンの「華英・英華字典」に『詩経』の訳が，前章に示したように149篇253箇所も含まれていることは，ヨーロッパの『詩経』翻訳紹介の歴史において，きわめて高く評価されるべき事績である。そして字典中の断片的な翻訳紹介とはいえ，「華英・英華字典」の貢献により，『詩経』に限って言えば，他の典籍と違い，英語訳がラテン語訳やフランス語訳より一歩先を行なっていたといえるのである。

2.『論語』と『孟子』について

1687年にラテン語で出版されたフィリップ・クプレの『中国の哲学者孔子』に，『大学』『中庸』『論語』の翻訳が掲載されていた。先にも述べたように，この本は1691年にロンドンで英語版（書名：*The Morals of Confucius*）が出た。さらに先に述べたように，Falkenhause教授の指摘によれば，ラテン語原著そのものが決して厳密な翻訳とは言えない性格のものだった。しかし英語版はラテン語版の全訳ではなく，かなり省略した抄訳であった。特に『論語』は一部しか翻訳されていないが，それでもこれは，モリソン以前の，確認できるほぼ唯一の『論語』英訳である。

これに対して，やはり前章で示したように，「華英・英華字典」では『論語』20篇のうち最終の「尭曰」以外の篇がまんべんなく引かれており，丁寧に注釈もつけながら紹介されているのである。

『孟子』に関しては，1711年にラテン語で出版したフランソア・ノエルの『中国典籍六種』ではじめてヨーロッパ言語に翻訳されたとされている[21)]。19世紀までにほかに翻訳が見あたらないうえ，『中国典籍六種』も英訳されていない。すなわち『孟子』の英語訳はモリソン以前になかったのである。「華英・英華字典」における『孟子』について本書では特にとりあげていないが，第1章第2節に載せた表2に示したように，「華英・英華字典」における『孟子』の引用は57箇所にのぼっている。ちなみに『孟子』の本格的な英語訳は，やはり1861年，ジェームズ・レッグの翻訳があらわれるまで待たなければならなかった。

四書の中で『論語』は，「華英・英華字典」以前に転訳による抄訳の英語訳しかなかった。『孟子』はまったく翻訳されていなかった。その点から見て，「華英・英華字典」は本格的な翻訳があらわれるまでの空白を埋める役割を果たした著述と評価されるべきである。

3.『礼経』『易経』『書経』について

上のリストに示したように，『礼経』と『易経』にはラテン語訳とフランス語訳があったが，英語訳はモリソン以前に見あたらない。『書経』（プレマールのフランス語訳）は『中華帝国全誌』に収録されているため，英訳されていたが，ごく短い抄訳にとどまっている。一方「華英・英華字典」では，第1章第1節の表2に示したとおり，『礼経』『易経』『書経』がいずれも数多く，原典付きで英訳されている。たとえば，見出し字「嚌」のもとでは『礼経』「雑記下」から，

> 小祥之祭，主人之酢也，嚌之，衆賓兄弟則皆啐之，大祥，主人啐之，衆賓兄弟，皆飲之可也

との文が引かれている。

見出し字「坼」のもとでは，『易経』「解」から，

> 天地解，而雷雨作，雷雨作，而百果草木皆甲坼，解之時大矣哉

との文が引かれている。

見出し字「契」のもとで，『書経』「尭典」から，

帝曰，契，百姓不親，五品不遜，汝作司徒，敬敷五教在寛

の文が引かれている。

これらはいずれも，それぞれ数十例引かれている中の一例にすぎない。第2章第1節で『論語』の引用例を検討する時に見たように，「華英・英華字典」では典籍を引用する際に『康熙字典』のようにただ文字の用例を示すのではなく，なるべくその文字の前後の文脈やまとまった意味が伝わるように努めているので，以上のような引用例が数十例も重なるとかなりの情報量になる。

『礼経』『易経』『書経』の本格的な英訳も，いずれもジェームズ・レッグの翻訳が成し遂げられる1860年代まで待たなければならないのだが，しかし断片的な翻訳とはいえ，モリソンは「華英・英華字典」において『礼経』『易経』『書経』の英訳でも，先鞭をつけていたと評価されるべきである。

第3節　ヨーロッパ科挙記述史における「華英・英華字典」の位置づけ

試験で官僚を選抜する科挙制度は，ヨーロッパの人にとってもっとも驚くべき異文化のひとつであった。Ssu-yu Teng（鄧嗣禹）によれば，英語では‘examination’,「試験」という言葉自体が1612年にようやく登場した語彙であり，ヨーロッパの大学で筆記試験が実施されるようになったのは18世紀以降のことであるという[22]。そういう文化背景をもったヨーロッパ人が中国にやってくると，当然のように科挙に注目し，さまざまな旅行記録や報告書にその観察記を残した。この節では16世紀から19世紀までのヨーロッパ人による科挙に関する記述を振り返り，その中での「華英・英華字典」の位置づけを検討したい。

科挙に関するもっとも早い記述は，宣教師としてもっとも早く中国を訪れた，ポルトガル人ドミニコ会士ガスパール・ダ・クルス（Gaspar da Cruz，？-

1570）の『中国誌』（1570年初版）に見える。29章からなるその書物の第17章に中国の官僚選抜制度が述べられており，科挙そのものに触れている部分はそれほど長くない。要点は以下の通りである。

> 三年ごとに巡察にやってくる察院は，省の業務すべてにけりをつけた後，新しいロウティアを選抜することに従事する。その選抜方法は次のとおりである。彼らは省内の市および大きな村のすべてから，すでによく勉強してきた学生全員を省の主要都市（省城）へ召集する。（中略）その場で彼らは学生ひとりひとりにみっちりと試験を課す。すなわち彼らの法律について多くのことがらを尋ねるのである。もし学生がすべてによく答えれば，傍らへ退くよう命ずる。もしあまり勉強が進んでいないなら，もっと学習するようにと命じる。（中略）試験が済むと，察院はロウティア一同とともに立ち上がり，盛大な儀式，お祭り騒ぎ，音曲，奏楽のうちに有能と認めた学生たちひとりひとりに学位を授ける。これがすなわちロウティアの称号を与えることにほかならない。彼らはお祭り騒ぎや宴会のうちに幾日も過ごした後，宮廷へ送られる[23)]。

試験によって官僚を選抜する制度がここにおいてはじめて紹介された。しかし試験そのものの詳細はまだ伝えられていない。

クルスの『中国誌』の次に，1585年にゴンサーレス・デ・メンドーサ（González de Mendoza，1545-1618）の『シナ大王国誌』が上梓された。著者本人が中国を訪れたことはないが，中国を訪ねてきた宣教師たちの報告をもとに編纂されたこの書物は，ヨーロッパで一大ブームを起こしたほど，当時では中国情報を得るためにもっとも読まれていた書物であった。しかし科挙に関しては，この書物によって提供された新しい情報はそれほど多くない。

3年ごとに試験を行うことや合格者に称号を授与することについて，『シナ大王国誌』の記述はほぼ『中国誌』を踏襲している。新たな情報は，次のような称号授与式についてのより詳細な記述である。

> 学位授与に指定された日には，ロイティアたちは全員正装して巡察使のもとに参集する。（中略）一同が参集したところへ，学位を受ける者たち

が，外被は着用せず，きらびやかに着飾って入場する。彼らの前にはそれぞれ介添え役が進み，本人に授与される徽章を捧持してゆく。そして各人がひざまずいたままでいとも恭しく，その徽章を授与してくれるようにと巡察使にむかって懇願する。巡察使はこの願いの言葉を聞くと，彼らに次のような宣誓をおこなわせる。すなわち，今後推挙される職務に精励し，万人に対して公正な裁判をおこない，なんぴとからも，いかなる種類のものであれ賄賂や贈与を受けないこと，国王にたいして忠誠をつくし，いかなる謀反の企てにも同調しないこと，その他のもろもろのことを宣誓するのであって，これにはかなりの時間がかかる[24)]。

この学位授与の儀式は著者にとって「すこぶる珍しいこと」であったため，このように丁寧に描出されているのであって，このあとも授与式が済むと市内の鐘が鳴り，大砲が轟き，新称号取得者が市内を練り歩く様子についての細かい記述がつづく。著者の関心は主に儀式の珍しさや華やかさに向けられているのである。

1590年にマカオで『遣欧使節対話録』（*De missione legatorum Iaponensium ad Romanam curiam*）が，ラテン語で出版された。その中に科挙に触れたくだりがあり，科挙の三つの称号，「秀才・挙人・進士」と，その称号を取得するための試験を紹介するとともに，すべての官僚は科挙の合格者から選ばれ，実力さえあれば出身の貴賤にかかわらず，高い官職にのぼることができる，と科挙の制度を称賛している[25)]。

『遣欧使節対話録』に収録された上の資料の出所はマッテオ・リッチなど中国在住宣教師の報告だが[26)]，それぞれ中国大陸に27年と22年滞在したマッテオ・リッチとアルヴァーロ・セメード（Alvare de Semedo, 1585-1658, 曾徳昭）の科挙についての記述は，当然それまでの記述よりはるかに詳細で正確であった。マッテオ・リッチの『中国キリスト教布教史』（1615）とアルヴァーロ・セメード『チナ帝国誌』（1643）で見ると，２人の記述はともに「秀才・挙人・進士」称号取得のための科挙の全過程を明らかにしている。それぞれの試験の実施期間をはじめ，試験会場や実施方法，出題範囲，合格の発表方法，合格後の任官などにいたるまで，科挙の全容がヨーロッパの読者にはじめて伝わったのは，２人の記述によるものである。[27)]

上記の２人の宣教師に続いて，もう１人のポルトガル人宣教師ガブリル・マーガルハンス（Grabriel de Magalhaens, 1609–1677, 安文思）が，その著作『中国新志』（1688）で科挙に触れている。先輩の２人の記述とやや違い，科挙に合格した人々のその後の任官について述べている。３年に１度「挙人」が北京に集まり，３日間のテストを受けた後，もっとも文章に優れた人たちが「進士」に選ばれると述べた後，彼らの任官について，ガブリルは次のように記述している。

> 皇帝は「進士」の中のもっとも若くてもっとも優秀な人を翰林院に送り込む。翰林院は中国のもっとも博学で，知恵に富んだ官僚を多数そろえている機構である。そこは五つのランクと五つの部署に分けられている。（中略）彼らは王子の家庭教師をつとめ，王子に道徳や礼儀，あるいは一般的な科学の知識などを教え，そして彼の成長にあわせて，国家の運営方法と礼儀作法も伝授する。彼らはまた，後世に伝えるために宮廷あるいは国内に起きた重要事件を記録する。彼らは中国の歴史も編纂する。彼らは常に勉強し，そしてさまざまなテーマに関して書物を書く。皇帝は頻繁に彼らとさまざまなことについて議論し，彼らの中から数人を選んで，自分の相談者とする。彼らは皇帝の知恵袋である。（中略）翰林院はロイヤル・アカデミーである。彼ら（進士たち）はつねに国のため，皇帝のために尽力することを心得ている。[28)]

科挙試験より科挙後の任官に重点をおいたこの記述は，同時代の科挙に関する記述の中でややユニークである。

18世紀に入って，ヨーロッパに伝えられた中国情報の集大成というべき書物，デュ・アルドの『中華帝国全誌』（*Déscription géographique, historique, chronologique, politique, et physique de l'empire de la Chine et de la Tartarie Chinoise*）が1735年にパリで出版された。４巻からなるこの大作は翌1736年に早くもロンドンで英訳が出版されたほど，反響が大きかった。この書物も当然，科挙について相当のスペースを割いているが，その内容を見ると，科挙の概要についての説明はほぼマッテオ・リッチとアルヴァーロ・セメードの著書の域を出ない。ただ科挙の「称号」とヨーロッパのそれとの比較が目新しい。それによるとちがいは主にふたつある。ひとつはヨーロッパの称号は大学に限られるが，中国では政府の官僚のほとんどが称号をもっており，ヨーロッパには科挙の称号に相当するものがないということ。もうひとつはヨーロッパでは学位を取得するために専門の科学や哲学，神学の知識が必要とされるが，中国では歴史，法律の知識と弁論術だけが求められる，という点である。[29)]

イギリス人による記述は，18世紀末以降になる。1793年にマカートニー（Earl Macartney，1737-1806）伯爵がイギリス政府からの派遣で，百名以上の随員を率いて中国を訪ね，イギリス人の使者としてはじめて中国の皇帝に謁見した。その使節団に参加したG.L. ストーントン（G.L. Staunton）が，*An Authentic Account of an Embassy from the King of Great Britain to the Emperor of China*（1797）という紀行を残している。書物としての規模はそれほど大きくはないが，その中に科挙に触れた箇所がある。

> 中国の試験は昔からずっと公開されているという。試験監督係および現場の長官や地方官僚は，いささかも私心をもつべきではないとされる。（中略）このような試験は社会のすべての階層に開かれ，平等であり，誰もこの機会から排斥される人はいない。（中略）このような制度は社会秩序を維持するうえで有利である。[30)]

これは科挙についての記述というよりは，むしろ称賛であった。

G.L. ストーントンの息子，ジョージ・トーマス・ストーントン（G.T. Staunton）も使節団に同行し，『中国雑記』という書物においてその時の見聞を記しているが，そこでもやはり科挙が称賛されている。

> マカートニー使節団は中国での短い滞在中に，知識と道徳の重視こそこの国が他の国々よりすぐれている理由だ，と十分理解できた。（中略）少数の例外を除いて，どの階層，どの種類の人間でも試験を受けることができる。彼らの称号は知識水準のシンボルのみならず，この帝国内では事実上，政府部門に就職し，高い地位を手に入れるための，唯一の正規ルートである。[31)]

モリソン以前の，ヨーロッパ人による科挙についての代表的な記述はおおよそ以上の通りである。正確さや詳細さにばらつきがあるにせよ，中国を訪れたさまざまなヨーロッパ人が，試験によって官僚を選抜する科挙制度の全容をこのようにヨーロッパに伝えた。そしてここではいちいち触れることができないが，ストーントン父子のコメントに見たように，ヨーロッパ人は科挙に対して一様に称賛と感嘆の言葉をおくっていた。

それに比べて，「華英・英華字典」の科挙に関する記述は質的な違いを見せている。前章でも検討したように，「華英・英華字典」は科挙を目指す学校教育における知の伝授方法をはじめ，科挙に関する朝廷の法規，および試験で求められる作文の技法にまではじめて立ち入って，科挙における知のあり方をはじめて明らかにしようとしたのである。

『科場条例』については，1810年に『大清律例』の英語訳が刊行された際に，ジョージ・トーマス・ストーントンが若干の翻訳をつけた。それはモリソンの「華英・英華字典」よりやや早かった[32]。しかしジョージ・トーマス・ストーントンが訳出したのはわずかな部分に限られており，「華英・英華字典」のように『科場条例』を始めから終わりまで要約，抄訳したわけではない。Ssu-yu Tengによれば，「華英・英華字典」に訳出されている科挙制度に関する部分は，今日でも英語訳のもっともすばらしい原典資料なのである[33]。

特筆すべきは，「華英・英華字典」における八股文の作文技法についての記述である。科挙の答案にしか使い道のない八股文は，科挙で名を成した大学者たちにすら顧みられないものであるが，モリソンはその作文技法を紹介することによって，科挙がどのような知を求めているかを開示しようとした。前章でも触れたが，科挙に関するコメントで，モリソンは自らの回答を出していた。すなわち科挙は知識の普及や学問の振興，科学の発見などを目指したものではない，という指摘であった。

モリソン以前のヨーロッパ人によるさまざまな記述によって，科挙の全体像が伝えられたとすれば，モリソンは一歩進んで，科挙の解剖図を示したといえる。

第4節　ヨーロッパ漢学史における「華英・英華字典」の位置づけ

モリソンの「華英・英華字典」における中国文化情報の紹介について，彼以前にすでにヨーロッパに渡った中国文化情報と比較しながら検証してきた。ここで1度まとめてみたい。

1823年中国に渡ってから16年目にしてはじめてモリソンは休暇をとってイギリスへ帰国した。モリソンを乗せた船には，彼が16年間中国で収集した1万冊の中国の書籍が積まれていた。これらの書物は現在ロンドン大学アジア・アフリカ学院に，モリソンコレクションとして所蔵されている。

コレクションの目録を開いてみると，経部・史部・子部・集部・叢書部の5部に，四書五経をはじめ，歴史，地理，天文，数学，農学，医学，音楽，芸術，文学，訓詁学，音韻学，金石学，道教，儒教など，中国文化のあらゆる分野の典籍が網羅されていることに瞠目させられる。モリソン以前に，一個人として，こんなに系統的に計画的に中国の典籍を収集したヨーロッパ人がいただろうか。

1823年は，「華英・英華字典」3部6巻がすべて上梓され，モリソンのライフワークが完成された年である。「華英・英華字典」の百科全書的な性格をここまでさまざまな角度から論じてきたが，ヨーロッパ最初の百科全書的な中国語字典の編纂を支えたのは，この膨大な蔵書といっても過言ではない。「華英・英華字典」に引かれた多くの典籍を，このコレクションに見いだすことができるし，その中には今日の図書館に所蔵されないものもある。百科全書的な字典を編纂したモリソンが，自ら中国の知を全方位的に網羅しようとつとめていた足跡が，このコレクションの随所に印されている。

ライフワークの完成にしたがい，モリソンは3巻6部からなる大作「華英・英華字典」とともに，中国の知の一大コレクションとなる1万冊の書籍をヨーロッパに持ち帰った。モリソンはこのコレクションをイギリスの大学に寄付することにした。条件はたった1つ，大学に中国語教授のポストを設けてほしい，ということであった。まさにヨーロッパの本格的な中国研究を自らの手で押し進めたいという熱意が感じられる寄付行為である。

わたしたちはこのような熱意を,『五車韻府』の献辞に読み取ることもできる。そこではモリソンは中国と貿易をしているヨーロッパ諸国に，次のように呼びかける。

> イギリスやオランダ，ポルトガル，アメリカは，現在中国ともっとも取引をしている国々である。そして彼らがなによりも関心を寄せているのは，金銭的な利益である。オランダ政府はジャワで中国人が居住する広大な植民地を統治している。これらの政府が，毎年何百ポンドかの寄付を出し，彼らが広範囲にわたって取引をしている国の言語教育に投資することを期待するのは無理であろうか。彼らの公立学校に，無数の書籍を有し独自の文学を持っている言語に一席の地を与えるよう要求するのは無理であろうか。大学は預算から資金を出せないだろうか。あるいは手が空いている人に，この事業を奨励することはできないだろうか。[34)]

「華英・英華字典」はこのような，中国研究に生涯のエネルギーと情熱をかけたモリソンによって編纂されたものである。「華英・英華字典」に百科全書的な情報が大量に盛り込まれているのは，決して個人の興味本位的な動機によってできることではなく，本格的な中国研究を打ちたてたいモリソンの確固たる信念と情熱に裏付けられたものである。

モリソン以前にもカトリック宣教師や，商人，旅人などの多くのヨーロッパ人が中国を訪れ，あるいはモリソンと同じく生涯を中国に捧げた。彼らによっておびただしい中国文化を紹介する書物が書かれていたが，モリソンほど中国文化の神髄を理解し正確な情報を提供したものはなかった。モリソンは宣教師，教育家，東インド会社の翻訳担当兼中国語教師，使節団の通訳など多様な顔をもっていたため，中国の知識人から政府高官，市井の庶民，僕童まで多くの中国人と交流ができ，中国文化の深層まで触れることができた。特筆したいのは，知識人の葛先生（Ko seen-sang）の指導で本格的に中国の古典を学習した経験から彼は中国人と中国語に対する考え方が他のヨーロッパ人よりはるかに昇華していたことである。前述したように，彼は中国語を学習するために中国の固有文化を学習することも大切だと強く認識していた。その考え方は「華英・英華字典」に収録されている典籍用例に如実に表れている。

モリソン以前の宣教師たちとちがって，モリソンは中国の典籍をキリスト教教義に引きつけて解釈しようとはせず，その本来の姿をなるべく原文付きで忠実に伝えようとした。一方，モリソンは中国文化を無批判に称賛しようともしなかった。たとえば科挙に関しては，モリソンが一方的にそのすばらしさに賛辞を送っていたヨーロッパの時流に附随せず，科挙の内面を専門家の角度から分析し，解説しようと努めた。

「華英・英華字典」には，最古の古典から直近の小説まで，天文地理の知識から広東書肆の書物の値段まで，殷周の王にまつわる伝説から民間の婚姻風習まで，ありとあらゆる中国文化の情報が含まれている。すべて中国文化を全方位的に伝えようとするためである。ヨーロッパ漢学史上，一個人によって成し遂げられた総合的な仕事として，モリソンの「華英・英華字典」はまことに特筆すべき存在である。その先駆的な意義を，わたしたちはもっと高く評価するべきであると考える。

注

1）張国剛等『明清伝教士与欧州漢学』（中国社会科学出版社，2001年）p.105.

2）d'Elia Pasquale, *Fonti ricciane: documentioriginali concernenti Matteo Rici e la storia delle prime relazioni tra l'Europa e la Cina (1579-1615)/ edti e commentati da Pasquale M d'Elia; sotto il patrocinio della Reale Accademia d'Italia—Edizione nazionale delle opere edite e inedited di Matteo Ricci* (Libreria dello Stato, 1942-1949), Vol.I p.43.

3）費頼之著，馮承鈞訳『入華耶蘇会列伝』（商務印書館，1938年）p.55.

4）d' Elia Pasquale, Ibid. Vol.2. p.33.

5）張国剛等，前掲書　p.105.

6）張国剛等，前掲書　p.100.

7）費頼之著，馮承鈞訳，前掲書　p.141.

8）張国剛等，前掲書　p.107.

9）石田幹之助『欧人の支那研究』（共立社書房，1932年）p.168.
Henri Cordier, *Bibliotheca Sinica* (Paris Librairie Orientale & Americaine, 1905), Vol.II p.1386.

10）張国剛等，前掲書　p.106.
11）張国剛等，前掲書　p.105.
12）Lothar v. Falkenhausen 教授には，2002年４月〜2003年３月まで京都大学文学部客員教授として京都滞在中に数度お訪ねしてご教示いただいたほか，アメリカに帰国後もファクスやメールでご教示を仰いだ。
13）方豪「十七八世紀来華西人対我国経籍之研究」『方豪六十自定稿』（台湾学生書局，1969年）上冊　p.192.
14）方豪，前掲書　p.192.
15）張国剛等，前掲書　p.110.
16）方豪，前掲書　p.195.
17）後藤末雄『中国思想のフランス西漸』１（平凡社，1969年）p.245-246.
18）宋柏年主編『中国古典文学在国外』（北京語言学院出版社，1994年）p.25.
19）Thomas Percy, *Hau Kiou Choaan or The Pleasing History* (London, 1761)『好逑伝』ははじめてヨーロッパ言語に翻訳された中国の長編小説であり，ゲーテにも読まれていた。訳者は東インド会社につとめていたイギリス人職員，ジェームス・ウィルキンソンであり，ポルトガル宣教師から中国語の手ほどきを受けて，英訳を完成させた。パーシィは中国語が読めないが，ウィルキンソンの残した翻訳ノートを整理，加筆して出版させたとされる。張弘『中国文学在英国』（花城出版社，1992年）p.55-56.
20）范存忠『中国文化在啓蒙時期的英国』（上海外語教育出版社，1991年）p.157.
21）張国剛等，前掲書　p.108.
22）Ssu-yu Teng, 'Chinese Influence on the Western Examination System' *Harvard journal of Asiatic studies 1942-43* (Harvard-Yengching Institute reprinted, 1967), Vol. 7　p.271.
23）ガスパール・ダ・クルス，『クルス「中国誌」』日埜博司訳（講談社学術文庫，2002年）p.200-201.
24）ゴンサーレス・デ・メンドーサ『シナ大王国誌』長南実・矢沢利彦訳（岩波書店，1965年）p.199.
25）同書の中国に関する部分は，'An Excellent Treatise of the Kingdom of China, and of the Estate and Government Thereof' と題して，Richard Hakluyt によって英訳され，1599年に *Hakluytus Posthumous* に収録された。同文は，Everyman's Library 叢書の *Hakluyt's Voyages* にも収録されており，引用は後者による。p.219-221。上掲 Ssu-yu Teng 論文および張国剛等著『明清伝教士与欧州漢学』（中国社会科学出版社）参照。
26）平川祐弘『マッテオ・リッチ伝』１によれば，1585年11月24日にリッチが科挙について報告している。（平凡社，1969年）p.101.

27）マッテーオ・リッチ，川名公平・矢沢利彦訳『中国キリスト教布教史』1（岩波書店）p.36-48. アルヴァーロ・セメード『チナ帝国誌』『中国キリスト教布教史』2所収　p.331-351. 以上両書とも，大航海時代叢書第Ⅱ期（岩波書店，1982-83年）
なお，マッテオ・リッチとトリゴールの報告書にもとづくものが，“A Discourse of China” と題して，*Hakluytus Posthumous*, Vol.12にも収録されており，科挙に触れた部分は，『中国キリスト教布教史』とほぼ同じである。
28）1688年に英語版とフランス語版両方出版されていた。それらは1668年のポルトガル語版の翻訳である。ここでの翻訳は英語版によるものである。Gabriel Magaillans, *A new history of China* (London, 1688), p.218-219.
29）Du Halde, *A Description of the Empire of China* (London, 1738), Vol.I p.374-378.
30）G.L. Staunton, *An Authentic Account of an Embassy from the King of Great Britain to the Emperor of China* (London, 1797), Vol.II p.153.
31）Ssu-yu Teng, Ibid. p.286.
32）Ssu-yu Teng, Ibid. p.287.
33）Ssu-yu Teng, Ibid. p.288.
34）“England, Holland, Portugal, and America, have at present, most intercourse with China, and their pecuniary interests are most concerned. The Dutch Government indeed rules over an extensive colony of Chinese, on Java. Is it expecting too much of these several Governments to devote a few hundred pounds annually to the cultivation of the Language of the people with whom they have extensive dealings? Is it too much to ask them to give some existence in their Public Schools to a Language which contains many Thousand Volumes of Original Literature? Will the Colleges and University themselves not allow of any appropriation of their funds, nor any encouragement to their leisure members to attend to this subject?” Robert Morrison, *A Dictionary of the Chinese Language* (East India Company’s Press, 1815-1823), Part II Vol.I p.xi.

第4章　「華英・英華字典」にみえる漢訳語

本章では「華英・英華字典」に収録されている情報のもう1つの側面，すなわち西洋文化情報の紹介に関するモリソンの貢献について論じたい。西洋文化を紹介する際に避けては通れないのが翻訳問題である。「華英・英華字典」の第3部 *English and Chinese* に政治，宗教，数学，音楽などにおける西洋独自の文化を表す英単語が多く収録されている。果たしてモリソンがどのような翻訳観を持って，これらの英単語を中国語に訳したのか。また漢訳語を創出する際，先輩のカトリック宣教師の翻訳をどのように継承したのか，あるいは中国の固有語彙をいかに活用したのか。そして「華英・英華字典」に収録された西洋文化情報とその漢訳語は日本語および中国語へどのような影響をもたらしたのか。本章においてはこれらの問題の解答を見つけたい。

第1節　モリソンの翻訳観
――*English and Chinese* を中心に――

モリソンは在華25年の間，多くの偉業を成し遂げたが，その中でも『聖書』の中国語訳と「華英・英華字典」の編纂という前人未踏の事業がもっとも謳われている。この2つの事業の共通点は翻訳である。モリソンが来華した19世紀初期の中国では，広東地域で少数の中国商人が外国人との貿易上の関係でピジン英語を操った以外，ほとんどの中国人は翻訳あるいは外国語には無縁であった。むしろ中国人にとって外国語は顧みる価値もない夷人の言語である。したがって，多くの中国人は外国語の書物を目にしたこともないし，翻訳という手法も熟知していなかった。このような言語環境と文化背景のもとで，モリソンが取り入れていた翻訳方法は直訳である。この直訳手法は彼の中国語観と大いに関わりがある。

1．モリソンの中国語観

モリソン以前に作られた中国語字典と大いに違うのは，モリソンの字典には大量の漢字が収録されていることである。1703年に出版されていたフランシスコ・ヴァロの *Arte de la lengua Mandarina*（官話文典）に中国語の用例がたくさん収録されているが，これらの用例はただローマ字綴りで漢字の発音を表記しているのみで，漢字がなかった。同様に1813年に出版されたド・ギーニュの *Dictionnarie Chinois, Francais et Latin*『漢字西訳』にも見出し字以外に漢字は使用されなかった。

しかしモリソンは違う。彼は漢字とヨーロッパの言語に使用されているローマ字の本質的な違いをいち早く察知していた。彼は「私は中国語を学習するヨーロッパ人に漢字の字形に注意を払うことを勧める。なぜならば，これは中国語をマスターするためにもっとも早く，かつ良い結果をもたらす方法だからである。筆画，声調と発音を覚えるのはその次でよい。確かに発音の違いが存在しているが，書面言語においては不必要なものである。正確に発音する必要もない。中国の文人さえ発音を熟知していない。声調は詩歌によく使用されている[1)]」と語っていた。ここでモリソンは漢字の特徴，つまり「形」は「音」より大切であることを捉えている。また彼は過去に出版されていた字典の多くでは用例に漢字が付されていなかったが，このことは中国語学習者にとっては非常に不便なことであると述べている。中国語の用例は漢字と単語でできたものなので，漢字の表示がない用例は学習者に真に中国語を理解させることは不可能である[2)]。

モリソンは漢字の「形」と「音」の関係を理解した上で，漢字に対してこのような評価を下していた。「視覚を持って考えを表現することにおいて，漢字は西洋のローマ字と同様に書写という媒体の力を十分に発揮している。一部においてはより効果的と言える。視覚は聴覚より早いので，視覚を通して考えを伝達することは早いだけではなく，生き生きとして印象深くもある[3)]」。

2．用例の中国語を忠実に翻訳

モリソンは漢字に対して正確な理解があったので，字典にある用例の中国語を漢字の「形」を通して正確に翻訳している。たとえば，用例にある経典史書，成語，小説，聖諭など中国文化情報について，このように訳している(括弧の注釈は筆者による)。

① DEAD, Confucius said, When a father is in life, observe his will, when dead, observe his conduct. He who for three years does not change the ways of his father may be called a dutiful son. 孔子曰父在觀其志，父沒觀其行。三年無改於父之道，可謂孝矣。(『論語』)

② RAPID, quick 速；急速；疾速.
Rapid progress in learning or virtue is expressed by 士別三日當刮目相看. If separated but for three days, he must be viewed with other eyes. (『三国志』)

③ PLACE, ordinal relation; he was in the first place afraid that his mother would be anxious about him; and in the second place, he was anxious about Lin-tae-yuh，一則他怕母親記挂着二則他記挂着林黛玉. (『紅楼夢』)

④ INSULT, He who can bear an insult is a good Chinese，吃得虧是好漢子。(口語)

⑤ QUENCH, fire 滅火；救火
Distant water cannot quench fire that is near，遠水救不得近火.(諺)

上記の翻訳を見れば，モリソンの翻訳方法が意訳ではなく，直訳であり，しかも逐字逐語で忠実に置き換えていることが分かる。その方法はモリソン以前の翻訳とは全く違う。前述した通り，モリソン以前にすでに多くのヨーロッパ人によって四書五経などが翻訳されていたが，これらの翻訳の多くが正確に言うと翻訳より紹介程度であり，忠実な翻訳とはとうてい言えない。

また早期カトリック宣教師の翻訳に中国の経典を使って『聖書』を解釈するという動機があることも否定できない。モリソンの翻訳はそれらとも違って，字典に翻訳した中国文化情報は純粋に学習者に真の中国の姿を見せようとするものである。モリソンの翻訳について，日本の翻訳評論家である柳父章はこのように評価している。モリソン字典は「中国文学などの翻訳が多く，清国の風俗，文化，法制などについてもよく書いている。これらの文章には，当時の中国人たちの生活ぶりの具体的描写が豊かで，この邦の人々への深い愛情を感じとることができる[4)]」

3．西洋文化情報の翻訳

他の2部の字典とやや違い，*English and Chinese* は主にヨーロッパ人を読者にしながらも，漢字の読める人々も読者として視野に置いているのである。字典の巻頭に『英吉利国字語小引』と題した中国語文が付されている。この文章には各国の言語を比較しながら，ヨーロッパ言語の基本である26のアルファベットを丁寧に紹介し，その発音を漢字で表記している。この言語比較論は明らかに漢字の読める人のために書かれたものである。したがって，モリソンはこの字典の中に，西洋文化情報を中国人あるいは漢字の読める人のために，意識的に収録したのではないかと考えられる。

これらの西洋文化に関する翻訳は主に2つのルートで形成されている。1つはカトリック宣教師の翻訳を継承するものである。もう1つは自らの翻訳である。

⑴ カトリック宣教師の翻訳

字典に収録されているカトリック宣教師の翻訳は主に『四史攸編』『幾何原本』『律呂正義[5)]』などの書物によるものである。特に『幾何原本』から数十カ所も引いている。ここで，字典に引用したカトリック宣教師の翻訳の例の一部を示す。

① INFINITE in extent, 無邊的

Infinite extent, two parallel lines although drawn out to, it is impossible their ends can meet. 平行二線雖引至無窮其端必不能相合。

② LOGARITHMS, are called 對數闡微 see 数理精蘊

③ MICROSCOPE, 顯微鏡

④ GLOBE, Terrestrial globe 地球

⑤ GOD, God by the Jesuits at one time was called 上帝, ……but subsequently the Latin church has ordered 天主 "The Lord of Heaven," to be used for the True God.

⑥ MUSIC, In the 律呂正義 the European Ut, re, mi, fa, sol, la, are made by 烏勒鳴乏朔拉。

The four parts of European music are called 最高聲; or treble; 高聲, or alto; 中聲, or tenor; 下聲 or bass.

⑦ NOTATION, The European notation is called, 八形號紀樂音 eight signs to note musical sound.

またモリソンの引用は文字に留まらず，図表も所々に付されている。たとえば，彼は『律呂正義』にある音楽用語「八形號紀樂音」を'Notation'の対訳語として引用しているが，それだけでは説明しきれないと考えたか，訳語の隣に楽譜記号もつけ加えている。

(2) 独自の訳語

モリソンはカトリック宣教師の翻訳を継承した他，自らの中国語知識を駆使し，西洋文化情報を正確に中国語に翻訳しようと工夫していた。先ほど述べたように，モリソンが取り入れた翻訳方法は基本的に直訳である。その直訳方法をさらに細分することができる。

1)中国語にある対訳語を利用する。あるいは音訳する。

① ECONOMY, frugality, 節用　節倹

② COUNCIL, 公議，會議，眾人公議，聚集公議

③ JUDGE, to distinguish, 審 To pass sentence, 審判；判斷；A judge in criminal cases, 審判官

④ LEMON, 檸檬 Lemon juice 檸檬水, or 檸檬汁

2)対応する中国語がない場合，英語の単語を短い句に訳す。

① ASSEMBLY 大會議國事

② CONCOURSE of people, 衆人集會

③ CONVERSION from vice to virtue, 悔罪改心之理

④ COSMOGRAPHY　畫地理圖的學文法

⑤ DEMOCRACY is improper; since it is improper to be without a leader, 即不可無人統率亦不可多人亂管。

⑥ AUCTION, to sell by public, 明投賣

⑦ FREEDOM, principles of self rule. 自主之理

⑧ ANTIPODES 對足底行　the idea is not generally understood. The Chinese geographers call their own hemisphere, 正面 the antipodes, 後面 America is the antipodes to China 亞墨利加為中國後面之地

⑨ BOTANY, may be expressed by 樹草花之総理

3)中国語にない西洋概念を固有語彙を工夫して翻訳する。

① ADVOCATE, one who defends another, 主保, 獲主 The Chinese have not advocates or counsellors in their courts of justice. There are persons who prepare papers, and who are called 訟師, 詞訟之師傅

② CHEMIST, or rather Alchemists of the Taou sect; fire philosophers 丹家

③ ENCYCLOPEDIA, the 三才圖會. ……called the Chinese Encyclopedia. ……The 淵鑑類函 in 139 vols. compiled by order of the emperor Kang-ke, is more like an encyclopedia than the San-t-sae-too-hwuy.

④ GAZETTE, or a pamphlet containing daily official papers, to and from the Emperor of China, is called 京報, 邸報

⑤ HOLYDAY, a play-day, 放假的日子 Holiday, understood as a cessation from labour, occurs chiefly at the Chinese new year, when the government and all classes of the community desist from their usual avocations, put on their best clothes, and visit each other; keeping these holyday, they call 過年；and visiting is called 拜年.

⑥ JURY, The Chinese have none: the sitting magistrate decides as he pleases: it is said that sometimes the 鄉紳, or country gentlemen are called in to advise.

⑦ LIBRARY, 書房；書室

⑧ PRESIDENT, on in authority over others, when his proper title is not known they express by 長, and by 頭目. The President of chief supracargo (マ マ), in any European mercantile company at Canton, they call 大班.

以上の1)と2)の翻訳は現在の視点からみると，正確さと洗練さに欠いているところもあるが，おおむね英語の意味を表現しているといえよう。しかし3)の翻訳は少し違う。中国語の翻訳は英語の本来の意味とは明らかに開きがある。モリソンは中国語にない西洋概念を翻訳する際，しかたなくより英語の意味に近い言葉を努めて選んでいた。しかし彼はこれらの言葉を完全に受け入れているわけではない。たとえば，彼は‘Chemist’の訳語を選定するのに英語で「むしろ道教の練丹道士，錬金術師のような人」と注釈した上，「丹家」を選んだ。つまり「丹家」という言葉は中国語では「練丹道士，錬金術師」を指し，けっして‘Chemist’の対訳語ではないことを認識した上で，ベストではなくベターでこの言葉を選んだのである。同じく‘Gazette’と「京報，邸報」の間に距離があることを承知しているからこそ，「中国では，皇帝と役所の間に毎日往来する公的な文書を京報，邸報と言う」とのコメントをつけている。そして‘Jury’の訳語に関して，モリソンは冒頭から「中国語の中にこのような概念がない」と断っている。しかし彼の翻訳はここで諦めるのではなく，「鄉紳」という言葉を探し出し，「時々鄉紳は執政官に呼ばれアドバイスを求められるケースもある」と中国では鄉紳が時々西洋のような陪審員の勤めもすると説明している。

モリソンの翻訳方法を分析してみると，彼はほとんど新しい訳語を創出していない，できるだけ在来の中国語を使用しようとしていることに気づく。なぜ彼は新しい訳語を作ろうとしなかったのだろうか。これは長い間中国で生活し，中国文化を吸収した後形成されたモリソンの独自の翻訳観と関係があるのではないかと思われる。

4．モリソンの翻訳観

史上初の「華英・英華字典」を編纂しようとしたモリソンは，翻訳において想像しがたい困難に直面していたに違いない。19世紀初頭の中国では，言葉を1つの言語からもう1つ別の言語に置き換えるための翻訳環境がまだ整っていなかった。モリソンはかつて中国の翻訳環境について次のように客観的に分析し，自らの翻訳観も表明した。

> 中国に於いて翻訳はまだ幼児期にある。翻訳技法を学習する知識人が1人もいない。朝廷自身も優秀な満語翻訳人材の確保に苦労をしているようである。粗末に翻訳されている仏教関連書籍と一部格調高いカトリック宣教師の漢訳書は唯一中国語に翻訳されている書物である。イエズス会が主導で翻訳されていた科学関連書物は完全な翻訳書とは言えず，ただ中国人によって編集されている一般的なヨーロッパの概念を含んだ書物にすぎない[6]。
>
> すべての書物の翻訳者は2つの責任を持っている。第1には正確に原書の意味と原書の精神を理解すること。第2には訳者の言葉で忠実に，正確に，流暢に（もし可能であれば，雅順に）原書の意味と精神を翻訳すること[7]。

ここでモリソンは，イエズス会が採用した「口述筆録」（宣教師が口述し，中国文人が筆録）という翻訳方法に明らかに批判的な態度を取っている。彼は翻訳の神髄は「忠実，正確，流暢」にあると強調している。この翻訳思想は後の中国人翻訳家厳復「雅信達」の翻訳理論とも一致している。このような翻訳思想のもとで，モリソンは中国語の書籍と西洋概念を翻訳する際，できるだけ逐字逐語で忠実，かつ正確に訳し，原書の言語と翻訳される言語の間のギャップを縮めていこうと心がけている。「意訳はいつも直訳より翻訳し易い方法だと言われるが，筆者はむしろ後者を選ぶ。なぜならば，後者の方が原書の真の意味を正確に訳すことができるからである[8)]」とはモリソンの具体的な翻訳法である。

しかしモリソンといえども，時代背景の制限もあり，異なる言語間のギャップを翻訳において完全になくすことができない。3)に取り上げた用例がこのことを物語っている。もともと中国にない西洋の概念を翻訳するにあたって，モリソンは中国語の中で類似の言葉を選び出すことにした。ただ「類似」は「イコール」ではないので，このような翻訳法はモリソンが掲げていた「忠実，正確，流暢」の翻訳観に照らしてみると必ずしも理想とは言えないかもしれない。モリソンの資料を何度も繰り返し読むうちに，彼の翻訳観にもうひとつ重要な考えがあることに気づかされた。それは中国文化を尊重した上での「忠実，正確，流暢」の実現である。彼はヨーロッパ人が中国語を理解する際に中国の伝統的な考え方を無視する態度を辛辣に批判している。中国人が固有な民族であり，ヨーロッパ人の考え方と違い，独自の思考を持っているとモリソンは考えた。中国式の思考と中国語の使用法（an ignorance of the usages and *mind* of China）を無視すれば，中国の言語を誤解しかねないと指摘していた[9)]。したがって，たとえ中国語にない概念でもモリソンは極力在来の中国語を利用して翻訳を行っていた。このような翻訳方法はモリソンが希望していた「忠実，正確，流暢」の理想と少しずれがあるとはいえ，当時置かれていた言語環境と文化背景の中では最善な方法だと思われる。もしモリソンが無理に新しい訳語を作って西洋概念を表現しようとしても，おそらく当時の人々に受け入れられなかっただろう。

5．むすび

モリソン以降，特にアヘン戦争以降，中国に歴史的な変化が訪れて，大量の西洋書物あるいは西洋情報が中国語に翻訳されるようになった。翻訳の担い手であった宣教師や中国の文人たちは大量の新概念に対応するために新しい訳語を次々と創出した。しかし基本的な翻訳スタンスはモリソンのものを踏襲していると考えられる。すなわち中国の伝統文化を尊重し，固有語彙の本来の意味を踏まえて派生語をつくり，固有語彙に新しい意味を賦与するというスタンスである。次に検討する訳語「銀行」はその典型的な例である。

第2節 漢訳語「銀行」の誕生

モリソンが中国に滞在していた19世紀初頭の中国では西洋の金融システムである‘bank’という機構はまだ存在していなかった。しかしモリソン「華英・英華字典」第3部の *English and Chinese* にはすでに関連のある単語が収録され，そこに漢訳語「銀行」が誕生する前のひな形をかいま見ることができる。

Bank　岸，基圍，提壩，岍（英語とローマ字発音表記を省略）
Bank bill　銀票
Bankruptcy　倒行
Banker　銀舖

上記最初の単語‘Bank’に対しては，金融システムの意味を中国語に訳出していない。おそらくモリソンが中国にないシステムの翻訳に戸惑いを感じていただろう。それに対して，彼は中国の固有の金融機関である「銀舖」に‘Banker’という英語で対応し，‘or dealer in specie’（銀貨を扱うところ）と西洋の‘bank’との違いを説明つきで字典に収録した。

本節では漢訳語「銀行」が誕生する過程を通して，訳語の定着がその訳語によって表される物事の社会における定着，及び訳語と固有語彙との融合を必要とすることを検証したい。

1．先行研究について

‘bank’の訳語としての「銀行」に関する先行研究は彭信威と武藤長蔵の仕事を挙げることができ，2人とも固有語彙の「銀行」と，それがいつ‘bank’の訳語にあてられるようになったのかについて触れている。

(1) 漢語固有語彙の「銀行」について

彭信威は，その『中国貨幣史』において，唐代には「金銀行」，元代には

「銀行」があったことを指摘して，‘bank’の訳名としての「銀行」に中国伝統の色彩が色濃く反映されているとしている。ただし，唐の「金銀行」も，元の「銀行」も，集団の呼称だと述べている[10]。

武藤長蔵は「銀行ナル名辞ノ由来ニ就テ」と題した論文において，中国では，金銀行の名が宋または明代或いはその以前の文集著作に見えているが，銀行という名称は古い文集著作には見えないと主張する[11]。また「銀行会館なる名辞が約二百年前支那に存せし事実の発見」という論文で，広東の「銀行会館」について詳しく述べている。それによると，当時広東では金融機関のことを「銀号」と称し，その組合としての「銀行会館」が存在していた。しかもこの「銀行会館」の名は康熙53年（1714）にすでに使われていた。ただし，「ココニ『銀行』トハ個々ノ Chinese Native Bank ノ集レル Guild ノ意也，個々ノ Bank 其物ニアラズ[12]」とあるように，「銀号」とは中国固有の金融機関に対する呼び名である。「銀号」以外に，「銭荘」「銭舗」「銭店」などの呼び名もある。

(2) ‘bank’の訳語としての「銀行」の初出について

彭信威の『中国貨幣史』によれば，‘bank’の訳語としての「銀行」の初出は，1856年香港で出版された『智環啓蒙塾課初歩』であるという。

武藤長蔵も「再ビ銀行ナル名辞ノ由来ニ就テ」という論文において『智環啓蒙塾課初歩』に注目している。しかも「銀行」という訳語がいつ日本に入ったかについても，同論文は，1860年にすでに長崎港に『智環啓蒙塾課初歩』が20冊輸入され，それはロブシャイドの『英華字典』の日本への輸入より数年も早いことを明らかにしている[13]。

しかし，上記の研究は漢語固有語彙の「銀行」について，具体的な文献をあげて検証してはいない。‘bank’の訳語としての「銀行」の初出については『智環啓蒙塾課初歩』に注目しているが，それより以前の書物に注意をはらっておらず，訳語「銀行」の誕生と宣教師とのかかわりにも触れていない。

2．中国語固有語彙の「銀行」

⑴ 清代以前の「銀行」

漢籍における「銀行」の登場は，宋代に遡ることができる。すなわち宋以降の文献にたびたび「銀行」が出てくるのだが，しかしその場合の「銀行」はもちろん現代の金融機関の名称ではなく，銀職人が集まっている町，或いは銀職人の職業を表す言葉であった。

①宋の『景定建康志』の「鎮市」に，「鹽市在朱雀門西，今銀行，花行，鶏行鎮，淮橋，新橋，笪橋，清化市，皆市也。」という記載がみえる（『景定建康志』巻16)。ここの「銀行」は銀職人が集まっている市場のことを指している。

②金の明昌5年（1194），当時の京兆で学校を作るために土地が徴収された。土地の場所や，広さについて，「京兆府提學所帖碑」に詳細な記録がある。その中に，「左第一廂銀行街…左第二廂章臺街…右第一廂南巷…」（『八瓊室金石補正』巻126）という記述が見える。ここの「銀行」は街路の名にすぎないが，しかし，この名は，この街路がかつて或いは明昌5年現在も銀商人の集まる町であったことを示唆している。

③北宋の蔡襄（1012-1067）に『蔡忠惠公集』（別紀補遺上）があり，その政術の部に「銀行輙造吹銀出賣，許人告提。」という一文がある。ここの「銀行」は銀商人或いは銀商人組合の両方を指す意があると考えられる。

④元の延祐元年（1314）に地元商人の出資で，長興州に東嶽行宮碑が建てられた。その碑陰に施主の名前と共に施主の所属している商人組合の名称も刻まれた。銘文には「五熟行，香燭行，銀行」という文字がある（『両浙金石志』巻15)。ここの「○○行」はある特定の店を指すのではなく，施主の所属している商人組合或いはその職業を表しているので，この場合「銀行」は銀器を扱う職人或いは商人の組合を指している。

上記の漢籍に見える「銀行」はいずれも現代の金融機関を指すものではなく，銀商人や銀商人の組合を指すものである。「行」は唐代にすでに存在し，同業商人組合を表すと同時に，同業商店の町をも意味し，前者は後者から生まれたもののようである[14]。

唐では同業の商店は１箇所に集中していたので,「○○行」はすなわち「○○の町」という意味である。「肉行，鉄行，衣行，絹行，薬行」などはすなわち肉屋，鉄屋，呉服屋，絹屋，薬屋の町のことである。しかし，時代の流れとともに，同業者が１箇所に集まる形式が徐々に崩れ,「行」の意味も「同業商店の町」から「同業商人組合」に変化した。「銀行」の意味も「銀商人の町」から「銀商人の組合」に変わった。それにしたがって当時の銀商人は銀装飾品の商売のかたわら，貨幣と生銀の兌換も兼業していたと考えられる。しかしその業務はきわめて初歩的なものであったので，今日の銀行業とは比べられないものである。したがって，当時の「銀行」という語の中にもし金融の要素が含まれていたとしても，それは今日の「銀行」とはかなり相違している。

⑵　清代の「銀行」

清になると,「銀行」の意味に変化が見られた。特に広東では金融機関の総称として使われるようになった。武藤長蔵の研究によると，少なくとも清の康熙年代に広東ではすでに「銀行会館」と呼ばれた組織が存在していた。その銀行会館の所在地忠信堂には釣鐘が祭られており，その釣鐘にはこのような銘文が刻まれていた。

在于
　銀行会館
玄壇祖師案前永遠供
　　奉
　　　旨
　　康熙五十三年歳治甲午季春吉旦
　　　　　　　　佛山隆盛爐造
　　国泰民安[15]

この銘文から当時広東の金融業者が「銀行会館」という組合のもとで，神事を行なっていたことが分かる。この資料は「銀行」が康熙53年，すなわち

1714年にはすでに広東で金融業者の組合の名称として使われていたことを示している。

ではなぜ「銀行」が広東で金融機関の総称の意味をもつようになったのか。「銀行」に新たに金融の意が加わったのは，まず銀の貨幣化に関係がある。銀が正式に貨幣として認められたのは明代の初めである。銀は銀器を指すのみではなく，実質的な貨幣ともなった。『明史』には次のような記録がみえる。「英宗即位，収賦有米麦折銀之令，遂減諸納鈔者，而以米銀銭当鈔，弛用銀之禁，朝野率皆用銀，其小者乃用銭。」(『明史』食貨志，五銭鈔)。これは英宗の時から，銀が貨幣化されたことを示唆している。このような貨幣の変動とともに兌換業も盛んになった。そういった兌換業は「銭荘」「銭舗」と呼ばれていた。[16)]

しかし，広東では兌換業のこと「銭荘」と呼ばず，「銀号」と呼んでいた。『清代貨幣金融史稿』によれば，「我国旧式金融機関之名称，有銭荘，銀号，票号等，而銭荘与銀号実為一類。大抵在長江一帯名為銭荘，在北方各省及広州，香港多呼為銀号。[17)]」という。また『清国商業総覧』にも「広東普通商業銀行ハ之ヲ銭荘ト称セズシテ銀号ト称ス」という記述がある。[18)] これらの資料の傍証として，さらに長年広東で暮らした宣教師が編集した英華字書をあげることができる。

①*English and Chinese Dictionary*（W.H. Medhurst，1847）

Bank　銀号 Yin haou　銭舗 tsenpoo

②*A Chinese English Dictionary in the Cantonese Dialect*（Dr. Ernest John Eitel，1877）

銀行　ngan hong or　銀号　nganho，a bank

このように広東では金融業は「銀号」と呼ばれていたのである。さらに，清代の広東に多くの「行」が存在しているのも注目すべきことである。広東の「行」は清代では特に有名であり，「俗に七十二行と呼ばれたが，清末においては実数はそれよりも多く，銀行・金行・當行・絲行・茶行等総計九十七行にも達したという[19)]」。すでに述べた通り，「行」は本来組合の意味を持っているので，「銀号」組合の会館に「銀行会館」の名が付いたのはごく自然の流れだと思われる。それに対して，乾隆41年（1776）に上海にも金融業の組合が存在していたが，その名は「銭業公所」であった。「公所」は「会館」にあたるが，「銭業」は広東の「銀行」に対する上海の呼び方である。その背景には当時上海あたりで金融業は「銭荘」や「銭店」と呼ばれていた事情があるからである。

以上まとめてみると，中国固有語彙の「銀行」は本来「銀商人の町」，「銀商人の組合」という意味だったが，やがてそれが「金融業者の組合」に変わっていく。ここまで来ると‘bank’の訳語としての「銀行」まではあと一歩になった。そしてその一歩を先に踏み出したのは広東であろうと考えられる。広東では金融業者のことを「銀号」と呼び，しかも「行」が発達し，いち早く金融業者の組合という意味で「銀行」を用いたのである。その広東が西洋の‘bank’の中国における最初の上陸地でもあった。

3．中国語による西洋銀行概念の伝播と‘bank’の訳語

⑴「銀行」以前の‘bank’の訳語

1840年に宣教師のカール・ギュツラフ（Karl Friedrich August Gützlaf, 1803-1851, 郭実猟）が西洋の商業制度，貿易情況を詳細に紹介した『貿易通志』を出版した。しかし，この本を出版当初直接読んだ中国人はごく少数であった。この本が多くの中国人に読まれるようになったのは『海国図志』に収録されてからであり，西洋の銀行制度が中国人に伝わったのはそれ以降である。

中国には古くから「銀号」や「銭荘」があるが，その性質は西洋の‘bank’とまったく違うものであった。近代市場経済の中心的存在である‘bank’の性質やその役割を中国に紹介した点において，『海国図志』は大きな役割を果たしている。

『海国図志』にみえる‘bank’の訳語は，下記の資料に見えるような「銀局」や，「銀館」であった。

①於是国立銀局，内収税餉，出銀票，以敷所用。[20]

②西洋以商立国，故心計之工，如賈三倍其国所立規制，以利上下者。一曰銀票，二曰銀館，三曰銀挽票，四曰擔保會。[21)]

一方，ヨーロッパにおける銀行の成立について，同書は下記のように紹介している。

荷蘭国銀館始于萬暦三十七年，章程公正各国取信。佛蘭西国銀館嘉慶間因軍餉支用過当所収銀二千萬員，一時倒敗，其後更立章程再開銀館，能収銀九百萬員而止。銀館最大者推英吉利国都。始于康熙三十二年。初止収七百萬員，後至乾隆五十年，増本至萬萬五千萬員，内借支国王四千餘萬員。公信無欺，故各国商旅皆願存銀其中恃以無恐。[22)]

ここでも，ヨーロッパの‘bank’の訳語として「銀館」があてがわれている。通常の「銀号」「銭荘」を用いずに，わざわざ「銀館」「銀局」にしているのは明らかに西洋の‘bank’を意識していたと考えられる。しかし「銀局」「銀館」のような訳語はいずれもその後中国語にも日本語にも定着しなかった。その時点では，広東では「銀行」という語はまだ「銀号」の組合の意にとどまっており，‘bank’の訳語にはなっていなかった。

では「銀行」という言葉がいつから‘bank’の意味をもつようになったのであろうか。この問題をめぐって1840年代から1860年代の資料を探しているうちに，筆者は『遐邇貫珍』という注目すべき雑誌に出会った。

(2) 『遐邇貫珍』にみえる「銀行」

『遐邇貫珍』は1853年8月から1856年5月まで香港の英華書院から発行された雑誌であり，月1回の発行で，全部で34号まで刊行された。2004年に出版された『遐邇貫珍の研究』に付された影印本文を調べてみると，この中に金融機関に言及した記事が4点ある。注目すべきは，この4つの記事の中では金融機関の呼び名がすべて「銀行」となっていることである。

次はその4つの記事とその背景について分析してみたい。

1)福州記事について

1854年，2月号に下記の記事がある。

十一月十三日，福州来信云，數月来，因地方多故，致數家大銀行關閉歇業。而小經紀挑販貧民多受苦累，盗賊紛乗竊發，興花，延平等處，頻遭滋擾。該省制府若非念切痌瘝，刻意整頓，且能辦理勤敏，令在必行者，罔克有濟，蓋氛悪方熾，殊形棘手也。原其起事之由，因各家銀行，倉卒間銀錢支絀，不敷應付，闤市騒然，莠民籍端鼓衆鬨鬧，乗衅搶掠舗戸，波及各富室，署制府王懿徳聞變，派兵捕辦，擒梟爲首六人以徇。事稍定，旋訪得各銀行實有咎失招衅之瑕，提鞫根由，據云銀項現尚足敷支給，惟銅錢缺乏，所以壅閉不通，制府傳諭，本部堂暫借撥欵項，先爲汝等支理清楚，後即宜籌欵歸抵可也……

この記事から見ると，これは翻訳文ではなく，中国国内の出来事に関する報道である。従って，記事の中の「銀行」は‘bank’の訳語ではないことが明らかである。しかし，記事の内容から見ると，ここの「銀行」は中国固有の銀商人，銀商人の組合，或いは「銀号」「銭荘」の組合を指すものではなく，間違いなく個別の金融機関を指している。そうすると，1854年の時点で，「銀行」という語の使い方はすでに今日と同じように個別の金融機関を指すことになっていたことになる。しかしはたして，当時福州ではすでに金融機関のことを「銀行」と呼んでいただろうか，或いはこの記事を編集するとき，編集者が福州の金融機関の呼び名を「銀行」に替えたのだろうか，これを解くために，この記事の背景を考えなければならない。

実は，咸豊3年（1853）に福州で大規模な金融危機があった。上の記事はその金融危機に関する報道である。その時福州の金融機関と質屋が業務停止し，米と物価が高騰したため，暴動が起きた。その暴動の処理に陣頭指揮を取ったのは当時福州の巡撫王懿徳であった。『王懿徳年譜』には，この暴動の処理について下記のような記述が見える。

時省城錢店票存不敷支應，奸民乗機搶掠，獲六人誅之，始定。[23)]

ここで注意すべきは金融機関の呼び名は「銀行」ではなく，「銭店」となっていることである。またこの暴動によって金融機関が受けた被害について，劉存仁の『屺雲楼文鈔』にはより詳細な記述がある。

聞所募郷勇先掠錢舖，其害已見，官為擒治暫止，世事亦殆哉。

錢店停支，典舖止當，哀此嗷鴻，流離失所。（中略）十四日中和，同文同閉。十六日乾豫，謙豊同日又閉，執票者搶掠一空。中丞立拿四錢商下獄，鋃鐺載道，令人心寒。十七日卯刻匪徒無票，搶掠安敦，宝源二舖，官立擒乱民六人処斬，民情粛然。

自五月初三日起，中和滚支，繼而各店紛紛停閉。錢店限支，典舖限當，小民窮蹙，莫知所措，而限當之害為尤急。[24]

以上の資料から，当時福州では金融機関は「銭店」，「銭舗」と呼ばれていたことが分かる。ここの「銭店」も，「銭舗」も「銀号」「銀舗」と同様に金融機関に対する中国固有の呼び名である。そして，『遐邇貫珍』の記事にある「数家大銀行」は劉存仁の記述にみえる中和をはじめ，同文，乾豫，謙豊，安敦，宝源などの金融機関を指しているのも分かる。しかし，同じ金融機関を指すのに，香港発の『遐邇貫珍』が「銀行」を用いるのに対して地方官吏劉存仁の記述では「銭店」と「銭舗」を用いている。この違いは，1854年の時点で福州では，「銀行」が個別の金融機関の呼び名としてまだ使われていなかったことを示している。

2）広東の記事について

1854年，3.4号に下記の記事がある。

奥（粵の誤植——筆者注）省大吏前示諭商民，凡外國各式花雜銀錢，均照花邊常行洋錢一律通用在案。繼因各銀行尚有違梗，提督諄諭，務令遵依，茲税餉各項，倶照常行銀一體徵納，諒能通行無滞矣。

この記事は福州記事と同様に翻訳文ではなく，中国国内の出来事に関する報道である。福州記事と違うのはここの「銀行」は福州の金融機関を指すのではなく，広東の金融機関を指すことである。記事の中の「各銀行」は明らかに個別の金融機関を指している。しかし，広東ではその時点で，前述べたように「銀行」を用いて，広東の金融機関の組合を表現していることはあるが，個別の金融機関が「銀号」「銀舗」以外に，「銀行」と呼ばれた形跡はない。

3)貿易通貨に関する記事

1854年，第11号に「論銀事數條」と題する長文がある。各国と中国間の貿易通貨に銀を用いながらも，外国と中国の銀の間に差額が生じている。中国政府とイギリス政府は外国銀通貨（鷹銀など）と中国の銀通貨（唐銀）を同一価格で売買するようにと度々通達をしたにもかかわらず，中国の銀通貨を敬遠する傾向がある。これに対して，広東在住の商人たちは英国領事官に上書した。

> 昨年外國各商人之在省城貿易者，共議務宜革除銀弊，雖前曾較鷹銀及南亞美利加銀，皆知其高，又蒙英主許同一價，乃今猶參差如故，不得通行。故齊上一書於英國領事官，其書略云，今唐銀之在此港者已稀，而銀行及富戶豪無體恤，不與唐商通用唐銀，惟望大人俯順輿情，務使鷹銀與唐銀一體通行，不然則省城之貿易，自此殆矣。

この記事に出てくる「銀行」は中国の金融機関を指すか，外国の金融機関を指すかやや不明瞭なところがあるが，上書の宛先はイギリスの領事官であることから判断すると，おそらくイギリスの銀行を指しているだろう。つまり‘bank’の訳語である。

4)イギリスの記事について

1855年，第11号に下記の記事がある。

> 英倫銀行，廿二年（道光――筆者注）底通計貯行銀四千三百五十萬零二千四百員。而三年（咸豊――筆者注）底則倍之，直至八千七百五十一萬三千六百員。在該十年内，其老本亦由一萬四千八百二十七萬零二千員，增至二萬一千五百三十四萬七千二百員。民間蓄積銀行，于廿二年（道光――筆者注）得老本銀一萬二千一百五十三萬二千八百一十二員，至三年（咸豊――筆者注）則得一萬六千零一十三萬八千八百四十八員。較前數多三份之一，此亦可見關税平後，民間楽利之處矣。

これはイギリスの出来事に関する「外電記事」の訳文である。この裏付けとして，記事の英文目録に‘Translated from a paper in the “*China Mail*” of October 4th.’という注がついている。残念ながら *China Mail* を見るのは容易ではないため，その原文と照らし合わせることができない。しかしわざわざ「英倫銀行」と「民間蓄積銀行」を区別して書く文面から判断すると，この「英倫銀行」はイギリスの国立銀行，すなわちBank of Englandを指すと推定できる。とすれば，ここの「銀行」は'bank'の訳語に間違いない。

『遐邇貫珍』の4つの記事の分析を終えて，次のことを確認することができる。すなわち，『遐邇貫珍』では，福州と広東の個別の金融機関にしろ，外国の金融機関にしろ，訳語「銀行」で統一しようという傾向がある。これに対して，中国人が書いた文章では依然として中国固有の金融機関のことを「銀号」「銀舗」「銭店」「銭舗」と呼んでいたという事実である。

では，なぜ『遐邇貫珍』の編集者たちは「銀行」を選んで，中国の個別の金融機関を表現したのだろうか。次に，上記4つの記事が書かれた1854年から1855年の間，広東に，外国銀行が存在していたかどうか，そして，その存在が「銀行」という訳語に影響を与えたかどうかについて見てみたい。

外国銀行の香港への上陸は，近代中国の銀行の濫觴であると言われている。阿片戦争後，中国の五つの港が強制的に外国に開放させられ，外国と中国の貿易が次第に盛んになるのにしたがって，外国の銀行が初めて中国に上陸した。1849年の『英漢暦』(*Anglo-Chinese Calendar*, 1849) にOriental Bankの名が記載されているが，その訳注には「銀房」と書いてある[25)]。「銀行」という訳語は見あたらない。諸資料によると，次に中国で設立された銀行はイギリスの渣打銀行 (Chartered Bank of India, Australia and China) である。しかし，その設立年月については，諸資料に相違がある。

①『香港金融』では，「該行為英国皇家憲章特許銀行，總行於一八五三年在倫敦設立，香港分行，則創自一八五九年[26)]。」と記載している。

②『中華銀行史』では，「麥加利銀行爲英人所創設。香港稱渣打銀行。所以名麥加利者，因其上海分行第一任總理為麥加利也。在中國開設六十餘年，爲中國外國銀行中之鼻祖[27)]。」となっている。ここで，渣打銀行の中国での設立年代を明記していないが，この書物が民国8年 (1919) に書かれたことから逆算すると，1850年代の末か1860年代の初期になるだろう。

③『中支那及南支那』では「喳打銀行 (麥加利)，本店倫敦，開業期西暦一八五七[28)]」と書かれている。

また渣打銀行は中国で設立された当時から「銀行」と呼ばれていたのか，或いは「銀行」という名は後に付けられたのかについては諸資料に説明がない。いずれにせよ，中国銀行の嚆矢である渣打銀行の設立は上記『遐邇貫珍』の記事より後になるのは間違いない。

現段階では，『遐邇貫珍』が最も早く広東で「銀号」「銀舗」の組合を意味する「銀行」を用いて，個別の金融機関を表現したと明確には断定することができないが，しかしその可能性はかなり大きい。しかも『遐邇貫珍』が‘bank’の訳語にそれまでの「銀局」「銀館」のかわりに，いちはやく「銀行」を用いている。この2点において，『遐邇貫珍』は漢訳語「銀行」の誕生に大きな役割を果たしていると言える。

(3) 『智環啓蒙塾課初歩』にみえる「銀行」

次に『遐邇貫珍』と同じく香港英華書院の出版物で，1856年に出版された『智環啓蒙塾課初歩』についても見てみよう[29)]。このテキストにも‘bank’の訳語「銀行」が見える。

> 第一百四十九課　通寶論
> Bank-notes are printed strips of paper with promises to pay the sums marked on them.
> 銀行錢票乃紙塊上印以花草字號，並刊明許換銀錢若干。

『智環啓蒙塾課初歩』は英華書院で使われた教科書である。編集者のジェームス・レッグは『遐邇貫珍』の編集者の1人でもあることから，『智環啓蒙塾課初歩』にある訳語「銀行」は『遐邇貫珍』から継承したと考えられる。このように，1854年，1855年そして1856年の英華書院の出版物にみえる「銀行」はいずれも中国と外国の個別の金融機関を指していた。編集者は中国固有の呼び名を使用せず，また‘bank’の訳語もそれまですでに存在していた「銀局」「銀館」をも使用せず，すべての金融機関の呼び名を「銀行」としたことは，英華書院の出版物の中で金融機関の呼び名を統一しようという意図があったかもしれない。

4. 'bank' の訳語になぜ「銀行」が選ばれたのか

では,『遐邇貫珍』の編集者たちはなぜ 'bank' の訳語に「銀行」を選んだだろうか,その発想はどこからきただろうか。これらの問題について以下の2つの推測ができる。

1つは,上記出版物の出版地である広東地方では独特の「銀行会館」が存在していたことに関係がある。「銀行会館」の所在地は「銀号」の多く集まっている広州城外西部にあった。その近くの西南部に,明代で朝貢貿易のために設けられた懐遠駅もあった。清代になっても,その伝統が受け継がれて,その場所はそのまま外国人居留地として使われていた。『遐邇貫珍』の編集者である宣教師たちもきっとその地域に出入りしていたに違いない。'bank' の訳語「銀行」は「銀行会館」からヒントを得たのも不思議ではない。

もう1つは当時広東で行われた国際貿易に関わった「官銀号」と「洋行」からヒントを得たのではないかと考えられる。中国政府は外国商人の税銀を徴収するため,各通商口に「官銀号」を早くから設置した。また外国との条約の中でも税金は「官銀号」に納めることを明記している。広東に在住した宣教師たちも多くは通訳として,外国商社或いは条約締結に関わっていたので,「官銀号」や「銀号」の名に親しんでいたに違いない。そして,当時広東では外国の会社,あるいは外国とかかわりのある会社は「○○行」と呼ばれていたのである。このような背景のもとで,'bank' 或いは 'banking corporation' が「銀行」と訳されたのだと考えられる。

つまり,漢訳語「銀行」の誕生に際して,広東の地域的特徴が大きな要因の1つとなったということである。これは,「銀行」の使い方が『六合叢談』(1857-1858) に継承されなかったことからも説明できる。『六合叢談』は,上記の編集者たちと同じくロンドン伝道会の宣教師によって,上海の墨海書館で出版された雑誌である。その出版年月は『遐邇貫珍』より後にもかかわらず,「銀行」という語は使われることがなかった。むしろ,それまでの慣習を守っている。中国固有の金融機関は「銀舗」,外国の金融機関 'bank' の訳語は「銀局」「銀房」となっている。以下の記事はそれを示している。

①英兌銀國局，時虞匱乏，……蓋自設立銀局以来，幾閲百餘年，取未有若是之迫促者。……（2巻1858年1号，16オ）

②四月十七日，印度人充英駐防歩兵者閪營作亂于米駱，……叛者連日劫民間銀房，盜國庫。……（1巻1857年7号，16オ）

③「物中有銀質説」と題した文章は，海水から銀を抽出する方法を説明する時，「一用火熬水，鹽出水盡，以鍋底鹽與鉛並煮，成雜鉛一塊，承以灰石盆，置火上鎔之，鉛鎔入盆，餘止一小塊，即銀也，此銀舖中日用之法。」（1巻1857年9号，10ウ）と書いてある。

この3つの記事から分かるように，①と②は明らかに外国の記事からの訳文であるため，或いは外国の金融機関，つまり‘bank’に言及しているので，「銀局」「銀房」を使い，③の記事は中国の金融機関を指すので，「銀舖」を使っている。ここでは中国の金融機関と外国の‘bank’を違う語彙によって区別しており，『遐邇貫珍』のように統一しようとする試みが見られない。同じくロンドン伝道会の宣教師による発行物であるが，上海では「銀行」という語が使われなかったのは，上海の外国銀行が香港より設立が遅れたことと，上海には「銀行会館」という名の金融機関の組合がなかったためだと考えられる。

5．‘bank’の訳語「銀行」の日本への伝来ルート

『遐邇貫珍』にみえる「銀行」は日本にも影響を与えたと考えられる。武藤氏は論文の中で教科書『智環啓蒙塾課初歩』が日本にも伝来し，さらに小学校の教科書として日本各地で翻刻されたことについて詳細に触れており，訳語「銀行」をもっとも早く日本にもたらしたのは『智環啓蒙塾課初歩』だとしている。しかし残念ながら，それと同じ出版元の『遐邇貫珍』には触れていない。

したがって，訳語「銀行」の日本に伝わるルートについて再検討する必要がある。日本への伝来ルートは3つあると考えられる。

(1) 『遐邇貫珍』ルート

最近の八耳俊文氏の研究によると,『遐邇貫珍』の刊本と写本が数多く全国の図書館に収蔵されている[30]。この事実は『遐邇貫珍』が当時の日本人に大いに読まれていたことを物語っている。そして,幕末と明治初期の著名人たちも『遐邇貫珍』を読んでいたことが彼らの書物から分かる。

増田渉によると,当時の幕末の三傑と呼ばれた岩瀬肥後守(忠震)と吉田松陰らも『遐邇貫珍』を読んでいたのである[31]。この 2 人はそれぞれ自分の書簡でこの雑誌に言及している。

> 『遐邇貫珍』拙蔵有之候間,若し御一見にも相成候はば,御沙汰次第差上可申候間,御序に御伺置可被下候。(岩瀬肥後守)
> 『遐邇貫珍』難有拝受仕候。(吉田松陰[32])

明治 2 年(1869)の山東一郎編集による「新塾月誌」第 2 号に,下記のような記述がある。

> 災難請合。英語これをインシュレンスといふ。支那語に訳して保険又は担保と称するもの是なり。此請合を別ちて英語フハヤ,ライフ,マリインといふ。則ち火災,生活,海上の三つなり。支那に宅担保,命担保,船担保或いは火燭保険,海上保険と名づく。
> その大略,漢籍には海国図志及び遐邇貫珍,本朝には福沢氏の西洋旅案内に見えたれば,今また贅せず。

ここは保険知識について語っているが,やはり『遐邇貫珍』を参考にしている。

上記の資料から『遐邇貫珍』が当時の日本人にとって西洋知識を得るための重要なルートであったことが分かる。したがって,それを通して,訳語「銀行」を知った可能性も大いにある。

(2) ロブシャイドの『英華字典』ルート

ロブシャイドの『英華字典』は明治維新の 2 年前に中国で出版された大型辞書である。見出し語に対する訳語や解釈が大変充実しているため,日本でも大いに歓迎された。出版直後に日本に輸入され，英和字典の編集に大いに参考された。和訳版と増訂版が出されたのもその証拠である。それは津田仙の『英華和訳字典』(1879年，明治12年）と井上哲次郎の『増訂英華字典』(1883年，明治16年）である。

ロブシャイドの『英華字典』に‘bank’の訳語として「銀行」が収録されているため，この字典を通して「銀行」が日本語の語彙に入った可能性も十分考えられる。ただし，ロブシャイドの『英華字典』の影響を大いに受けたと言われている『附音挿図英和字彙』(1873）には「銀行」という語が収録されておらず，‘bank’の訳語には「為替会社」が当てられている。それは明治２年から３年間も存続していた外国銀行システムを模倣した為替会社の影響だったかも知れない。

⑶　ジェームス・レッグの『智環啓蒙塾課初歩』ルート

すでに述べた通り，ジェームス・レッグの『智環啓蒙塾課初歩』は1856年に香港で出版され，その中に「銀行」という語がすでにみえている。武藤長蔵によると，1860年にすでに『智環啓蒙塾課初歩』20冊が中国から長崎に持ち込まれた。江戸開物社によって日本語に初めて翻刻されたのは慶応２年(1866年）である。そしてこの書物は当時の小学校教科書として日本で幅広く使われていた。1870年から1873年にかけて，沼津学校，鹿児島藩，石川学校などでも使用されたことがある。それらの教科書はすべて,「銀行」という語をそのまま日本語として受け入れている。「銀行」という言葉の日本語における定着と普及に，教科書『智環啓蒙塾課初歩』の果たした役割が大きかったと言える。

しかし，訳語「銀行」が上記のうちどのルートから先に日本に入ったかについては，まだはっきりと断定できない。それよりも，時間的ずれがあるが３つのルートが交錯していたと考えた方が正解かも知れない。そして，欧米に習って明治初期に行われた日本の金融改革の波に乗って,「銀行」という言葉が日本語に定着したものと思われる。

5．むすび

以上，中国の固有語彙「銀行」がいつどのように‘bank’の訳語になったのかについて考察してきた。モリソン字典に西洋の‘bank’に関する情報が収録されていなかったが，冒頭で引用したように中国固有の金融機関「銀舗」を‘banker’に対応し，西洋の‘bank’に結びつけようとしている意図が感じられる。その後，モリソン以後の宣教師による西洋文明普及への努力と外国銀行の中国への進出は，‘bank’の訳語としての「銀行」を中国に定着させたのみならず，中国の金融業界に大きな革命も興した。それは外国の銀行システムを導入した，中国初めての民間銀行と国立銀行の設立である。

1897年に中国人によって設立された民間銀行の第1号が誕生した。盛宣懐が度支部（当時の財務省）から銀百万両を借りて，イギリスの滙豊銀行（Hongkong and Shanghai Banking Corporation）の銀行章程をほぼそのまま踏襲して，上海で中国通商銀行を設立した。そして数年後の1904年，清朝政府が「中國向無銀行，各省富商所設票號錢莊大致雖與銀行相類，特公家未設銀行，相與維繫。則國用盈虚之大局，不足資以補助。現當整齊幣制之際。亟賴設銀行，為推行之樞紐」を理由にし，国立銀行に相当する「戸部銀行」を設立した。これが後に「大清銀行」と改名された。[33)]

訳語「銀行」の誕生に遅れることおよそ40年，実体の銀行がついに中国社会に取り入れられた。訳語「銀行」が実体を運ぶのにそれぐらいの年月がかかった。

第3節 漢訳語の継承と伝播

――『律呂正義』における音楽用語を中心に――

「華英・英華字典」にはカトリック宣教師が翻訳した数学と音楽に関する漢訳語が多く継承されている。この節では「英華・英華字典」に収録される音楽用語が主に依拠している『律呂正義』を中心に検討し，『律呂正義』がいかに継承され伝播されたかについて論じたい。

1．『律呂正義』続編について

『律呂正義』は康熙53年（1714）に康熙帝の勅命を受け，『数理精蘊』，『暦象考成』とともに『律暦淵源』の3部作の1部として編纂され，雍正2年（1724）に公刊された書物である[34)]。『律呂正義』は3編から構成され，上編は「正律審音」，計2巻，下編は「和聲定楽」，計2巻，続編は「協均度曲」，計1巻となっている。上編と下編の内容は中国音楽理論の集大成であるのに対して，続編は明末に中国に滞在していたカトリック教宣教師によって中国に伝わってきた西洋音楽を初めて書物にまとめたものである。その内容は，それまで中国に無かった西洋の音楽理論と五線譜など西洋音楽記号についての論述である。

続編の「総説」には，続編を編纂するいきさつについて次のように述べている[35)]。

> 我朝定鼎以来，四海盡入版圖。遠人慕化而来者漸多。有西洋波爾都哈兒國人徐日昇者精於音樂，其法専以弦音清濁二均遞轉和聲為本。其書之大要有二，一則論管律弦度生聲之由，聲字相合不相合之故。一則定審音合度之規。用剛柔二記以辨陰陽二調之異。用長短遲速等號以節聲字之分。從此法入門實為簡径。後相継又有壹大里呀國人徳禮格者亦精律學，與徐日昇所傳源流無二。以其所講聲律節奏覈之經史所載律呂宮調，實相表裏。故取其條例形號分配於陰陽二均，高低字譜，編集成圖，使談理者有實據而入，用者亦有所持循云。

つまり『律呂正義』続編は当時中国に滞在していたポルトガル人宣教師トメ・ペレイラ（Tome Pereira，1645-1708，徐日昇）が著した西洋音楽に関する書物とイタリア人宣教師テオドリコ・ペドリニ（Teodorico Pedrini，1670-1746，徳礼格）が講じていた西洋音楽理論をもとに編まれたものである。ペレイラとペドリニは共に康熙帝に仕えた宣教師であった。ペレイラが康熙帝に西洋音楽を講義するため，中国語で『律呂纂要』という教科書を書いたが，出版には至らなかった。上記総説の「徐日昇所傳」はこれを指すものである。また総説の，ペドリニの「其所講聲律節奏」とは，彼が宮中で康熙帝の皇子たちに西洋音楽を教えていたことを指している[36]。このように康熙帝の側に侍従していた宣教師たちの音楽の才能がかわれ，彼らの西洋音楽を紹介する著作も国家文化事業の欽定図書として編纂されることになったわけである。また，本来宮廷内で教授された西洋楽理を社会一般に公開したことから，西洋音楽を宮廷に止まらず，一般中国人にも広げようという考えがあったことも推測できる。『律呂正義』続編は初めての漢籍西洋音楽書として，研究者の間でしばしば注目されていたが，作者ペレイラとペドリニに関する研究，康熙帝と西洋音楽，或いはこの書物に書かれた西洋音楽の内容に関する研究が中心であった。その書物にみえる西洋音楽理論を表現する音楽用語はいかなるものであるか，また『律呂正義』続編が刊行後，中国と日本の西洋音楽理論の導入に如何なる影響を与えたかについてはまだ検討されていない。この節では『律呂正義』続編にみえる音楽用語を取り上げ，これらの用語がその後の中国と日本の音楽用語の成立に与えた影響を明らかにしたい。

2．『律呂正義』続編にみえる音楽用語

『律呂正義』続編は18の項目に分けられ，18世紀のヨーロッパにおける最新の西洋楽理の基本を述べている。主に音の高低，長短，音の変化の記述法を論述しているものである。『律呂正義』続編に現れている音楽用語は下記の如く整理することができる。

表11[37] 『律呂正義』にみえる音楽用語

英語	訳語	英語	訳語
harmony	和聲	whole note	全度（中分）
notation	五線界聲　五線四空	half note	半分
scale	聲音之位 烏，勒，鳴，乏，朔，拉	quarter note	小分
music sound	樂音	eighth note	速

sharp	剛號	sixteenth note	最速
flat	柔號	breve	緩
treble clef	上品	long	長
tenor clef	中品	maximum	倍長
bass clef	下品	treble	最高聲
the name of each note	聲字	alto	高聲
whole step	全音	tenor	中聲
half step	半音	bass	下聲
rest	間歇	key note	首音

『律呂正義』続編は上記のように初めて西洋音楽用語と対応する中国語を編み出したのみならず，図と音楽記号もあわせて並べ，西洋音楽理論を解説しようとしている。たとえば，「六字定位（6文字を以て階名を定める）」という項目に西洋音楽の階名を漢字に訳し，図1をあげ五線譜上の各階名の位置を示している。階名の「ut, re, mi, fa, so, la」[38]をそれぞれ漢字「烏，勒，鳴，乏，朔，拉」を以って当てた。

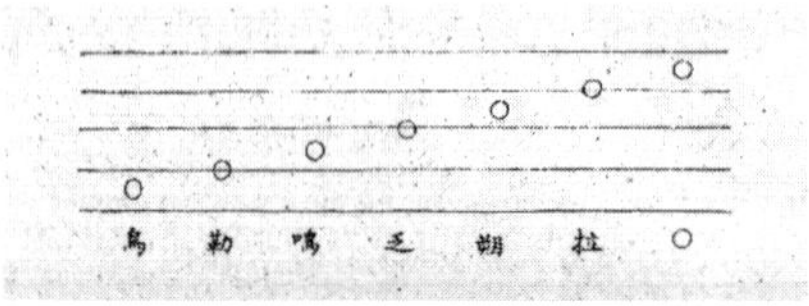

図1　階名図『御制律呂正義続編』より（王雲五主編　四庫全書珍本11集）

また，「八形號紀樂音之度（音の長短を表す八つの記号）」の項目には図2をあげて，音の長短を表す記号とその中国語訳語を附している。実はこのような記譜法は15世紀から17世紀初頭にかけてヨーロッパで多く使

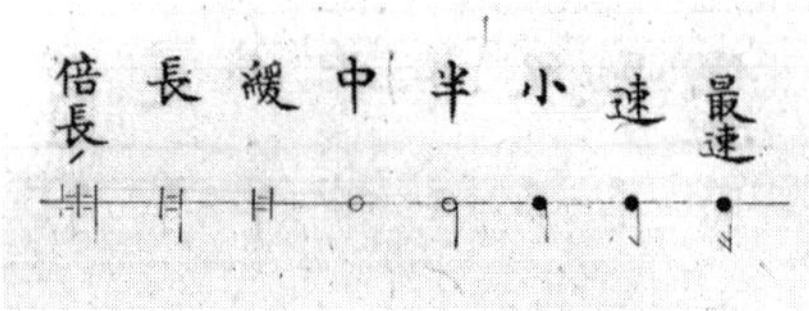

図2　楽譜図『御制律呂正義続編』より（王雲五主編　四庫全書珍本11集）

用されている白譜定量記譜法（white mensural notation）と類似している[39]。つまり，『律呂正義』に当時西洋における最新の音楽楽理が反映されていることがわかる。

ペレイラとペドリニが伝えようとした西洋音楽楽理は康熙帝の欽定書物に収録されたとはいえ，また朝廷もこの楽理を社会に広めようという意図があるかも知れないが，結局，中国社会全体に浸透する環境がまだ整っていなかったため，出版後の長い間この書物に言及した中国人の著書は皆無であった。試みに『律呂正義』の後に出版された音楽関係書をいくつか調べた。

毛奇齢著『皇言定声録』8巻 （1781）
江永著 『律呂新論』 （1781）
江永著 『律呂闡微』10巻 （1781）
畢華珍著『律呂元音』 （1848）

上記の4冊の書物の内，上位の3冊が乾隆帝の時代に国家事業として編纂された『四庫全書』に収録されている。その内容はすべて中国の伝統的な音楽理論を述べるものである。そして，『律呂元音』は一知識人の著書である。同書は『律呂正義』に言及こそしているが，やはり上編と下編に止まり，西洋音楽の内容が含まれている続編には触れていない。

このように康熙帝が『律呂正義』続編を出版し，西洋音楽理論を「編集成圖，使談理者有實據而入，用者亦有所持循云」という目的は達成できなかったようにみえる。しかしその書物の存在は決して忘れられてはいない。次節に述べるように，18世紀当時，唯一の西洋音楽楽理を紹介する漢訳書に注目したのはやはり同じく宣教師である。彼らの努力によってその内容と音楽用語は少しずつ継承されている。

3．中国における『律呂正義』続編の継承

18-19世紀において，西洋の楽器演奏はすでに宣教師たちによって，中国で行われていた。しかしそれを耳にした中国人が限られている上，みずから西洋音楽を学習しようとする人間も一部の宮廷貴族しかいなかった。その時代に『律呂正義』続編の内容を受け継ごうとするのはむしろこの書物の作者と

同じく中国にやって来た宣教師たちである。彼らにとって宣教活動の一環として西洋音楽が欠かせないからである。

(1) モリソンの英華字典と『律呂正義』続編

『律呂正義』続編に注目し，いち早く自分の書物に引用したのは，モリソンである。英華字典に『律呂正義』続編からの引用が数箇所みえる。

まず，見出し語 Music に，モリソンは次のように『律呂正義』続編を引いている。

> In the 律呂正義 the European Ut, re, mi, fa, sol, la, are made by 烏勒鳴乏朔拉。The four parts of European music are called 最高聲; or treble; 高聲 , or alto; 中聲 , or tenor; 下聲 or bass.

モリソンは『律呂正義』からの引用に止まらず，さらに図 3 のような西洋の階名と中国の工尺を比較する図も載せ，中国と西洋の音律比較の一端を示している。この比較図の由来について，モリソンは次のような説明を加えている。

図 3　階名比較図 *English and Chinese* より
（張西平等編 『馬禮遜文集』第 6 巻）

> Chinese Gamut
> Or two sets of Characters corresponding to the European Gamut for the flute; drawn out by I.H. Bletterman, Esq. of the Dutch Factory, in China, A.D. 1815

つまり，当時広東のオランダ商館に在住していたオランダ人 Bletterman 氏が書いた比較図を借用していたのである。

また，見出し語 ‘Notation’ に，『律呂正義』の書名こそ出していないが，やはり，この書物からの引用がみえる。

The European notation is called, 八形號紀樂音 eight signs to note musical sounds.

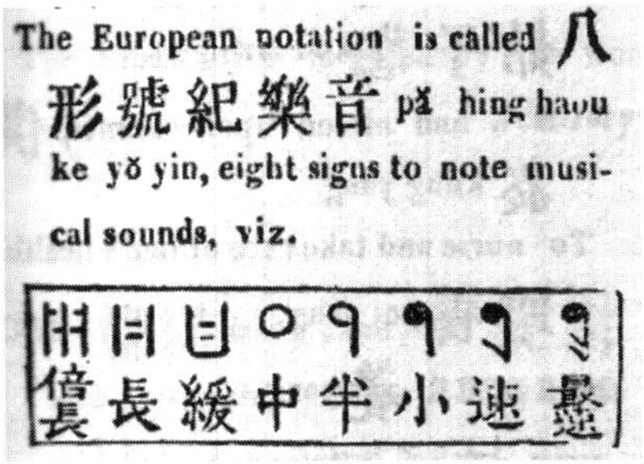

図4　楽譜図　*English and Chinese* より
（張西平等編 『馬禮遜文集』第6巻）

ここでは，モリソンは今日「楽譜」と訳されている‘notation’の解釈に『律呂正義』から「八形號紀樂音」，つまり「音を表す八つの記号」という意味の短文を借用し，その訳語の補充資料として，前述した『律呂正義』にある図2と同じものを附している（図4を参照)。今日の視点から考えると，‘notation’の解釈にこの図面と文言は必ずしも正確とは言い難い部分があるが，しかし，モリソンの引用によって，70数年も前に書かれた西洋音楽楽理が確実に継承されていることがうかがえる。ただ，モリソンの英華字典に『律呂正義』続編から継承したものはわずかであり，西洋音楽に関する知識の紹介も限られている。しかしこの英華字典が最初の英華字典として当時の中国，ヨーロッパ，及び日本に流通されていたことによって，『律呂正義』続編及びそこで言及されている西洋音楽用語が中国及び日本で知られるようになったことは注目されたい。

⑵ 『西国楽法啓蒙』と『律呂正義』

アヘン戦争（1840-1842）以降，中国の五つの港は外国人に開放されたため，それまで中国の内陸で公に宣教活動が出来なかった宣教師たちはこれを機にいっそう宣教と出版活動に力を注いだ。同治11年（1872）に上海にある上海美華印書館から『西国楽法啓蒙』[40]という西洋楽理を教える書物が刊行された。その著者は「耶蘇聖会女教友狄就烈」である。狄就烈（J.B. Mateer）は宣教の一環として聖歌を中国人に教える時に西洋楽理に関する適切な啓蒙書がないと感じ，この書を書き下ろしたと「序」に本書の成立について述べている。その「序」の中に，『律呂正義』の存在についての言及もみえる。

從前多年，有天主教的西國人，將西國樂法，大小規矩講明，成一部書，叫律呂正義，都釘在律歷淵源裏頭。只是這部書，如今難得，而且說的也太煩多，並不是預備平常人學唱，乃是預備好學好問的先生，互為証驗。再說作成這部書以後，又有後人創造的許多新法，添補於樂法之中，因此這部書，如今就算是舊的，其中多半，是些不合時的老套子。[41]

ここでは，『律呂正義』続編は西洋の楽理を詳しく解説している書物であると評価すると同時に，その欠点は書き方が専門的過ぎて，専門家のために書かれた本である，また内容も古く，現在容易に手に入らないとも述べている。これも著者が『西国楽法啓蒙』を書くことになる理由の 1 つと考えられる。また上記の文面から，この書を執筆するにあたり，著者は『律呂正義』続編を研究したのみならず，その後の西洋音楽事情も調査し，『律呂正義』続編の内容はすでに時代に合わないと結論づけている。

『西国楽法啓蒙』の文体について，「此書用官話，不用文理，是因要使學生，同學問淺薄的教友，便宜用」と「凡例」に示している[42]。この点も『律呂正義』続編を研究し，その教訓を汲んだ結果ではないと考えられる。『律呂正義』続編が一部の知識人を対象に書かれ，あまり社会に広まらなかったのに対して，『西国楽法啓蒙』は一般向けに平易な「官話」で書かれ，大衆に広げようとしているからである。またこの書物に使用する訳語についても，「凡例」に詳細な説明がある[43]。

書中有一些新定的名目，這原是免不了的，因爲講明外國最精的樂法，中國現成的名目，大不穀用的。從前講論西國樂法的人，用名目彼此不相同，比起来甚是雜亂，而且該有的名目，未曾起的，甚多，所以作此書，先把從前各人所用的名目，比較起來，再仔細思量，還有没有更合用的，然後纔定規了，該用的是什麼名目。

この文面から，作者は「名目」，つまり音楽用語を選定するため，先人が作った用語と比較し，慎重に取捨の作業をしていたことを読みとることができる。ここに『律呂正義』の書名こそあげていないが，『律呂正義』続編にある音楽用語も取捨の対象としていたに違いない。『西国楽法啓蒙』は問答形式で書かれた西洋音楽啓蒙書である。著者は一般の信者になるべく簡易な言葉で，音楽楽理を伝えようとしていた。そのため，口語で多くの音楽用語を作ったが，にもかかわらず，それらの新しい用語には『律呂正義』続編の名残が感じられる。ここで，『律呂正義』続編から取り入れられたと思われる用語を検証してみたい。

1)楽音

『律呂正義』続編には五線譜図面とともに，「樂音隔八相生」「樂音長短之度」「樂音間歇度分」というような表現がある。この文面から「楽音」は五線譜上にある個々の音符の音声のこと，つまりミュージック・サウンドを表すことを読み取ることが出来る。

一方『西国楽法啓蒙』にも「楽音」という用語がある。「楽音」に「耳朵愛聴的聲，就是樂音」という定義を与えている。耳に心地よい音声であれば，「楽音」と言える。『西国楽法啓蒙』に使われている「楽音」は『律呂正義』続編と一致し，音楽を構成する音声，つまりミュージック・サウンドの意を指す用語である。

しかし，「楽音」は新造語ではなく，古くから「音楽」とともに漢籍にみえる単語である。たとえば下記のはその1例である。

瑜小精意於樂音，雖三爵之後，其有闕誤，瑜必知之，知之必顧。[44]（『三国志』巻54　呉志・周瑜伝）

不可須臾離樂，須臾離則姦邪之行窮内。故樂音者，君子之所養義也。[45]（『史記』巻24　楽書第2）

しかし漢籍に見える用例の「楽音」は個々のミュージック・サウンドではなく，むしろ「音楽」と同じ意味で，芸術作品としてのミュージック全般を指す言葉である。『律呂正義』続編にも「音楽」が使われているが，明らかに「楽音」と使い分けしている。たとえば，「有西洋波爾都哈兒國人徐日昇者精於音樂」という文では，音楽という芸術領域を指すのに，「音楽」を使う。つまり漢籍では「楽音」も「音楽」もミュージックを指すのに対して，『律呂正義』続編では，「楽音」はミュージック・サウンド，「音楽」はミュージックを指すように使い分けられているのである。

『律呂正義』続編は，西洋音楽を説明するために中国語に固有の単語「楽音」に新たな意味を賦与した。そして『西国楽法啓蒙』がその新しい「楽音」を受け継いだと言える。

2）五線四空

「五線四空」は西洋の五線譜を説明するために，『律呂正義』続編に使われている造語である。その時点では「五線譜」という単語まだ生まれていない。五線四空とは「五線之間四空併五線共九位」或いは「五線四空共九位」であると『律呂正義』続編が説明している。

この造語は『西国楽法啓蒙』にそのまま受け継がれている。『西国楽法啓蒙』には五線譜のことを「樂表」と称し，「樂表是横列的五線和中間的四空，一共九位」と定義付けている。

3）準

この語は本来物事を測るための基準という意味である。音楽のテンポを決める時の単位に「準」を用いるのは『律呂正義』続編が初めてであろう。『律呂正義』続編では音楽のテンポを3種類に分け，それぞれ「全準，大半準，小半準」と名前を付けた。

この「準」も『西国楽法啓蒙』に採用され，少々手を加えて継承されている。『西国楽法啓蒙』には音楽のテンポを3種類ではなく，4種類に分け，「二分準，三分準，四分準，六分準」と名付けした。

4）間歇

『律呂正義』続編には，五線譜上の「休止符」を説明するために，「間歇」を使用している。これに対して，『西国楽法啓蒙』では「歇號」と言う。『西国楽法啓蒙』にみえる「歇號」はかならずしも『律呂正義』続編の影響を受けているとは言い切れないが，レスト（休止符）を表現する中国語は別に「休息，停止」もあるにもかかわらず，「歇號」を選んだのは，やはり『律呂正義』続編の名残を感じさせる。

5）剛字，柔字

『律呂正義』続編では五線譜上の記号「♯（シャープ）」，「♭（フラット）」を説明するに「剛號，柔號」を用いた。それ以前にこのような記号は中国に紹介された痕跡がないので，これらの単語も『律呂正義』続編による新造語だろう。そして『西国楽法啓蒙』には上記の２つの記号を「剛字，柔字」と称する。少し変更を加えているが，明らかに『律呂正義』続編の影響を受けていると考えられる。

6）首音

『律呂正義』続編には「半分易字」と称する項目がある。これは，五線譜上における音調の変更に伴う階名の読み替えについての解説である。ここで，音調を決める最初の階名，つまりキーノートのことを「首音」という用語を用いた。『西国楽法啓蒙』にも同様な用例がみえる。たとえば，「全備級子（全音階）無論那個音，都可以用他當首音」にみえる「首音」はまさしく『律呂正義』から受け継いだ用語と言えよう。

『律呂正義』と『西国楽法啓蒙』の間に150年ほどの隔たりがある。その間西洋における音楽楽理事情はかなり変わっている。『西国楽法啓蒙』に書かれている西洋音楽楽理の内容は『律呂正義』よりかなり具体的であり，その上，日常会話文の「官話」でつづられているため，一般の人々にとっても読みやすい。その『西国楽法啓蒙』の作者は執筆にあたり，先人が作った音楽用語を最大限に利用したことを上記の例から確認することができた。逆に言えば，『律呂正義』続編に築かれた音楽用語は後の西洋音楽の中国での伝播に一役をかったとも言えよう。

4．『律呂正義』続編の日本への影響

次は『律呂正義』続編は日本でいかに読まれ，そしてその音楽用語がいかに継承されたかについて検討したい。

⑴ 『律呂正義』の日本への伝来

『律呂正義』は康熙帝の欽定書物として刊行されたおかげで，その読者は中国人に止まらず，名のある漢籍書として江戸時代に日本にも舶載されたため，日本人もこの書物を目にすることができた。この書物は単独また『律暦淵源』の一部として日本に舶載された記録が多く残されている。大庭脩の『江戸時代における唐船持渡書の研究』の資料編に江戸時代に日本に舶載された漢籍の一部の目録が附されている。これにもとづいて，『律呂正義』が日

本に流入する実情を以下のようにまとめてみた。[46]

宝暦11年（1761）	『御製律暦淵源』	1部12套
宝暦12年（1762）	『律呂正義』	1部12套
寛政8年（1796）	『律呂正義』	1部20套
文化2年（1805）	『律暦淵源』	1部16套
文化2年（1805）	『律暦淵源』	1部12套
文化2年（1805）	『律呂正義』	1部1箱

上記の唐船による書籍の舶載目録は不完全なものだが，それでも『律呂正義』が多く輸入されたことが確認できる。散佚した記録，密輸入，個人輸入などの点を考慮すると，それ以上の数の『律呂正義』が日本に入っていることが想像できる。したがって，すぐ次に取り上げる宇田川榕菴の例にもあるように，江戸時代の識者の間に確実に『律呂正義』が読まれていたと思われる。またモリソンの英華字典を通して，音楽用語を学習した日本人もいた。

(2) 宇田川榕菴が記録した音楽用語

日本人が西洋音楽に初めて触れたのは1549年のフランシスコ・ザビエルの来日以降であると言われている。[47] キリスト教の布教の一環として，宣教師たちは日本の各地に設立した宗教教育機関であるセミナリヨで日本人の信者たちに聖歌と洋楽器の演奏を教えていた。またかの有名な天正少年遣欧使節は8年間ヨーロッパを歴遊し，多くの西洋音楽と楽器を学び，帰国後その成果は豊臣秀吉の前で披露された。宣教師の記録によると，豊臣秀吉は初めて耳にした西洋音楽に関心を示したという。[48] しかし，当時これらの西洋音楽に関する活動についての日本語による記録は皆無であるため，当然日本語による西洋音楽を表現する用語もなかったわけである。

日本人が西洋音楽に興味を示し，研究し始めたのは幕末にオランダ語資料を通して，つまり蘭学が始まってからではないかと思われる。彼らがその時に参考資料として読んでいたのは中国からもたらされた漢籍書と宣教師による漢訳書である。西洋近代科学や，植物学を研究し，それらを日本に導入したことで有名な蘭学者宇田川榕菴（1798-1846）もその中の1人である。塚原康子によると，榕菴は西洋科学のみならず，西洋音楽にも多大な関心を寄せ，晩年に（1844年以降）多くの西洋音楽に関する訳稿を書き残した[49]。その翻訳には主に当時の蘭学者たちがよく利用していたオランダ語の百科事典が利用され，そして参考書として蘭仏字書及び「華英・英華字典」も利用されていたという[50]。しかし榕菴が参考にした書物はそれだけではないようだ。中国から輸入された漢籍書も多く参考にしたことが彼の訳稿からうかがえる。

榕菴の訳稿の特徴として，オランダ語の対訳として主に音訳法が使われている。その方法には，漢字当て字音訳と片仮名音訳との２種類がある。音訳のほかに，漢字による意訳も一部含まれている。その漢字による意訳はもちろん榕菴の造語が多いが，漢籍書を参考にし，そこから受け継いだものもある。筆者は早稲田大学図書館が公開している電子版資料及び『十九世紀の日本における西洋音楽の受容[51]』と『近代日本洋楽史序説[52]』両書に収録された榕菴の訳稿資料を精査してみると，榕菴が音楽用語を翻訳する際，モリソンの「華英・英華字典」の他，『律呂正義』等の中国から舶載された漢籍書も多く参照していることが分かる。榕菴の訳稿にみえる「華英・英華字典」『律呂正義』およびその他の漢籍書から受け継いだと思われる音楽用語のみを取り出し，下記のように示す。

①『大西楽律考』

（早稲田大学図書館所蔵）

オランダ語	訳語
ハーフトーン	半音
ヘーレトーン	全音

英語

Chinese gamut

Or two sets of Characters corresponding to the European gamut for the flute; drawn

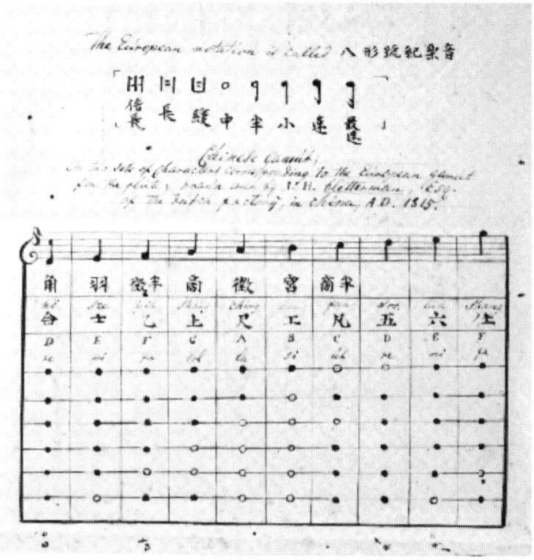

図5　音階比較図『大西楽律考』より
（早稲田大学図書館所蔵）

out by I.H. Bletterman, Esq. of the Dutch factory, in China, A.D. 1815

②『〈和蘭邦訳〉洋楽入門』（津山洋学資料館所蔵）

オランダ語	訳語
ミュシカーレ　ケロイデン	楽音
シカルプ	剛
フラット	柔

③『和蘭志略』巻五，巻十三（武田科学振興財団杏雨書屋所蔵）

オランダ語	訳語
ハーフトーン	半音
ヘーレトーン	全音
ウト・レ・ミ・ファ・ソル・ラ・シ	烏・勒・鳴・乏・朔・拉
∣:∣:∣ ∣ ∣=∣ ∣=∣ 𝅜 𝅗𝅥 ♩ ♪ 𝅘𝅥𝅯	倍長　長　緩　中　半　小速　最速

④『榕菴先生遺書　蘭日語彙』（早稲田大学図書館所蔵）

オランダ語	訳語
alto	中声
called	最高声
tenor	下声
treble	高声

⑤『中西雑字簿』（早稲田大学図書館所蔵）

オランダ語	訳語
alto	中声
tenor	下声
ut, re, mi, fa, sol, la	烏・勒・鳴・乏・朔・拉

⑥『博物語彙』（早稲田大学図書館所蔵）

オランダ語	訳語
alto	中声
tenor	下声
treble	高声

上に示した単語を表11と照らし合わしてみると，すべて一致していること

が分かる。では，このような単語は榕菴がどんな本を参照して，訳したであろうか。モリソンの「華英・英華字典」が参考書として使われていたことはすでに前述したので,「華英・英華字典」から訳語を援用したことは確かである。また訳語以外,『大西楽律考』に示されているように，榕菴は図3で示した *English and Chinese* にみえる階名比較図とその出典の説明もそのまま引いていることが分かる（図5を参照）。ちなみに，この階名比較図は『和蘭志略』巻5にも附されている。しかし「楽音，剛，柔，全音，半音」など「英華・華英字典」に収録されていない訳語もある。「楽音，全音，半音」について，偶然の一致と言えるかもしれないが,「剛，柔」は『律呂正義』続編では音楽記号「♭」「♯」のために作った新造語であり，他の書物に引用されている形跡もないため，榕菴は直接『律呂正義』を読んでいたのではないかと推測できる。それにとどまらず,「西琴，風琴，洋琴，番琴」などの用語も上記の訳稿に含まれている。「風琴」に関しては *English and Chinese* の見出し字‘Violin’の訳語として「風琴，小風琴」と収録されているが，その他の用語は見あたらない。

そもそもこのような西洋の楽器を表す訳語は明末清初の中国に滞在していた宣教師，あるいは中国文人の書物にすでに現れていた。たとえば，マッテオ・リッチが宮中の楽師のために，西洋の楽曲に中国語歌詞をつけ,『西琴曲意』という小冊子を作った。この小冊子は『畸人十篇』に附され,『天学初函』の1編として明末に刊行された。『天学初函』は江戸時代の禁書と指定されたが，密かに日本に持ち込まれていたことは事実である。また中国文人たちが福建，広東，マカオなどの教会を見学し，詩や，文章の中に,「西琴，風琴，洋琴，番琴」などの用語を用いて，教会にある西洋楽器を表現した。屈大均（1630-1696）の『広東新語』，張汝霖の『澳門記略』（1751）などの書物にこれらの用語が用いられている。榕菴はこれら漢籍書も参照したのではないかと考えられる。

上にあげた榕菴の訳稿にみえる音楽用語から，彼の時代では西洋音楽知識に関する参考書が少なかったとはいえ，榕菴は手に入るあらゆる資料を最大限に利用しようとした跡を読み取ることが出来る。

しかしこれらの訳稿は日本における初期の西洋音楽知識に関する資料であ

るにもかかわらず，ほとんど未刊行である。そのため，せっかく彼が作った音楽用語は後世への影響があまり大きくないと言わざるを得ない。とはいえ，彼が西洋音楽知識を得るために，中国から舶載されたモリソンの「華英・英華字典」『律呂正義』などの漢訳書を利用したのは確かである。少なくとも榕菴の訳稿から，これらの書物は日本の洋学者たちが西洋知識を学習する際に参考書の1つとして活用されていたことがうかがえる。

(3) その他の洋学者が参考にした漢籍書について

江戸後期になると，外国見聞録や，外国語字書類にもしばしば西洋音楽を表す用語が出てくる。その多くは日本人がみずから訳したものであるが，上記の榕菴の翻訳法と同様に，すでに漢籍書或いは漢訳書に存在している用語をそのまま借用したと思われる箇所もある。

たとえば，寛政6年（1794）に桂川甫周（1751-1809）がまとめた『北槎聞略』巻之9「楽器」に，ロシアで見た楽器を詳細に記述している箇所がある。その際，甫周は「按るに，西方要記に，楽器雖多，西琴編簫，一種為佳」云々と書いている。ここに，甫周が引用した『西方要記』はまさしく1669年中国に滞在していたイエズス会の宣教師 L. Buglio（1606-1682，利類思）の手による漢訳書である。

その他『環海異聞』（1807）に「西琴」，『英和対訳袖珍辞書』（1862）に「風琴」のような訳語が見られる。すでに前述した通り，「西琴，風琴」などの表現は，明末清初の宣教師或いは中国文人の書物にすでに現れている。江戸時代の洋学者たちは中国から舶載された漢籍書を通して，これらの訳語を知っていたことを容易に想像することができる。

いまあげた数冊の書物と字書に『律呂正義』との直接的な結び付きはまだ発見できていないが，当時の洋学者たちはよく漢籍書を読んでいたことから，また『律呂正義』も確実に日本に舶載されたことから推察すると，『律呂正義』は榕菴のみならず，江戸後期の他の洋学者にも参考にされたと考えられる。その傍証として幕末明治初期に日本で活躍した洋学者中村敬宇（1832-1891）の蔵書目録『敬宇蔵書目録』に記録されている漢訳西書及び漢籍書をあげることができる。中村敬宇の蔵書には『職方外記』『律呂正義』『西国楽法啓蒙』など西洋音楽を紹介する書物まで当時入手できるあらゆる西洋知識に関する書物が所蔵されている[53)]。また，『敬宇文集』には「穆理宋韻府鈔叙」という短文があるから，敬宇が「華英・英華字典」も読んでいたことがわかる。これについて第4章第5節で詳しく述べる。

(4) 明治初期の音楽訳語について

時代が明治に入ると，西洋音楽を学習する機運が一気に高まった。1878年日本政府が音楽取調掛を創設し，外国人の音楽教師を雇い，本格的な西洋音楽教育に取りくんだ。同取調掛は，瀧村小太郎[54)]という人物から日本語に訳された西洋音楽理論に関する書物を買い上げるなどをし，小太郎の翻訳をベースに，西洋音楽に関する用語の制定や整理をはかった。

一方，小太郎は中村敬宇から『西国楽法啓蒙』を借りて，『西国楽法啓蒙抄訳[55)]』(明治13年)，『西洋音楽小解』(明治13年) などの西洋音楽関連の書物を書き下ろした。これらの書物から，小太郎は直接『律呂正義』を参照した痕跡が見つからないが，『西国楽法啓蒙』を通して「楽音」，「五線四空」などわずかながら，『律呂正義』続編に見える用語を継承していることは確認できる[56)]。

4．結論

近代に入ると，日本は積極的に西洋音楽を導入しようと動き始めた。それに伴い，多くの音楽用語が新たに訳され，そしてそれらが，日本語，また後に中国語に定着していく[57)]。『律呂正義』続編にある音楽用語は「半音，全音」以外，ほとんど淘汰されたが，その存在の意義は決して忘れることができない。今日の視点からみると，『律呂正義』に述べている西洋音楽楽理が古く，それを説明するために作られた音楽用語も正確さに欠けているかもしれないが，18世紀の中国と日本において西洋音楽知識が皆無の状況の中で，かなり画期的な存在だったと思われる。本節ですでに検証したように，少なくとも『律呂正義』が刊行されてから1世紀半の間に日本と中国の書物に影響を与えたことはまぎれもない事実である。

中国においては，モリソンを始めとした宣教師たちの字典，書籍に引用或いは参考されたことによって，『律呂正義』続編にある西洋音楽知識と音楽用語が確実に継承され，そして発展されていった。日本においては，本格的な西洋音楽の導入は明治に入ってからになるが，江戸時代にはすでに西洋音楽に対する研究が始まっていたことは上記の榕菴とその他の洋学者の書物を見ればわかる。かれらの研究に「華英・英華字典」『律呂正義』のような漢籍書の存在が重要だったことも指摘しておきたい。

つまり「華英・英華字典」『律呂正義』続編に訳されている音楽用語は，日本と中国における洋楽事始めの起点であり，また，洋楽が海を渡り，日本と中国に伝わり，そして今日の水準まで発展した長い道のりにかかせない最初の架け橋でもあったのだ。

第4節　モリソンが訳した文法用語の日本語への影響
――『英国文語凡例伝』を中心に――

イギリスロンドン大学アジア・アフリカ学院（SOAS）の図書館に『英国文語凡例伝』が所蔵されている。この本の扉葉に‘A Grammar of the English Language, for the use of the Anglo-Chinese College, By R. Morrison, D. D., Macao, 1823’と書かれている。これはモリソンが1823年にマラッカにある英華書院のために書いた教科書である。彼は‘A Grammar of the English Language’を「英国文語凡例伝」と訳し書名としたが，本文の中では「英吉利文話之凡例」ともう1つの訳をあてている（図1，2を参照)。この書物は中国語で書かれた最初の英文法書である。この本の中で初めて英語の10品詞分類法[58]を紹介し，英語の文法用語を中国語に訳そうと試みている。これらの翻訳の多くは注釈性の強いものであり，単語としてまだ成立していなかったが，これらの翻訳は後の文法用語の形成と定着の礎を作った[59]。

この書物の出版部数と英華書院での使用状況について，現段階ではまだ十分な資料が見つかっていない。しかし1823年に英華書院の在学生は15名，1824年には24名という記録がある[60]。この数字から，この本の出版量が限られていることが推測できる。

それが原因で，モリソンの他の著作と比べると，この本はあまり注目されていなかった。また日本の図書館にこの本の抄本2冊が存在していることも

図 1 『英国文語凡例伝』扉葉

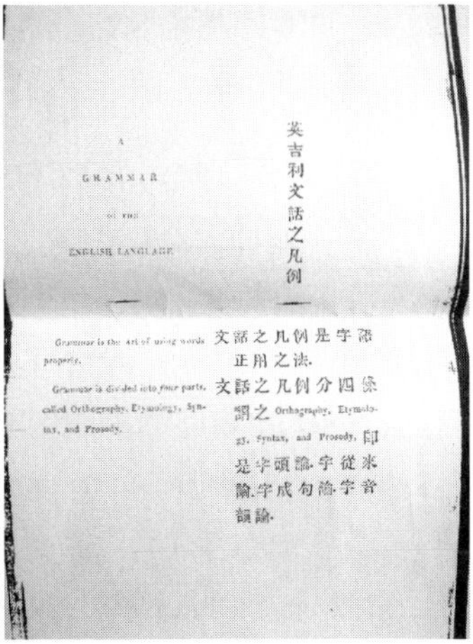

図 2 『英国文語凡例伝』本文

（ロンドン大学 SOAS 校図書館所蔵）

ほとんど知られていなかった。ただ抄本の書名は『英国文語凡例伝』ではなく，『英吉利文話之凡例』となっている。現在日本の図書館に所蔵されている抄本は『英国文語凡例伝』の完全な写本ではなく，その一部しかない。この抄本について最初に論文を書いたのは杉本つとむである。しかし同氏は論文を書く時にモリソンの『英国文語凡例伝』の存在を知らなかったため，抄本に関する研究及び推論におのずと限界があった。[61)]

近年，抄本の原書はモリソンの『英国文語凡例伝』であると突き止めた新しい論文が出たが，この書物に翻訳されている文法用語に関する研究はあまり展開されていない。[62)] 本節ではこの書物はいつどのように日本に伝来したか，また書物にある文法用語が日本の初期文法用語にいかに影響を与えたかについて検討したい。

1．『英国文語凡例伝』の概要

先ずこの教科書は中国語と英語の対訳本である。モリソンはこの教科書の中で「字頭論」(Orthography)，「字従来論」(Etymology)，「字成句論」(Syntax)「字音韻論」(Prosody) と 4 つのタイトルをつけて英文法を説明している。全書計97頁で，「字頭論」の部分は54頁あり，本の半分以上の頁数を占めている。具体的な内容については本書に書かれた見出しを通してその一端を見ることができる。

①ORTHOGRAPHY, OR CONCERNING LETTERS, 字頭論

英國字頭有二十六字

THE LETTERS OF THE ENGLISH ALPHABET ARE TWENTY-SIX

相連一個 CONSONANT 同一個 VOWEL 爲得其正音之法表

A TABLE SHEWING HOW TO CONNECT A CONSONANT WITH A VOWEL, IN ORDER TO OBTAIN THE CORRECT SOUND

二個字頭相連成語之表

EXAMPLES OF TWO LETTERS FORMING A WORD

三個字頭相連成語

THREE LETTERS JOINED, FORMING WORDS

兩三個字頭成句之語

INTELLIGIBLE EXPRESSIONS CONSISTING OF WORDS OF TWO OR THREE LETTERS

四個字頭相連成口氣一發之意

WORDS OF FOUR LETTERS AND ONE SYLLABLE

常用雜字

MISCELLANEOUS WORDS IN CONSTANT USE

成句之語

SENTENCES

字載之有一個兩個多之 SYLLABLE 不等

WORDS OF ONE TOW OR MORE SYLLABLES

SENTENCES

②ETYMOLOGY　　字從來論

OF NOUNS　　論人物名目

OF GENDER　　論名目之公母

OF CASES　　論

DECLENSION OF PRONOUNS

論 NUMBERS, GENDER, AND CASE 成語課

論 ADJECTIVES

論生字卽VERBS

論其 ADVERBS

OF THE CONJUNCTIONS

OF PREPOSITIONS

OF INTERJECTIONS

③OF SYNTAX

OF PRONUNCIATION 論圈斷等事

④PROSODY　論字詩之正音

タイトルからも分かるように,「字頭論」は英文字綴り数の順で配列されている英単語と短文の語彙表である。残りの3つの部分において,モリソンが英語の品詞分類と時態などの英文法を紹介している。英文法用語を中国語に訳したのはこれがはじめてである。

表12『英国文語凡例伝』にみえる文法用語

英語	『英国文語凡例伝』の訳文	現代中国語
Noun	1　死字 2　凡有人,物,地,所在,事之名目	名詞
Article	A, an, the	冠詞
Pronoun	代一個 noun 而用之字	代詞
Adjective	言其 noun 之好,臭,大,小等意	形容詞
Verb	1　生字　活字 2　言人物或在,或是,或作,或被外物使	動詞
Participle	是從那 verb 來的而略帶 adjective 之意	分詞
Adverb	其 verb 有一類字添在其旁爲注其 verb 如何	副詞

preposition	助語字，附着 noun 與 pronoun，爲連着句用	介詞
conjunction	連着句用	連詞
interjection	忽然嘆美言奇等字	感嘆詞

表12にはモリソンの品詞分類に関する翻訳のみをあげているが，その他名詞の性，格，動詞の時態，形容詞の比較形などの文法用語に関しても詳細な翻訳がある。残念ながら，この中国語で書かれている最初の英文法書は英華書院の中国人学生に利用されたほか，それ以外の中国人に読まれた形跡はない。しかしこの本が日本に伝来すると，たちまち洋学に関心を持つ当時の日本人に注目された。これは当時の日本のおかれた国際環境と幕末政府が取った対外政策とに関連があると思われる。

2．日本に伝わった『英国文語凡例伝』

(1) 19世紀初葉における日本の洋学環境

周知のように，日本は1630年代に鎖国政策を取り，オランダ以外の西洋の国々との貿易や往来を禁止した。この状況は1853年にペリー艦隊が来日するまで続いていた。鎖国中の日本では，西洋の情報を得るルートはオランダ商館に限られていた。また，一部の通事や洋学者が学習する外国語もオランダ語だった。

1808年にイギリスの軍艦フェートン（Phaeton）号が長崎港に闖入した際，日本人の役人に英語のできる人がいなかったために，対応に狼狽した。この事件をきっかけに，幕府は不測の事態に備えるように長崎のオランダ語通事に英語学習の命令を下した。翌年通事たちがオランダ人を先生として迎え英語学習をスタートし，その成果として1811年に『諳厄利亜語興学小筌』（10巻）が編訳され，幕府に献上された。この書物は単語と短句の英和対訳本であり，字書ではない。1814年同じオランダ通事の手によって最初の英和対訳字典『諳厄利亜語大林』（15巻）が編纂された。注目したいのは日本人がこの2部の書物を編纂する際の媒体はオランダ語だという点である。つまりオランダ語を通して英語学習を行っていたことである。当時の日本ではそれ以外の参考書がなかったのである。したがって,「華英・英華字典」と『英国文語凡例伝』など中国語で書かれた英語に関する書籍の出版は外国語を学習したい当時の日本人にとっては願ってもないことであった。

(2) 抄本『英吉利文話之凡例』について

日本国立国会図書館と早稲田大学にそれぞれ『英吉利文話之凡例』と題する抄本が所蔵されている。その内容は次の通りである。

1)国立国会図書館蔵本

国立国会図書館に『英吉利文話之凡例』の抄本が2冊ある。もとの所有者は近代植物学者伊藤圭介(1803-1901)であった。第1冊の最後の頁に伊藤圭介とその子息伊藤篤太郎の付記があり,裏表紙に「吉雄權之助手寫英吉利文話之凡例」と書かれている。これによって,抄本の写し手は吉雄権之助と分かる(図3,4,5,6を参照)。

この2冊の抄本をモリソンの原本と比べてみると,いくつかの違いが指摘できる。

①原本の扉葉のタイトルを写していない。抄本は原本の3頁目から写している。したがって,抄本の書名は『英国文語凡例伝』ではなく,『英吉利文話之凡例』となっている。

②原本にある英文字の筆記体のサンプル部分が省略されている。

③原文にある「相連一個CONSONANT同一個VOWEL為得其正音之法表A TABLE SHEWING HOW TO CONNECT A CONSONANT WITH A VOWEL,IN ORDER TO OBTAIN THE CORRECT SOUND」の部分が省略されている。

④「ETYMOLOGY字従来論」「PROSODY論字詩之正音」「OF SYNTAX」の部分が写されていない。

⑤英語文の下にオランダ語の訳文が付されている。

つまり,現在国立図書館に所蔵している抄本は『英国文語凡例伝』の一部にとどまっている。現存の抄本は語彙表の部分であり,原本にある英文法についての部分がない。

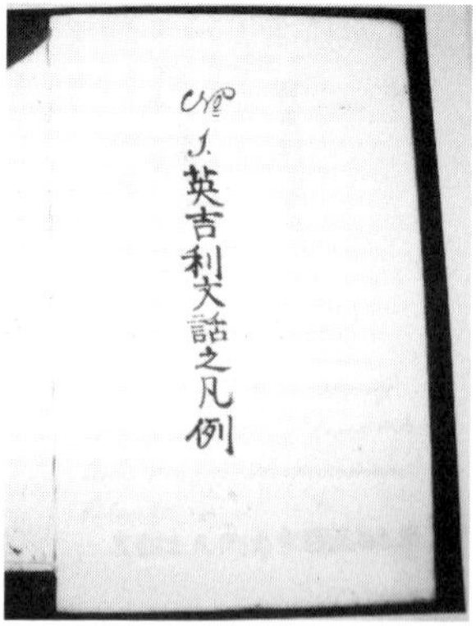

図３　扉葉

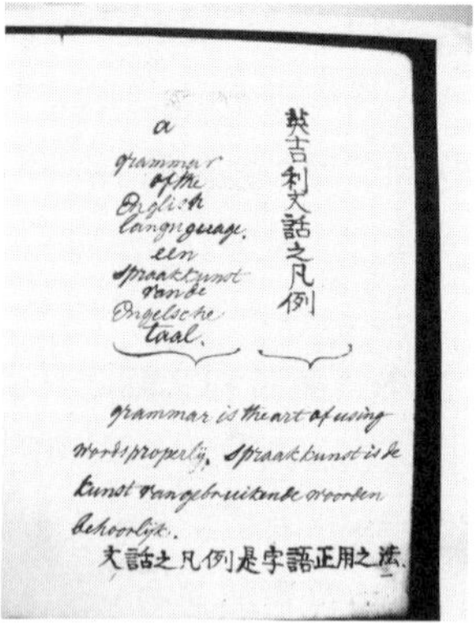

図４　本文

（国立国会図書館所蔵）

では抄本の文法部分は散佚したのであろうか。伊藤圭介は付記の中にこのように書いている。「此英吉利文話ノ凡例二冊ハ長崎の和蘭大通詞吉雄権之助如瀚翁ノ自筆ニシテ，ソノ譯ノ蘭語ハ亦翁の譯シテ附シタルモノナリ」。これによれば，伊藤圭介が所有している抄本は２冊だけで，最初から文法部分の抄本を吉雄権之助からもらっていなかったのである。

抄本を写した時期は，伊藤篤太郎の付記から推測することができる。彼は付記の中で，伊藤圭介は1827年から1828年の春まで長崎の吉雄権之助の自宅に滞在し，この抄本は伊藤圭介が長崎から離れる時に吉雄権之助からもらったと記している[63]。したがって，遅くともこの抄本は1828年の春以前にはすでに完成していたことになる。

2）早稲田大学図書館の蔵書

早稲田大学図書館に所蔵している抄本は１冊である。元の所有者は明治時代の英文学者勝俣銓吉郎（1872-1959）であった。抄本に写し手の名前が記されていないので，写し手と写した時期については判断し難い。しかし，その内容については国立図書館の抄本とまったく一致している。（図７，８を参照）

特に省略した部分もまったく同じという点から考えると，この２つの抄本は何らかの関連があることは確かである。早稲田大学図書館によるとこの抄本は吉雄権之助の抄本を写したものである。抄本の所々に朱入りで抄本の写し間違いを修正した痕跡が残っている。この朱入れが誰の手によるものなの

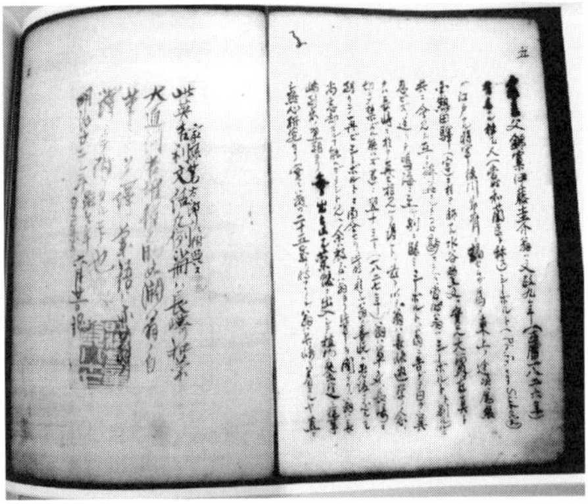

図5 付記

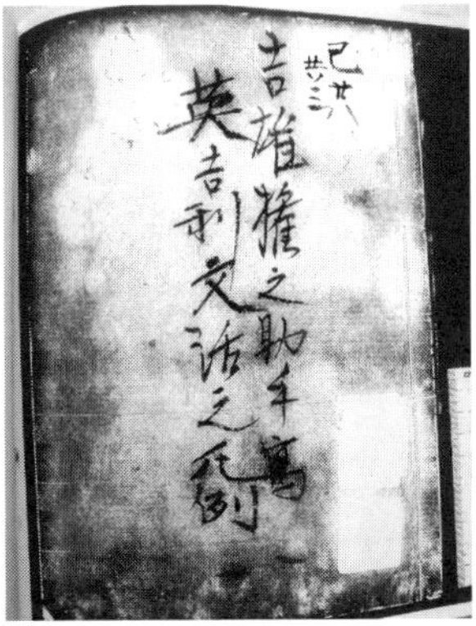

図6 裏表紙

（国立国会図書館所蔵）

かさだかではないが，早稲田大学所蔵の抄本から，次のようなことが分かる。

①『英国文語凡例伝』は日本に伝来した後，長崎のオランダ語通事吉雄権之助がそれを写しただけではなく，抄本の抄本も存在している。

②抄本に朱入りの修正が加えられているから，この抄本が詳細に読まれたことがわかる。『英国文語凡例伝』は当時の洋学者のあいだで注目されていただろうと推測できる。

3)吉雄権之助について

上記抄本からもわかるように，日本で『英国文語凡例伝』を伝播した重要な人物は吉雄権之助である。吉雄権之助について，杉本つとむの研究がかなり詳しい[64)]。吉雄権之助（永保，1785-1831）は19世紀初頭に長崎で活躍した名高いオランダ語通事だけではなく，最初に英語を学習した日本人のひとりでもあった。前述した日本最初の英和学習書の編集にも参加した。彼は当時オランダ人と自由に交流できて，外国の書物をいち早く手に入れることのできた数少ない日本人の1人でもある。では彼が写した『英吉利文話之凡例』の原書はどこから入手したのか。筆者の手元にある2つの資料から推測してみたい。

①モリソンの書簡

1828年11月にモリソンがロンドン伝道会の本部に，次のような書簡を出している。

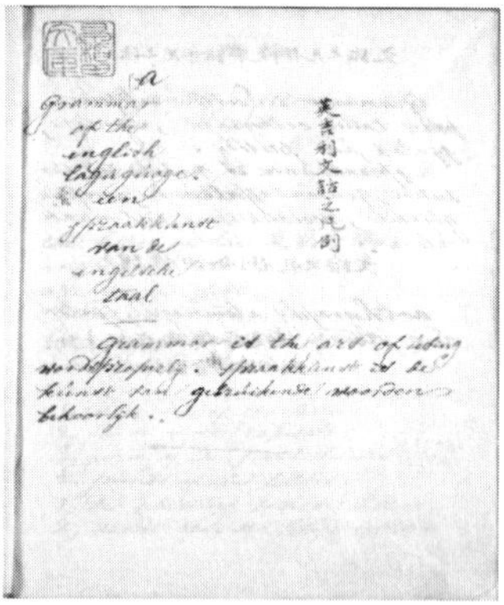

図7　扉葉

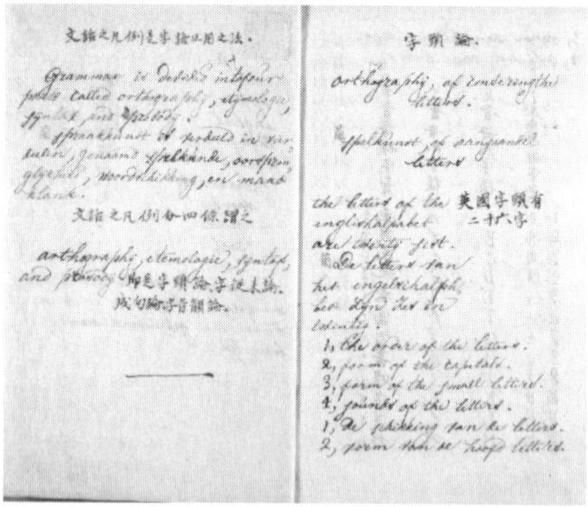

図8　本文

（早稲田大学図書館所蔵）

Nov. 18. I dined today at D–'s, in order to meet a surgeon from Japan, whose name is Burgher, in the service of the Dutch. He told me a piece of news which I can not help communicating to you –it is this. The Japanese translators are rendering Morrison's Dictionary into the Japanese Language! This is a curious and interesting fact; and confirms my doctrine of employing the press in these parts of the world. I hope the Bible will soon reach the Japanese. ……

Nov. 28. Mr. Burgher called and told me a great deal about Japan and the neighbouring islands. ……He says the Japanese write on their fans, at Nagasaki, extracts from Morrison's Dictionary, arranged according to the Alphabet, as an ornament, and present them to each other.

Nov. 29. I have sent to Japan an order for a copy of my Dictionary, to be given to the translator Gonoski Kokizas. Mr. Burgher suggests that I should write a kind letter to him, and he will forward it. I have give Burgher also an order for a copy of the Dictionary, and thirty-two dollar's worth of Chinese books and prints.[65)]

つまり，1828年11月以前にモリソンの「華英・英華字典」はすでに日本に伝来していて，日本で大変歓迎されている。日本人は「華英・英華字典」を日本語に翻訳しようと考えている。これを聞き，モリソンは直ちにGonoski Kokizasという日本人に連絡をとり，日本語に訳された字典を購入しようとしていた。またモリソンは情報の提供者で日本に在住しているビュルゲル（Burgher）に漢籍の書物やプリントを渡していた。

モリソンの書簡に書かれているGonoski Kokizasは吉雄権之助である[66]。吉雄権之助とモリソン字典の関係については『新撰洋学年表』にも記載がある。それによると，1830年幕末政府が中国からモリソン字典を何冊か購入し，吉雄権之助が英語の部分をオランダ語に翻訳したという[67]。またビュルゲルは長崎在住のオランダ人医師で，シーボルト（Philipp Franzvon Siebold，1796-1866）の助手をしていた人物であり，吉雄権之助とも交流があった。モリソンの書簡では直接『英国文語凡例伝』に言及していないが，しかし私たちに重要なヒントを与えてくれた。すなわち，モリソンは1828年以前にすでに直接あるいは間接に長崎で活躍していた蘭通事と交流があったという事実である。吉雄権之助の抄本は1828年の春に完成したと前述したが,『英国文語凡例伝』は1827年以前に直接モリソンから，あるいはビュルゲルを通して日本に伝来した可能性があると言えよう。

②シーボルトの蔵書

『日本洋学編年史』にシーボルトが幕府に寄贈した蔵書リストの一部が載っている。そのリストに『英国文語凡例伝』が含まれている[68]。シーボルトがどのようなルートでこの書物を入手したか定かではないが，この事実から吉雄権之助がシーボルトからこの書物を借りて抄本を作成したという可能性もある。周知の通り，吉雄権之助はシーボルトの日本人助手として彼の鳴滝塾の設立に大いに貢献した人物であり，1827年の江戸参府にも同行したのである。

4）『英国文語凡例伝』の文法部分について

先ほど見たように国立国会図書館に所蔵されている抄本『英吉利文話之凡例』に原書の文法の部分が含まれていない。では吉雄権之助はこの文法部分を写さなかったのだろうか。筆者は吉雄権之助が文法部分を写さない理由がないと考える。なぜならば，当時吉雄権之助は英語を学習しながら字典の編纂事業にも従事していたので，彼にとって英単語と文法知識はともに欠かせないものであったからである。ただ何らかの原因で吉雄権之助は文法部分の抄本を伊藤圭介に渡さなかったと考えられる。

また吉雄権之助が文法部分を写したと推測できるいくつかの痕跡が残っている。当時長崎以外に住んでいる洋学者たちは西洋の書物を入手するために吉雄権之助と交流をした人が多かった。したがって，抄本は伊藤啓介に渡しただけではなく，他の洋学者にも渡した可能性がないとはいえない。現に当時吉雄権之助と密接な関係にあった洋学者の学習ノートには『英国文話凡例伝』の内容がはっきりと残っている。

3．『英国文語凡例伝』にみえる文法用語の日本への影響

⑴ 小関三英の学習ノート

小関三英（1781-1839）は幕末に江戸で活躍していた蘭医であり，吉雄権之助より2歳年下で，積極的に蘭語を学習する人物でもある。早稲田大学図書館に『蘭文筆写本　小関三英筆』と題する学習ノートが所蔵されている。（図9，10を参照）

その中の3頁はオランダ語と日本語対訳の文法用語表である。少し長いが，その全文を次に示す。

①Lid woorden 冠辞

bepalenda lidwoord 指實冠辞モリソンに據ル

onbepalenda lidwoord 不指實冠辞同上

②Zelf standige Naamwoorden 名目辞同上

getallen 二員

enkelvoud 單員

meervoud 疊員

geslachten 三性

mannelijk 陽性

vrouwelijk 陰性

onzijdig 中性

naamvallen 四轉

eerste 第一轉

tweede 第二轉

derde 第三轉

vierde 第四轉

③Bijvoegelijk naamwoord 添名辞

trappen 三等

stellig 平等

vergelijkende 較等

oversreffende 極等

④ Voornaamwoorden 指名辞

Persoonlijk voornaamwoord 稱呼指辞

persoonen 三位

eerste 第一位

(t) weede 第二位

derde 第三位

wederkeerige voornaamwoord 反已指辞

bezittelijk voornaamwoord 連名指辞

vragende voornaamwoord 問指辞

aanwijzende voornaamwoord 示指辞

betrekkelijk voornaamwoord 承接指辞

⑤werkwoorden 動辞

gelijk vloeijeinde 不換音動辞

onrelijk vloeijende 換音動辞

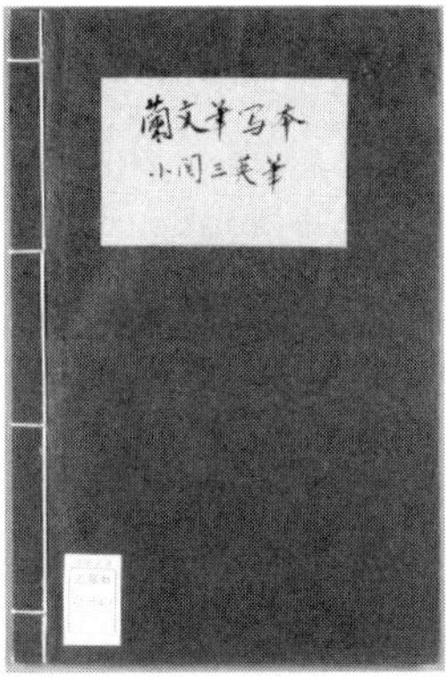

図9 扉葉（早稲田大学図書館所蔵）

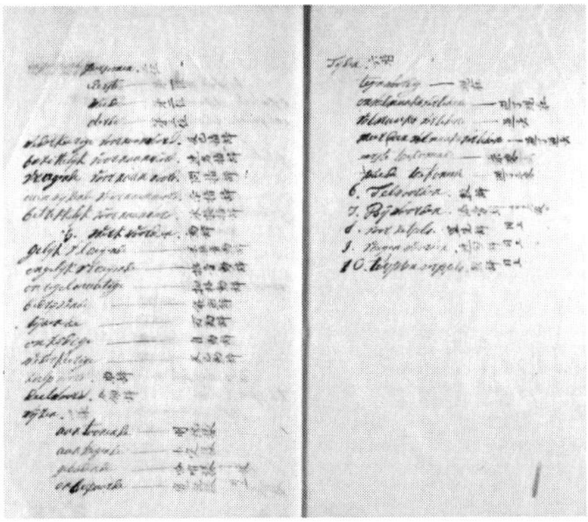

図10 文法用語表（早稲田大学図書館所蔵）

onregelmaatige 拗格動辞
bedrijvende 能動辞
lijdende 所動辞
onzijdige 自動辞
wederkeerige 反已動辞
hulpwoord 助辞
deelwoord 分類辞
wijzen 四様
　　aantoonende 明説様
　　aanvoegende 未定様
　　gebiedende 吩咐様モリソンニ據ル
　　onlepaarde 寛説様同上
Tijde 六時
　　tegenwoordig 現在
　　onvolmaakt verledene 過了現在
　　volmaakt verledene 過去
　　meer dan volmaakt verledene 過了過去
　　eerste toekomende 未來
　　tweede teekomende 過了未來
⑥Telwoorden 數辞
⑦Bijwoorden 添旁辞モリソンニ據ル
⑧Voorzetsel 置先辞同上
⑨Voegenwoorden 連句辞同上
⑩Tussenwchenwerpsels 歎辭同上[69]（下線は筆者による。）

ここで小関三英はオランダ語の品詞を10種類に分け，その上さらに名詞の人称変化，動詞の時態変化などを細分した一連の文法用語をリストアップしている。これらの文法用語の出典について，９箇所がモリソンによると記している（下線部を参考）。彼は直接モリソンの『英国文語凡例伝』にこそ言及していないが，小関三英のこの文法用語表を『英国文語凡例伝』と照らし合わせてみると，この9箇の文法用語がほとんど『英国文語凡例伝』に依拠したものであることが分かる。

表13 小関三英文法用語表と『英国文語凡例伝』との比較

『蘭文筆写本小関三英筆』にみえる文法用語	『英国文語凡例伝』にみえる文法用語[70]
指實冠辞	其 The 字是指實之辭。
不指實冠辞	其 A, an, 兩個字放在 Noun 之先。當一個之義。卽如 a man 一個人。an egg 一隻蛋子。不指實是何人。
名目辞	凡有人，物，地，所在，事之名目謂之 Noun。
吩咐様	
寛説様	Present indefinite time 現在寛說時。
添旁辞	其 verb 有一類字添在其旁爲注其 verb 如何。
置先辞	其 Preposition 一類的助語字要置在 Noun 與 Pronoun 之先，爲相連字用。
連句辞	有一類字爲連着句用名叫 conjunction。
歎辞	其 interjection 未有甚麼更改變法，止爲嘆語而已。

以上の表で示したように，小関三英の9箇の文法用語は「吩咐様」以外，すべて『英国文語凡例伝』から対応する用語を見出すことができる。

「gebiedende 吩咐様」は英語の‘Imperative Mode’である。『英国文語凡例伝』では「其 Verb 令人做，或勸人。則叫之 Imperative Mode」と説明している[71]。なぜか小関三英はこの「令」や，「勧」の字を採用しなかった。では「吩咐様」に付されている「モリソンニ據ル」の注はどの書物を指すのだろうか。試みにモリソンの *English and Chinese* を調べた。見出し字 Order の下にこのような説明がある。

Order, to command, 命，令，着，吩咐，分付[72]。

つまり「吩咐様」にある「モリソンニ據ル」はモリソンの「華英・英華字典」を指すものである。小関三英がこの文法用語表を作る際に『英国文語凡例伝』と英華字典を手元に置いていたことは明白である。

小関三英の文法用語をモリソンのそれと比較してみると，小関三英のものがより洗練していると分かる。『英国文語凡例伝』にみえる文法用語は完全に単語になっておらず，まだ説明的な短文であるのに対して，小関三英は『英国文語凡例伝』の短文からキーワードを取り出し,「-辞」,「-様」などの接尾語を付け，モリソンの翻訳を短文から単語に発展させた。

では江戸にいる小関三英がいかにしてモリソンの書物を入手したのであろうか。前述したようにモリソン字典は1828年以前にすでに日本に伝来し，幕府が1830年に正式にモリソン字典を購入したので，小関三英が直接モリソンの字典を入手することはさほど困難なことではないが,『英国文語凡例伝』に関しては少し事情が違う。モリソン字典と比べると,『英国文語凡例伝』の知名度は低く，発行部数も少ないため，小関三英が吉雄権之助を通じて『英国文語凡例伝』を知った可能性が大だろうと思われる。杉本つとむの研究によると，小関三英の書簡に吉雄権之助との交流の記録がある。1827年吉雄権之助が江戸へ行った時に小関三英が何回も彼を訪れて，オランダ語に関する知識を教わったことがある[73]。したがって，小関三英がその時に吉雄権之助から『英国文語凡例伝』のことを知った可能性が考えられる。しかも彼は『英国文語凡例伝』の原書を見た可能性もある。吉雄権之助の抄本に作者モリソンの名前が書かれていないが，小関三英の学習ノートには文法用語の一部がモリソンによるものと書いているからである。

小関三英の学習ノートから見て,『英国文語凡例伝』は単語の部分だけではなく，文法の部分も日本に伝わったことが間違いない。小関三英が発展させた文法用語は単に学習ノートに留まらず，後に『英文鑑』という書物にも収録されている。

(2) 『英文鑑』について

『英文鑑』は江戸天文台見習い渋川敬直が編訳した日本最初の英文文法書とされている。原書はアメリカ人 Lingley Murray（1747-1826）が著した *An English Grammar* だったが，渋川が翻訳したのは英語の原書ではなく，1822年に出版されていたオランダ語版であった。彼は1840年にこの書物を幕府に献上し，その目的は「以備國家不虞之用旁便於飜譯也[74]」と書いている。編集する際に出会ったさまざま言語の翻訳問題に関して，彼は「凡例」の中に「諸言運用名目譯字諸家各異今從其字義穩當者別舉譯例以便參考[75]」と説明している。つまり文法用語の翻訳に関して，当時の諸先輩の書物と翻訳法を参考にした。ただ具体的に参考にした書物の目録をあげていない[76]。『英文鑑』の冒頭に「訳例」という欄目が設けている。それは英語，オランダ語，日本語三カ国語でリストアップされている文法用語表である。この文法用語表を『蘭文筆写本　小関三英筆』と比較すると，一部の用語が一致している。また『英国文語凡例伝』に由来する7つの文法用語が収録されている。

表14 『英文鑑』にある『英国文語凡例伝』に由来する文法用語

英語	オランダ語	日本語
	bepalende lidwoorden	指實冠辞
	onbepalende lidwoorden	不指實冠辞
Substantives or nouns	zelfstandige Naamwoorden	名目辞
Adverbs	bijwoorden	添旁辞
The imperative mood	de gebiedende wijze	分付様
The infinitive mood	de onlepaarde wijze	寛説様
Conjunctions	voegwoorden	連句辞

このような一連の一致から，渋川敬直が『英文鑑』を編訳する際，小関三英の学習ノートを参考にしたに違いない。小関三英は渋川敬直より年長であ

り，かつて天文台で勤務したこともあるので，２人は何らかの交流があったと思われる。[77)]

『英国文語凡例伝』は1827年頃に長崎に伝来した後，ずっと日本の洋学者たちに注目されていることが本節の検討で明らかになった。吉雄権之助の抄本と伝播，小関三英の知識吸収と整理から渋川敬直の『英文鑑』に収録されるまで，モリソンの文法用語は日本英語学史にその足跡を残し，近代日本の外国語学習に貴重な資料を提供していたと言える。

４．むすび

『英国文語凡例伝』は英華書院の学生のために書かれた教科書だったが，日本に伝来したのは偶然なことではない。モリソンが中国語の書物を編集出版する時に，その読者は中国人のみならず，ベトナム，朝鮮，日本などを含むガンジス流域以外の国々（Ultra-Ganges nations）におけるすべての漢字を読める人々を想定していたのである。[78)] 彼は中国にいながら，できるだけ広範囲に情報の収集と発信に努めていた。積極的に日本人あるいは日本在住のオランダ人と情報交流を行い，書物を送ったりするのはそのためであった。

また，日本側から見ると，1808年のイギリスフェートン号闖入事件以降，防衛と外交交渉に迫られ，英語学習をスタートさせたが，当時英語学習の参考書が非常に欠乏していた。したがって，『英国文語凡例伝』が日本に伝来すると，通事や，洋学者に歓迎されたのもごく自然なことであった。日本人が英語を学習する初期段階において，その媒介はオランダ語だけではなく，漢訳西書も大きな役割を果たしていた。日本の最初の英文法書『英文鑑』の編纂に「華英字典・英華字典」と『英国文語凡例伝』が活用されたことも本節の論証で証明できた。

モリソンが翻訳した文法用語が日本へ伝播され，一時とは言え，洋学者の西洋知識の学習に役立ったのに対して，中国では同時期において，モリソンの書物に目を向けた知識人はほとんどいなかった。結果として中国人自ら編纂した英文法書は日本人のものより随分遅れることとなった。

第5節 幕末日本におけるモリソン「華英･英華字典」の伝播と利用

「華英・英華字典」が出版後まもなく日本に輸入された，と日本の洋学史に関する書物によく書かれている[79)]。しかし，その具体的な舶載年についてはどの書物も言及していない。いま私たちは当時の記録からその輸入年代を推測するしかない。その記録の一つとして前節も引用したモリソンが1828年に書いた書簡があげられる。

> Nov. 18. I dined today at D–'s, in order to meet a surgeon from Japan, whose name is Burgher, in the service of the Dutch. He told me a piece of news which I can not help communicating to you –it is this. The Japanese translators are rendering Morrison's Dictionary into the Japanese Language! This is a curious and interesting fact and confirms my doctrine of employing the press in these parts of the world. I hope the Bible will soon reach the Japanese.[80)] ……（下線は筆者による。）

「日本人はモリソンの字典を日本語に訳している」との記述から判断すると,「華英・英華字典」が1828年以前にすでに日本に入っていたに違いないだろう。

また,「華英・英華字典」以外，モリソンの英文法教科書『英国文語凡例伝』(1823) も日本に伝来し，1828年の春にはすでにその写本が存在していた[81)]。つまり『英国文語凡例伝』は1827年にすでに日本に伝来した可能性がある。このことから考えると,『英国文語凡例伝』よりはるかに有名で大作である「華英・英華字典」は『英国文語凡例伝』より前に，すなわち1827年以前に日本に伝来した可能性もあると考えられる。

モリソン「華英・英華字典」が日本に伝来した後，すぐに幕末の洋学者たちに注目された。大槻盤渓 (1801-1878) には1829年に次のような記述がある。

英吉利人摸礼菘者，通商広東港，淹留数年，起志漢学，習熟之久，遂能把韻府字典之文，翻為纆綿郭索之字，以編出一書，往荷蘭人舶齎其書，今見在象胥吉雄某許，僕嘗得一寓目，深服英人研精覃思之勤。（『瓊浦筆語』[82]）

「華英・英華字典」の日本への伝来にオランダ人と長崎の蘭通事が関わっていたことをこの記述が示唆している。また幕末政府もこの字典に注目していた。大槻如電の『日本洋学編年史』，天保元年庚寅（1830）の欄目（12）に「英国人モリソン（Robert Morrison）の訳したる漢文書（書名未詳）を天文台訳局に下附せらる」と題して，天文台訳員青地林宗の記を掲載している。

我方人解泰西文，創自安永中，既過五紀。其書行于世亦多。但見漢土人，有斯業鮮矣。嘗聞，英圭黎人模利菘，来於媽港，以英語訳支那文，既成鉅冊，思其挙也，東西文脈貫通，後續必熈。今茲庚寅初夏，官得其書数編，下諸吾学社。余輩得始見之[83]。

つまり長崎の輸入に続いて，江戸幕府も正式にモリソンの「華英・英華字典」を購入し，天文台の翻訳者たちの参考書として与えていたことが分かる。

また，長崎の蘭通事吉雄権之助らによって，「華英・英華字典」の第3部である *English and Chinese*（以下英華字典と称す）の翻訳と編纂も行われていた（以下吉雄本と称す）。ただし，この翻訳は上記のモリソンの記述したように日本語に訳したものではなく，英語の部分をオランダ語に訳し，中国語の部分はそのまま残している。

この翻訳に関して，蘭学者佐久間象山（1811-1864）の次のような記述がある。

漢字注以洋語，洋語訳以漢字者，始於英人莫栗宋。荷蘭通事吉雄永保，取莫氏之書数種，抉英為荷，以纂一書[84]。（下線は筆者による）

イギリス人のモリソンと申もの，二十四五年前清朝へ遊學に罷越し，其遊學中其國の語へ漢字を引當て，又漢語を其國語にて譯し候もの有，之夫を長崎通事吉雄權之助そのイギリス語を和蘭語に譯し候て，此一部に

取立候ものに御座候。[85]（下線は筆者による）

佐久間象山が手に入れた吉雄の原書の原本の所在に関しては現在不明であるが，その写本は最近の研究[86]によると，次の3箇所で発見されている。

①町立高鍋図書館所蔵『漢訳和蘭字典　五車韻府　単』（旧高鍋藩明倫堂蔵本）

②千葉県立佐倉高等学科地域交流施設内　鹿山文庫所蔵『模理損字書』（旧佐倉藩蔵本）

③真田宝物館（長野市）所蔵『五車韻府』（佐久間象山手沢本）

筆者はその3つの写本の内に，旧高鍋藩明倫堂蔵本（以下高鍋本と称す）について実地調査を実施し，全写本のデジタル撮影を行った。本節ではこの写本を中心に「華英・英華字典」が如何なる方法で翻訳編纂されたか，また翻訳目的と利用方法の分析を通して，「華英・英華字典」の日本語への影響の一端を明らかにしたい。

1．高鍋本の翻訳編纂方法と内容

⑴　写本の配列方法について

高鍋本は縦24.7×横17.0の線装本で，合計335丁ある。表と裏の部分に虫食いが激しいが，中間の部分は保存状態が良好との印象を受けている。また最近表紙に白い和紙をかぶせた修復も施されている。

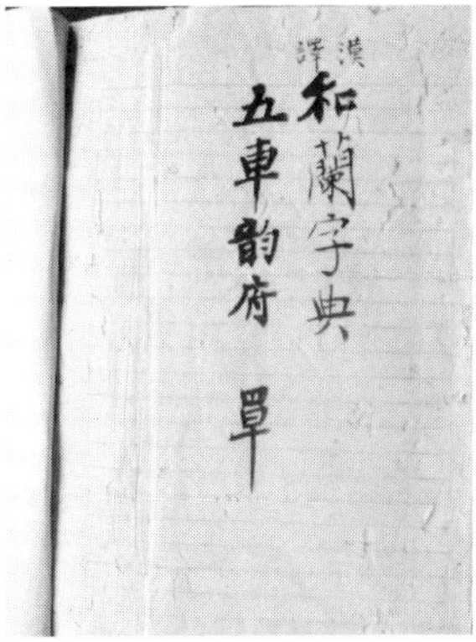

図1　高鍋本の扉頁
（町立高鍋図書館所蔵）

見出し語はモリソンの原書の英語順ではなく，オランダ語のアルファベット順で配列している。また見出し語にオランダ語，英語，中国語の順で配列されているのに対して，用例にはオランダ語，中国語しかない。例えば，A部の最初の5つの見出し語は次のように配列されている。

表15 高鍋本 A 部の最初の見出し語

オランダ語	英語	中国語
aafsche	awkward	拙的；手拙
aal, m	eel	鱔魚
aalmoes, v. geven liefdadigheid, aalmoes, lifedadige aalmoes is deoefend door zommige om te bereiken hunne baatzuchtige oogmerken. liefdadigheid of aalmoes is niet in de magt van arme menschen	alms	週済之物 賙済。 有籍布施，以求遂其私。 済施非貧士所能。
aambeeld, o.	anvil	砧
annbei aambei, aambeien	haemorrhoides	痔瘡 内外痔瘡

上記の表15で示しているように見出し語‘aalmoes’に対してその英語の対訳‘alms’と中国語の対訳「週済之物」が載っているが，用例にはオランダ語と中国語の対訳しか載っていない。また写本全体の内容にそういう用例の分量が多いことが示しているように，この字典の編纂目的は英語学習よりオランダ語学習にあると考えられる。実際，高鍋本の書名も「漢訳和蘭字典」となっており，この字典の性格を如実に反映している。

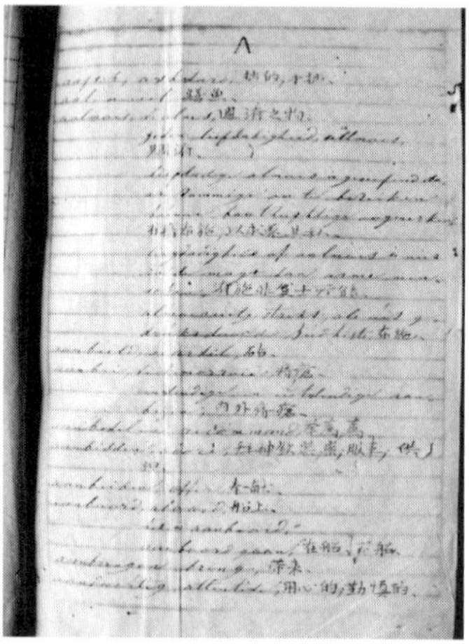

図2 高鍋本 A の見出し字
（町立高鍋図書館所蔵）

⑵ 写本の編纂方法について

高鍋本の内容は，一見モリソンの英華字典を写しているように見える。しかし精査していくと，モリソンの英華字典に対してかなりの取捨選択を行われていることが分かる。その編纂方法は下記のような数通りが指摘できる。

1)英華字典とまったく同じ用例

オランダ語見出し語に対応する英語訳をモリソンの英華字典に求め，そこに載っている中国語訳語とその用例をすべて収録する。

表16 高鍋本と *English and Chinese* との比較⑴

高鍋本			*English and Chinese*
オランダ語	英語	中国語 見出し語／用例 （オランダ語省略）	中国語 見出し語／用例 （英語省略）
aangenaam	agreeable	有趣的，請便，随便做	有趣的，請便，(你)随便做，
		他是有趣的朋友，他是愛高興的朋友，他講話有趣	他是有趣的朋友，他是愛高興的朋友，他講話有趣
aanhouden	continue, continued	仍然做	仍然做
		照常，接続不断，仍然在，他還在那処，綿々若在，接続不断	照常，接続不断，仍然在，他還在那処，綿々若在，接連不断
annmanen	admonish	勸	勸
		勸諫，相諫，大夥相諫	勸諫，相諫，大夥相諫
aanmanen	admonitory	勸諫人的貌	勸諫人的貌

（注：高鍋本の中国語用例「你随便做」の「你」が欠けている。「接連不断」の「連」は「続」となっている。）

2）英華字典と一部が一致している用例

オランダ語見出し語に対応する英語訳をモリソンの英華字典に求め，そこに載っている中国語訳語とその用例を一部のみ収録する。

表17　高鍋本と *English and Chinese* との比較(2)

高鍋本			*English and Chinese*
オランダ語	英語	中国語 見出し語／用例 （オランダ語省略）	中国語 見出し語／用例 （英語省略）
aandoen	hinder	阻，阻滞	阻，阻滞
			你不阻滞我的事請坐一些時，杖你有何妨碍
bederf bederven	damage	敗壊	壊，敗壊，弄壊，損壊，破壊，毀壊東西，残害，傷害
helpen	save	救，援，拯	救，援，拯，
		拯溺，普救世人，匡救其悪	看着這様的眼見得没法児救援也。拯溺，普救世人，匡救其悪。若要贖身従良這是甚麼難事。済度衆生，超度衆生

（注：上記‘hinder’のように見出し語の訳語を収録し，用例を収録しないケースと，‘damage’‘save’のように見出し語と用例から取捨選択して収録するケースがある。）

3)英華字典の数箇所からまとめた用例

オランダ語の見出し語に対応する英語訳をモリソンの英華字典に求めるが，中国語の訳語は 1 箇所ではなく， 2 箇所以上から選ぶ。

表18 高鍋本と *English and Chinese* との比較(3)

<table>
<tr><th colspan="3">高鍋本</th><th colspan="2">English and Chinese</th></tr>
<tr><th rowspan="2">オランダ語</th><th rowspan="2">英語</th><th>中国語</th><th rowspan="2">英語</th><th>中国語</th></tr>
<tr><th>見出し語／用例
（オランダ語省略）</th><th>見出し語／用例
（英語省略）</th></tr>
<tr><td rowspan="2">aalmoes</td><td rowspan="2">alms</td><td>週済之物
賙済</td><td rowspan="2">alms
charity</td><td>週済之物
賙済</td></tr>
<tr><td>有籍布施，以求遂其私。
済施非貧士所能。[87]</td><td>有籍布施，以求遂其私。
済施非貧士所能。</td></tr>
<tr><td rowspan="2">edelman</td><td rowspan="2">nobleman</td><td>有爵位的公侯</td><td rowspan="2">nobleman
gentleman</td><td>有爵位的，公侯</td></tr>
<tr><td>一位世家人，一位躰面人，一位老爺，一位宦人，位宦（ママ）家人，一位郷紳，少爺，相公，</td><td>一位世家人，一位體面的人，一位老爺，一位宦人，一位官家人，一位郷紳，少爺，相公，</td></tr>
<tr><td rowspan="2">bedorven</td><td rowspan="2">corrupted</td><td>壊了，損壊了，破壊，敗壊，</td><td>spoiled</td><td>壊了，損壊了，破壊，敗壊，毀壊，</td></tr>
<tr><td>全壊了，腐肉
性情残壊了
邪歪心的，心子歪了，心上無邪不怕鬼</td><td>corrupt
depraved</td><td>全壊了，腐肉
性情残壊了
邪歪心的，心子歪了，身上無邪不怕鬼</td></tr>
</table>

4)『英国文語凡例伝』からの用例

オランダ語の見出し語に対応する英語訳を英華字典と『英国文語凡例伝』に求める。

表19　高鍋本と *English and Chinese*,『英国文語凡例伝』との比較

高鍋本			*English and Chinese*	『英国文語凡例伝』
オランダ語	英語	中国語	英語／中国語	英語／中国語
eb, ebbe	ebbing	河水落，水流出	ebb, 水流出, 水漲	ebb, 河水落
engle	angle	神仙	angle, 神使, 天神, 仙	angle, 神仙
ergeren	vex	懣，憤激，懊悩	vexed, 懣，憤激, much vexed 好不懊悩	vex, 懊悩
eeuwing	everlasting	常是在永	everlasting 常遠	everlasting 常遠在，永也
letterhurnst spraakkunst	grammar	文字言語之凡例	grammar	文字言語之凡例

5)『五車韻府』からの用例

オランダ語の見出し語に対応する英語訳を英華字典と『五車韻府』に求める。

表20　高鍋本と *English and Chinese*,『五車韻府』との比較

高鍋本			*English and Chinese*	『五車韻府』
オランダ語	英語	中国語	英語／中国語	英語／中国語
aardrijkskunde	geography	地理，地理志，地理図	geography, a book on, 地理志, geographical map 地理図	geography, 地理

⑶ 写本の編纂の特徴について

高鍋本を分析して，そのもとである吉雄本の編纂方法に関して，上記のような5つを挙げた。さらに，この5つの方法を分析していくと，次のような特徴がみえてくる。

①モリソンの英華字典にある中国語訳語と用例をそのまま踏襲するケースがあるが，全体的な量から見ると，表17のように一部のみ収録するケースの割合が多い。つまりこの写本を編纂する際に，モリソンの英華字典の英語部分をオランダ語に置き換えるのではなく，オランダ語の見出し語を先に決めて，それに合わせて英華字典から適切な英漢対照用例を見つけて，蘭漢対照の形に編纂した。

②また，オランダ語の見出し語の漢訳語に関しては，ただ機械的に英華字典から写すのではなく，より多くの訳語と用例を提示するために，他の類似語も参考した。結果的に，1つの見出し語に表18のように2箇所，或いは3箇所から訳語と用例を検出して編集するという編纂方法を取った。たとえば，見出し語‘bedorven’に英語‘corrupted’しか載っていないが，その漢訳語と用例の出所は，英華字典の‘spoiled, corrupted, depraved’と3つの見出し字にわたっている。編纂者がモリソンの英華字典をかなり熟読したことがうかがえる。

③見出し語の漢訳語として，モリソンの英華字典の他，当時すでに日本に舶来していた『英国文語凡例伝』と「華英・英華字典」の第2巻である『五車韻府』も利用したことが判明した。たとえば，表19に示している用例を見てみると，

a.‘ebbing’の中国語訳語は「河水落，水流出」となっている。一方の「水流出」は英華字典によるものが，もう一方の「河水落」は英華字典にまったく載っておらず，『英国文語凡例伝』から引いた訳語である。

b.‘angel’は英華字典の訳語をまったく採用せず，『英国文語凡例伝』の訳語を採用した。

c.‘grammar’は英華字典に見出し語がないので，その語の訳語は直接『英国文語凡例伝』から引いたものである。

d.また‘everlasting’の訳語は「常是在永」となっており，それ自体は

中国語として成立しないが，おそらく写している時の書き間違いだと考えられる。そしてそれは『英国文語凡例伝』にみえる「常遠在，永也」から写したのではないかと推測する。写し間違いは，高鍋本に数箇所ある。

④表17に示しているように，この字書を編纂する際に，『五車韻府』も参考にしている。ただ引用した用例は圧倒的に英華字典の方が多く，『五車韻府』の用例はまだほんの少ししか確認していない。しかし写本の題目の一部に「五車韻府」という言葉がついていることから，モリソンの『五車韻府』が他の書物とともに編纂者の参考書になっていることは間違いない。

⑤吉雄権之助がこの字書を編纂するにあたり，モリソンの書物数種類を参考にしたことは当時すでに知られているようである。「荷蘭通事吉雄永保，取莫氏之書数種，抉英為荷，以纂一書」と佐久間象山が記録しているが，ここの「取莫氏之書数」とは恐らく英華字典,『五車韻府』,『英国文語凡例伝』らの書物を指しているのだろう。

⑷ 写本の題目に見える「五車韻府」について

高鍋本と真田宝物館所蔵の写本の題目に「五車韻府」という言葉がついている。なぜ写本の内容はモリソンの第３巻「英華字典」に依拠するところが多いにもかかわらず，第２巻の『五車韻府』から名称を取ったのだろうか。これはモリソン「華英・英華字典」の中でも,『五車韻府』が当時の日本人にもっとも歓迎されていた事実に関係があるのではないだろうか。たとえば，モリソンの1828年11月28日の書簡にこのように記録されている。

Mr. Burgher called and told me a great deal about Japan and the neighbouring islands.…… He says the Japanese write on their fans, at Nagasaki, extracts from <u>Morrison's Dictionary, arranged according to the Alphabet</u>, as an ornament, and present them to each other! <u>The Alphabetic arrangement is new to them</u>. Majoribanks was much struck with the circumstance of <u>the Japanese getting a new</u>

Chinese Dictionary through the English language.[88]（下線は筆者による）

「長崎の人々はアルファベット順で編纂されているモリソン字典から英文字を取り出し扇子のデザインとして楽しんでいる。また英語を通して新しいタイプの中国語字典を入手している」とモリソンは長崎に在住しているオランダ人ビュルゲルから聞いた話を書簡に書いている。ここで述べているアルファベット順で編纂された華英字典は紛れもなく『五車韻府』のことである。

また，佐久間象山が1849年に写本『道訳法尓馬（ドゥーフハルマ）』の増訂版として『増訂荷蘭語彙』を出版しようと計画していた。その出版資金を捻出するために松代藩の真田藩主に「感應公に上りて荷蘭語彙出版資金貸與を乞ふ」という上申書を提出した。その中でも『五車韻府』に言及している。

> 五車韻府，英吉利人モリソンが唐山遊學中其國語を以康熙字典を譯し候を又和蘭陀にて重譯仕候。もののよしにて天文臺一部収り候よしに御座候。[89]

ここで佐久間象山は『五車韻府』が『康熙字典』を英訳したものと勘違いしているから，おそらく彼は『五車韻府』の原書を見ていなかっただろう。モリソン字典の舶来部数が少なかったので，容易には目にすることができなかった。しかし彼が『五車韻府』の名前を知っていることから，この字典の知名度を窺うことができる。

おそらく，吉雄権之助が編纂した蘭漢字典の写本に題目の一部として「五車韻府」を付け加えたのは原書『五車韻府』の知名度と関わりがあるのではないかと考えられる。またこの名称を使用するには，写本が多く依拠した英華字典に *English and Chinese* の英語名こそがあるが，中国語の書名がついていないことにも一因あると推測する。

2．字典編纂目的と英華字典の利用法

では，吉雄権之助は何のためにモリソン字典を翻訳編纂しただろうか。上記の写本編纂方法と内容から判断すると，英語学習よりオランダ語学習のために編纂したものではないかと考えられる。この推論を立証するためには19

世紀前半の日本の蘭学学習環境と写本の利用法などを検証しなければならない。

⑴ 日本の蘭学学習環境

本節の冒頭に引用したモリソンの書簡によると，1828年にモリソン字典を翻訳する動きはすでにあった。また，翻訳者吉雄権之助は1831年に死去したことから，その字典の翻訳編纂が完成されたのはそれ以前に違いない。

19世紀の初頭と言えば，長崎の蘭通事たちはすでに幕府の命を受けて，英語学習も始めその成果として1811年に『諳厄利亜語興学小筌』（10巻）が編訳され，1814年『諳厄利亜語大林』（15冊）が編纂出版された[90]。しかし彼らの英語学習はオランダ語学習とはまったく事情が異なる。英米文化を摂取するよりむしろそれらの国から外交的，経済的な圧力を受け，それに対処するために一部の役人がやむを得ず学習していた。岩崎氏が指摘したように「即ち彼等の英學は官府の用を辨ずる爲の語学，通辨官の語学である，遠西の新文化吸収の手段として學習された當時の蘭語とは格段の相違である[91]」。つまり，当時の日本においては英語学習の機運はまだ熟していなかった。多くの洋学者にとっての西洋新文化と新知識を得る手段は英語ではなく，オランダ語であった。このような状況は1853年にペリー艦隊が来日するまで続いていた。

しかし，当時の洋学者は直接オランダ人から教わる機会は非常に少ないため，多くの人びとは書物を通して学習していた。それらの需要に応じて，江戸と長崎においては，蘭学者或いは蘭通事によって，学習書と字書が作られていた。その多くは刊行されず，写本として流通していた。たとえ刊行されても部数が限られていた。吉雄本が編纂される1830年までの有名なオランダ語学習書をいくつか取り上げてみる。

①1796年に稲村三伯（1758-1811）が『ハルマ和解』を30部刊行した。

②1810年門人の藤林普山が『ハルマ和解』のコンサイス版として『訳鍵』を100部刊行，さらに1824年再版100部を刊行した。

③蘭通事馬場佐十郎（1787-1822）が1807年に『蘭語冠履辞考』，1814年に『訂正蘭語九品集』と『和蘭詞品考』を，吉雄権之助が1821年に『訳文必要属文錦嚢』などを著した。特に『訳文必要属文錦嚢』は吉雄の蘭語塾の教科

書として使用され，後に江戸にもたらされ，江戸の蘭学界に一大新風を送り込んだと言われた[92]。（いずれも未刊行）

このように，19世紀の初頭においては，蘭学書の需要は英学書をはるかにうわまわっていた。ちょうどそのころに，オランダ商館長のH・ドゥーフ（H. Doeff，1777-1835）が蘭和字典『道訳法尓馬（ドゥーフハルマ）』（通称長崎ハルマ，1816-1833）の編纂にかかっていて，吉雄権之助も最初からその仕事を手伝っていた。しかしこの字典の編纂は18年もの歳月がかかってしまった。1820年代の需要に答えられなかった。吉雄は通訳，後進の育成とオランダ語学習編纂の忙しい日々を送る中，誰よりも字典編纂の緊要性と実用性を実感していたに違いない。そこでモリソンの字典に出会い，漢語がふんだんに収録されているこの字書を利用し，手早い方法による蘭語字典の編纂を考えついたのだろうと思われる。

(2) 写本にみえる英華字典の利用法

モリソンの英華字典にはヨーロッパの中国語学習者のために中国の古典，歴史，熟語，ことわざ，口語などの用例が豊富に収録されている。本来は英語を通して中国語を学習する人を利用者に想定していたが，吉雄は英語をオランダ語に置き換え，英華字典の例文を蘭語字典の例文として利用した。漢文に馴染みのある日本人が中国語を通してオランダ語を学習することができるようにモリソンの英華字典を逆利用している。吉雄がいかに英華字典を利用したのか，高鍋本に収録されている用例を通して検証したい（便宜上，下記の引用にオランダ語を省略する）。

古典：①孔子曰父在觀其志，父没觀其行。三年無改於父之道，可謂孝矣。
　　　②己所不欲勿施於人。
歴史：①始皇滅六国并天下焚書坑儒暴虐不道二世而亡。
　　　②楚与漢約中分天下。
熟語：①春耕秋斂　②肝胆相照　③心満意足　④天地万物
ことわざ：①跟起三姑学跳神，跟起好人学好人。
　　　　　②各人自掃門前雪，莫管他人屋上（霜）

（高鍋本に「霜」が抜けている。——筆者注）

口語：①你不慣張羅，你吃你的去。

②我多煩你代我存此貨伺我回来交還我。

上記のような中国語例文なら，漢文知識を備えている洋学者であれば，少なくとも古典，歴史，熟語の部分は容易に理解できたはずである。ことわざや口語の用例は若干馴染みが薄いかもしれないが，しかし写本の全体から見ると，中国語の用例を通して，オランダ語を学習するのは十分可能だったと思われる。また吉雄が中国語を日本語に置き換えていないのは，日本人が漢文に馴染んでいることに一因があり，日本語に置き換える時間を省いて，早急に学習用の蘭語字典を完成しようとしたという一面もあったかもしれない。

吉雄本が完成された後，確実に江戸や地方の人々に利用されていた。たとえば前で言及した佐久間象山は吉雄本を写し，『増訂荷蘭語彙』の一部として利用していた。彼はこの書物の序に「今語下往往存漢訳者，多従吉雄氏之本」と記している[93]。つまり『増訂荷蘭語彙』に吉雄が編纂したモリソンの漢訳語が収録されているということである。残念なことに象山の出版計画は資金繰りに失敗したために幻と化した。象山が写した吉雄本は現在真田宝物館（長野市）に所蔵されている。

象山の他に中村敬宇（1832-1891）も吉雄の蘭語字典に言及している。

英國人穆理宋者，學于漢邦有年矣。能通漢邦典籍。嘗取韻府一書。一一以其邦語對譯漢字。蓋爲習漢語者謀也。其意可謂勤矣。和蘭人又以其邦語副之。三語對照。語言瞭然。在我邦讀洋籍者，其爲蓋益非淺鮮焉。頃於友人小寺某許觀之。借歸寫蔵于家[94]。

これは中村敬宇が安政２年（1855）11月に書いた「穆理宋韻府鈔叙」の一部である。オランダ語，英語，中国語の３語対照の字典は吉雄本のことに違いない。中村敬宇はこの字典の編纂者はオランダ人と記しているが，これは彼の誤解である。現にオランダ人がこのような字典を編纂したという形跡がない。

また吉雄本が江戸以外の藩校にまで広がった事実も注目すべきである。現段階では，その写本は佐倉藩と高鍋藩でしか発見されていないが，他の藩校に存在する可能性も否定できない。外国語学習書の出版物がまだ極めて少なかった時代において，これらの写本が各藩校の洋学教育に大いに役立ったことは容易に想像できる。また吉雄本の存在の大きさと重要さも物語っている。

3．英華字典にみえる漢訳語の伝播と利用

当時の日本人が吉雄権之助がモリソンの英華字典によって編訳した「漢訳和蘭字典」を利用できたのはやはり漢語の存在が大きいと言える。西洋の文化と知識を学習しようとする幕末の洋学者たちにとって，字典の中に収録された西洋の新しい概念を表現する漢訳語は魅力的なものである。試みに高鍋本に収録されている漢訳語を次のようにまとめてみた。

表21 高鍋本にみえる漢訳語

英語	訳語	英語	訳語
parallel line	平行線	physician	内科醫生
right angle	直角	surgeon	外科醫生
diameter	圓徑	God	神, 上帝, 神天, 天地之主
equator	赤道	cake	餅，麵餅
south pole	南極	milk	牛乳
earth	地球	lemon	檸檬
latitude	緯度	wine	葡萄酒
telescope	千里鏡	butter	牛油
judge	審判，審判官	biscuit	麵包乾
council	公議, 會議, 衆人公議, 聚集公議	bread	麵包
president	頭目，長，大班	grammar	文字言語之凡例

（高鍋本の用例にはオランダ語と漢訳語が表示されているが，便宜上，ここではオランダ語を省略し，モリソン字典にある英語を表示する。）

これらの漢訳語の多くはモリソンが自ら翻訳したものではなく，それまでイエスズ会の宣教師たちが創出したものを受け継いだものである。モリソンの字典が日本に伝来する以前に，日本人はすでにマッテオ・リッチの『幾何原本』，アレーニ（Giulio Aleni，1582-1649，艾儒略）の『職方外記』，『西学凡』などの書物を通して数学及び西洋の政治体制に関する漢訳語を知っていた。

たとえば，蘭学者の志築忠雄（1760-1806）が著した『暦象新書』（寛政10年-享和2年）の「下編凡例」に「上中の二編と是編と，名目少く異なるものあり，彼にては互數に應ずると言るを，此にては互相比例たりと云ひ，彼にては羃根と云るを，此には方根と云，彼には相並べりと云り，此には平行すと云り，近來清人の譯に，是等の文あるを見つるにより，其に依りて改たるのみ[95]」。つまり，志築忠雄は中国の書物を参考にして，『暦象新書』に使う訳語を改めていたのである。

彼が言う「清人の訳」には宣教師と中国人が協力して翻訳した上記の漢訳西書も含まれていると思われる。「平行」は中国人数学者徐光啓（1562-1633）とマッテオ・リッチが翻訳した『幾何原本』にみえる訳語である。志築忠雄のような洋学者を通じて，中国で作られた漢訳語が日本語に導入された。しかしこれらの訳語が日本社会で定着するにはさらなる広がりと認知が必要である。吉雄本の日本各地の藩校で使用されたことは，少なくとも漢訳語の日本での定着を促す役割を果たしたと言えよう。言うまでもなく「赤道，南極，審判，緯度」などの漢訳語は日中の共有語彙として現代日本語に生きている。一方，「葡萄酒，檸檬，麵包」などの漢訳語も幕末から明治，昭和初期まで頻繁に使われていた。

4．結び

宮崎県町立高鍋図書館所蔵の『漢訳和蘭字典　五車韻府　単』の調査を通して，改めてモリソンの「華英・英華字典」の重要性を確認することができた。当初ヨーロッパ人の中国語学習のために，特にキリスト教の宣教活動を中国で展開するために編纂された字典は，後に中国人と日本人の英語学習にも利用されたのみならず，今回の調査によって，モリソン字典が英語学習のほかに，日本人のオランダ語学習にも利用されたことが明らかになった。モリソン字典は，蘭学から英学への過渡期にさしかかった幕末日本にとっては重要な情報源と学習参考書であった。長崎の蘭通事のみならず，幕府もモリソン字典の輸入と利用に積極的であった。結果としては，ここまで見てきたように，多くの写本が生まれることによって，江戸から地方の小さな藩校までモリソン字典が広く知られ，利用されることになった。

モリソン字典が日本で英語学習の他，オランダ語の学習やそのための字書編纂にも利用されたことは興味深いことである。日本と中国が漢字と漢語の語彙を共有している長い歴史があるからこそ，このような利用法があり得たのである。またこのような利用法は，西洋文化の新概念を運ぶ漢訳語の日本での定着を後押しただろうと考えられる。

注

1）“To the European student of Chinese, the Writer would recommend particular attention to the Character, as finally the speediest and most satisfactory method of acquiring the Language. Let the Radicals be committed to memory. The Tones and aspirates, are quite of a secondary nature. Such distinctions do exist, but they are not necessary to write the Language, not yet to speak it intelligibly. Even Native Scholars, are sometimes unacquainted with them; they are essential only in Poetry.” Robert Morrison, *A Dictionary of the Chinese Language* (East India Company’s Press, 1815-1823), Part I p.x.

2）Robert Morrison, Ibid. Part I p.x.

3）“To convey ideas to the mind, by the eyes, the Chinese Language answers all the purposes of a written medium, as well as the Alphabetic system of the West, and perhaps in some respects, better. As sight is quicker than hearing, so ideas reaching the mind by the eye, are quicker, more striking, and vivid, than those which reach the mind by the slower progress of sound.’” Robert Morrison, Ibid. Part I p.xi.

4）柳父章『「ゴット」は神か上帝か』（岩波書店，2001年）p.27.

5）『律呂正義』は直接宣教師が編纂した書物ではないが，その続編には宣教師たちが書いた西洋音楽知識に関する小冊子が収録されている。

6）“Translation is in its infancy in China. None of its own literati study, in order to translate. The Court itself seems to have some difficulty in preserving a competent number of translators into the Manchow Tartar language. The religious books of the Budhists, which are miserably done, and of the Romanists, some of which are elegant, are the only works they have rendered into Chinese; for the scientific books printed under the direction of the Jesuit Missionaries, were not translations of any whole treatise, but works containing, generally, European ideas, composed in Chinese by natives." Eliza Morrison, *Memoirs of the Life and Labours of Robert Morrison* (London, 1939), Vol.II p.6-7.

7) "The duty of a translator of any book is two-fold; first, to comprehend accurately the sense, and to feel the spirit of the original work; and secondly, to express in his version faithfully, perspicuously, and idiomatically (and, if he can attain it, elegantly), the sense and spirit of the original." Eliza Morrison, Ibid. Vol.II p.8.

8) "Although a free translation is always more easy than a close translation, the Author prefers the latter, because he thinks it more calculate to answer the end proposed." Robert Morrison, Ibid. Part II p.ix.

9) Robert Morrison, Ibid. Part II p.xiii.

10) 彭信威『中国貨幣史』(上海人民出版，1988年) p.973-974.

11) 武藤長蔵「銀行ナル名辞ノ由来ニ就テ」『国民経済雑誌』(第25巻，第6号) p.113.

12) 武藤長蔵「銀行会館なる名辞が約二百年前支那に存せし事実の発見」『商業と経済』(研究館年報第3冊，長崎高等商業学校研究館) p.34.

13) 武藤長蔵「再ビ銀行ナル名辞ノ由来ニ就テ」『国民経済雑誌』(第26巻，第6号，第27巻，第1，2，4，6号，第28巻，第1号)

14) 仁井田陞『中国法制史研究』(東京大学出版会，1980年) p.796.

15) 武藤長蔵「銀行会館なる名辞が約二百年前支那に存せし事実の発見」『商業と経済』(研究館年報第3冊，長崎高等商業学校研究館) p.25.

16) たとえば，明代の小説『金瓶梅』に次の描写がある。第93回：「这馮金宝収涙道，…昨日聴見陳三児説，你在这児開銭舗，要見你一面。…」

17) 楊端六『清代貨幣金融史稿』(三聯書店，1962年) p.146-147.

18) 根岸佶編纂『清国商業総覧』第4巻 (丸善株式会社，1907年) p.348.

19) 加藤繁『支那経済史考證上巻』(東洋文庫，1952年) p.450.

20) 魏源『海国図志』(古微堂，咸豊壬寅) 巻51

21) 魏源，前掲書　巻83

22) 魏源，前掲書　巻83

23) 傅衣凌『明清社会経済史論文集』(人民出版社，1982年) p.254.

24) 傅衣凌，前掲書　p.254-256.

25) 彭信威，前掲書 p.974.
26) 姚啓勲『香港金融』（泰晤士書屋，1962年）p.74.
27) 周葆鑾『中華銀行史』（商務印書館，1919年）第7編 p.1.
28) 東京地学協會『中支那及南支那』（東京地学協會，1917年）p.312.
29) James Legge (1815-1897)，中国名理雅各，イギリス人宣教師。中国の古典『書経』，『詩経』，『春秋左氏伝』，『礼記』を英訳した人として知られている。『智環啓蒙塾課初歩』は香港にある英華書院という学校のためにJames Leggeが編纂した中国語・英語並記の教科書。英語の学習に啓蒙と布教を組み入れたものである。
30) 八耳俊文「十九世紀漢訳書及び和刻本所在目録」『『六合叢談』1857-58の学際的研究』（白帝社，1999年）p.191-192.
31) 増田渉『西学東漸と中国事情』（岩波書店，1979年）p.26-28.
32) 増田渉，前掲書 p.28.
33) 周葆鑾，前掲書 第1編 p.2.
34)『律呂正義』の公刊年代について，雍正元年（1723）の説もあるが，矢沢の考証によると，雍正元年は『律暦淵源』百巻刻成した年であり，公刊はその翌年になる。矢沢利彦，「「律呂正義」と徳理格」『東洋音楽研究』第1巻第3号 1938年 p.11-17.
35) 王雲五主編「御制律呂正義続編巻1」『御制律呂正義 聖諭樂本解説 2』四庫全書珍本11集（台湾商務印書館，1971-1979）p.3-4.
36) 矢沢利彦，前掲書 p.26.
37)『律呂正義』続編が編纂された時は，中国語と対応するヨーロッパ言語はラテン語かイタリア語と推測できるが，ここでは便宜のために，英語を使用する。
38) この階名はイタリアの音楽家Guido d'Arezz（991?-1033）が与えたものである。
39) 川原秀城「『律呂正義』続編について—西洋楽典の東漸—」『中国研究週刊』1990年 総第9号 大阪大学文学部中国哲学研究室編輯 p.23
40) 狄就烈『西国楽理啓蒙』（上海美華印書館，1872年）（関西大学図書館所蔵）
41) 狄就烈，前掲書 p.1.
42) 狄就烈，前掲書 p.9.
43) 狄就烈，前掲書 p.9-10.
44) 陳涛『三国志 呉書』（中華書局，2005年）p.1265.
45) 司馬遷『史記』（中華書局，2005年）p.1237.
46) 大庭脩『江戸時代における唐船持渡書の研究』（関西大学東西学術研究所，1967年）p.241-739.
47) 海老澤有道『洋楽伝来史キリシト時代から幕末まで』（日本基督教団出版局，

1983年）p.19-23.
48）ルイス・フロイス著，松田毅一・川崎桃太郎共訳『日本史』2（中央公論社，1977年）p.107.
49）塚原康子『十九世紀の日本における西洋音楽の受容』(多賀出版，1993年）p.15.
50）塚原康子，前掲書　p.32.
51）塚原康子，前掲書　p.15-64.
52）中村洪介『近代洋楽史序説』(東京書籍，2003年）p.46-65.
53）中村敬宇『敬宇蔵書目録　坤』（京都大学図書館所蔵）
54）瀧村小太郎は日本語の音楽用語の基礎を造った人物といわれているが，その名はあまり知られていない。瀧村の生涯について，「瀧村小太郎の生涯と音楽創成原資料による西洋音楽受容史の一考察」『音楽情報と図書館』(大空社，1995）が詳しい。
55）この稿本は現在大阪女子大学図書館に所蔵されている。その中に「原本ハ中村敬宇先生所蔵」との記入がある。
56）『西洋音楽小解』(東京芸術大学図書館所蔵）に『西国楽法啓蒙』を参照につくった「西洋音楽小解訳語参考」が附されている。
57）日中音楽用語の交流について，朱京偉の『近代日中新語の創出と交流　人文科学と自然科学の専門語を中心に』に詳しい。(白帝社，2003年）p.169-202.
58）18世紀以降，英語文法の中では品詞を9種類に分類した。すなわち，冠詞，名詞，形容詞，代名詞，動詞，副詞，前置詞，接続詞，感歎詞である。モリソンは本書の中で分詞を形容詞から分離し，新たな品詞を設けた。
59）朱鳳「初期中国語文法用語の成立」『或問』(近代東西言語文化接触研究会　No. 10, 2005年）p.47-63.
60）Brian Harrison, 'The Anglo-Chinese College at Malacca, 1818-1843' *South-east Asian History and Historiography* Cornel University Press 1976 p.255.
61）杉本つとむには「『英吉利文話之凡例』の考察」『江戸時代蘭語学の成立とその展開』(早稲田大学出版社，1976年）という論文がある。彼は最初に国立国会図書館に『英吉利文話之凡例』が所蔵されていると指摘したが，その書物の原書がモリソンの『英国文語凡例伝』であることを知らなかったため，論文の中では，抄本はモリソンの字典を参考にして書き上げたものとしか推測できなかった。
62）井田好治「吉雄権之助手写本『英吉利文話之凡例』の原本発見」(口頭発表要旨）『英学史研究』第31号　1998年
63）国立国会図書館所蔵『英吉利文話之凡例』第1冊　p.II.
64）杉本つとむ『江戸の翻訳家たち』(早稲田大学出版部，1995年）p.59-64.
65）Eliza Morrison, Ibid. Vol.II p.412-413.

66）岩崎克己『柴田昌吉伝』（一誠堂書店，1935年）p.47.
67）大槻如電『新撰洋学年表』（六合館，1927年）p.115.
68）大槻如電原著，佐藤栄七増訂『日本洋学編年史』（錦正社，1965年）p.431-432.
69）『蘭文筆写本　小関三英筆』早稲田大学図書館所蔵，杉本つとむ編集『小関三英伝―幕末一思想家の生涯―』（敬文堂，1970年）p.331-333.
70）Robert Morrison, A Grammar of the English Language『英国文語凡例伝』(Macao, 1823), p.55-57.
71）Robert Morrison, Ibid. p.70.
72）Robert Morrison, Ibid. Part III p.305.
73）杉本つとむ編集，『小関三英伝―幕末一思想家の生涯―』（敬文堂，1970年）p. 326-329.
74）渋川敬直訳述，藤井質訂補『英文鑑』（六合館，1928）p.5.
75）渋川敬直訳述，藤井質訂補，前掲書，p.6.
76）1840年以前にすでに多くの書籍と洋学者がオランダ語と英語の文法用語を翻訳していた。たとえば，『蘭語九品集』（1814年），『諳厄利亜語大林』（1817年），『蘭文筆写本　小関三英筆』（年代不詳）
77）杉本つとむ編集『英文鑑―資料と研究―』（ひつじ書房，1993年）p.600.
78）モリソンが英華書院を設立する際に書かれた計画書 *General plan of the Anglo-Chinese College forming at* Malacca に学校を設立の目的について，“the Chinese language and literature will be made accessible with European; and on the other hand, the English language with European literature and science will be made accessible to the Ultra-Ganges nations who read Chinese, These nations are： China, Cochin-china, the Chinese colonies in the Eastern Archipelago, Loo-choo, Corea, and Japan” と記している。Brian Harrison, *Waiting for China* (Hong Kong, University Press) p.41.
79）古賀十二郎『長崎洋学史』（長崎文献社，1966年）p. 143，岩崎克己 『柴田昌吉伝』（一誠堂書店，1935年）p. 46-47.
80）Eliza Morrison, Ibid. Vol. II p. 412-413.
81）モリソン『英国文語凡例伝』の日本伝来について，第 4 章第 4 節を参照。
82）杉本つとむ編著『日本洋学小誌』（皓星社，2001年）p. 109-110.
83）大槻如電『日本洋学編年史』 錦正社　1965年 9 月　p. 438.
84）佐久間象山「増訂荷蘭語彙例言」『増訂象山全集』（信濃教育会，1934年）p. 119.
85）佐久間象山，上掲書 「側納戸役に贈る」p. 535.
86）吉雄権之助が翻訳した蘭英漢字典について，井田好治「吉雄権之助編“蘭英漢三国語対訳辞典”の発見とその考証」（『横浜国立大学人文紀要』第 2 類　語学・文学　第24輯　1997年11月），大橋敦夫「千葉県佐倉高等学校蔵『模理損字書』訪書記─真田宝物館蔵『五車韻府』との書誌比較─」(『上田女子短期大学紀要』27，2004年)，大橋敦夫「新出資料『五車韻府』をめぐって─真田宝物館新蔵佐久間象山関連資料の紹介─」(『松代』第8号，1995年3月) 等に詳しい。

87) 井田好治の論文に「賙済，有籍布施，以求遂其私。済施非貧士所能」などの用例は吉雄権之助あるいは長崎にいる唐通事によって作られた用例だと推測しているが，誤りである。(「吉雄権之助編“蘭英漢三国語対訳辞典”の発見とその考証」『横浜国立大学人文紀要』第2類　語学・文学　第24輯　1997年11月)

88) Eliza Morrison, Ibid. p. 143.

89) 佐久間象山『象山全集』(信濃教育会，1913年) p. 133.

90) 19世紀の日本における英語学習事情に関して，第4章第4節を参照されたい。

91) 岩崎克己，前掲書　p. 11.

92) 杉本つとむ『江戸の翻訳家たち』(早稲田大学出版部，1995年) p. 63.

93) 杉本つとむ「佐久間象山『増訂荷蘭語彙例言』の小察」『日本歴史』1982年12月号第415号　吉川弘文館　p. 4.

94) 中村敬宇「穆理宋韻府鈔叙」『敬宇文集』巻5 (吉川弘文館，1903年) p. 1.

95) 志築忠雄『暦象新書』は『文明源流叢書』第2に収録されている。(国書刊行会，1914年) p. 226.

おわりに

モリソンが畢生のエネルギーを傾けて世に送った「華英・英華字典」はすでにここまで論述してきた通り，単なる語学学習用の辞書の枠をはるかに飛び越えて，ありとあらゆる文化情報を貪欲に網羅した百科事典である。

一個人としてこれだけの偉業を成し遂げたのは驚嘆すべきことである。それを支えたのは，モリソンの情報収集能力と中国文化に対する彼の深い傾倒および類無い高い見識だと考えられる。

字典編纂のために，彼はそれまでにヨーロッパ人が書いた中国語あるいは中国に関する書籍をできる限りに参考した一方，中国の古典はもちろん，通俗小説，庶民の会話，裏社会の隠語など，正統の字典が絶対に取り扱わない情報まで幅広く収集した。「華英・英華字典」の収録内容から，私たちはモリソンが19世紀のヨーロッパ人にとってまだベールに包まれていた中国を全方位に紹介しようという熱意を感じ取ることができる。そして，それは宗教的情熱に促された一宣教師の熱意のみでは解釈しきれず，中国文化への深い理解に根ざしているものと思われる。

たとえば，漢字に対する考え方では，モリソンは彼以前の宣教師たちと明らかに違っている。モリソン以前の中国語字典には，見出し字に漢字の表示がされていたが，用例に漢字の表示がほとんど見られなかった。中国語学習字典の編纂は中国語の発音を中心に行なわれていたのである。福音伝播を主な目的としたカトリック宣教師たちの使命から考えれば，神の意志を伝えるのにそれで十分事足りたし，音声中心のヨーロッパ言語を母語とする彼らの言語背景から考えても，書写文字の漢字にことさら深く立ち入る必要がなかっただろう。しかし，モリソンの「華英・英華字典」は違っていた。彼は漢字の特徴である「形音義」において，「形」がヨーロッパ言語に比べてより重要な要素で，漢字は「形」で「義」を表現する文字だと認識し，漢字文化の本質をとらえていた。そのために，彼は「華英・英華字典」のすべての用例に，ヨーロッパ人の手による中国語字典ではじめて漢字をつけたのである。

さらに,「中国以外に住んでいるヨーロッパ人は中国人の助けなしで，字典に載っている単純な単語と用例だけを頼りに中国語学習することは不可能である[1)]」という彼の考えにしたがって,「華英・英華字典」に収録しうる情報をできるかぎり漢字のままで収録し，中国から遠く離れているヨーロッパ人の中国語学習者に漢字文化情報を「原液」のままで提供するように努めていた。その結果，字典が出版後に大いに歓迎され，モリソン以降の英華字典の手本ともなった。また漢字用例が多く収録されているおかげで，「華英・英華字典」は漢字文化に慣れ親しんだ日本人にも利用されやすく，重宝された。

漢字の取り扱い方ひとつに，モリソンの高い見識がみてとれる。そしてこの高い見識が,「華英・英華字典」をヨーロッパの中国研究史上で画期的な百科事典型の大著へと飛躍させたのだと言える。本書のなかで，拙いながらもこの点を少しでも明らかにできたならば，幸いに思う。

なお,「華英・英華字典」には大量の中国文化情報が含まれている他，西洋文化に関する知識と概念も漢字を媒体に収録されている。これらの情報は19世紀の日本人に重宝されていた。本章の第4章第5節で論じたように，モリソンの「華英・英華字典」などの書物は日本に舶来した後，すぐに抄本が出たほどの人気ぶりであった。そして「華英・英華字典」が，日本語に新たな語彙を多数もらしたことも本書で論じてきた。ただ，モリソンの書物の日本への伝来，伝播およびその所在に関しては，まだまだ緻密な調査と研究が必要である。これらの研究調査は私の今後の課題にしたい。

注

1) "The Author is of opinion, that Europeans, and most of all of those out of China, and who have no Native Assistant, cannot learn Chinese from a Dictionary, which contains only a definition of single words, and of detached sentences." Robert Morrison *A Dictionary of the Chinese language* (East India Company's Press, 1815-1823) Part II p. viii.

主要参考文献目録

〈中国語資料〉

白佐良「衛匡国的《中国文法》」『国際漢学』 大象出版社　2007年
閉克朝『入声』湖北人民出版社　1982年
辞書研究編輯部編,『詞典和詞典編纂的学問』 上海辞書出版社　1985年
陳力衛「早期英華字典与日本的洋学」『原学』第１輯　中国広播電視出版社　1994年
陳涛『三国志　呉書』 中華書局　2005年
鄧美中『初学明鏡』 正祖会賢堂　康熙癸未（1703年）
鄧嗣禹「中国科挙制在西方的影響」『中外関係史訳叢』第４輯　上海訳文出版社　1988年
狄就烈『西国楽理啓蒙』 上海美華印書館　1872年
範存忠『中国文化在啓蒙時期的英国』 上海外語教育出版社　1991年
方毅・傅運森編『辞源』 商務印書館　1915年
方豪『方豪六十自定稿』 台湾学生書局　1969年
方豪『中西交通史』下，第８章「音楽」 中国文化大学出版部　1984年
房兆楹・杜練吉『増校清朝進士題名碑録』 哈佛燕京学社　1941年
費頼之著，馮承鈞訳『入華耶蘇会士列伝』 商務印書館　1938年
費頼之著，馮承鈞訳『在華耶蘇会士列伝及書目』 中華書局　1995年
馮錦栄「陳藎謨（1600？-1692？）之生平及西学研究—兼論其著作与馬禮遜（1782-1834）『華英字典』之中西学縁—」『明清史集刊』第９巻　2007年９月
傅衣凌『明清社会経済史論文集』 人民出版社　1982年
海恩波著，簡又文訳『伝教偉人馬禮遜』 基督教文芸出版社　2000年
金尼閣『西儒耳目資』文字改革出版社　1957年
李復言『続玄怪録』 中華書局　1982年
劉海年，楊一凡主編『中国珍稀法律典籍集成』第一冊丙篇「大清律例」 科学出版社　1994年
劉葉秋『中国字典史略』 中華書局　1983年
羅竹風主編『漢語大辞典』 漢語大辞典出版社　1997年
馬西尼「十七，十八世紀西方伝教士編撰的漢語字典」『相遇与対話』 宗教文化出版社　2003年
欧陽哲生『胡適文集』 北京大学出版社　1998年
彭信威『中国貨幣史』 上海人民出版　1988年
『欽定科場条例』道光２年（1822年）
宋柏年主編『中国古典文学在国外』北京語言学院出版社　1994年

商衍鎏『清代科挙考試述録』 生活・読書・新知三聯書店　1958年
蘇精『馬禮遜与中文印刷出版』 台湾学生書局　2000年
蘇精『中国，開門！馬禮遜及相関人物研究』 基督教中国宗教文化研究社　2005年
蘇精『上帝的人馬　十九世紀在華伝教士的作為』 基督教中国宗教文化研究社　2006年
斯当東『英使謁見乾隆紀実』 上海書店出版社　1997年
司馬遷『史記』 中華書局　2005年
譚彼岸『晩清的白話文運動』 湖北人民出版社　1956年
譚樹林『馬禮遜与中西文化交流』 中国美術学院出版社　2004年
熊月之『西学東漸與晩清社会』 上海人民出版社　1994年
呉義雄『在宗教与世俗之間―基督教新教伝教士在華南沿海的早期活動研究』 広東教育出版社　2000年
王爾敏編『中国文献西訳目録』 台湾商務印書館　中華民国64年
王震亜「西洋楽理輸入探源」『音楽研究』1990年第４期（総第59期） 音楽出版社
王雲五主編「御制律呂正義続編巻１」『御制律呂正義　聖諭楽本解説　２』 四庫全書珍本11集　台湾商務印書館　1971-1979
汪家熔「鳥瞰馬禮遜詞典―兼論其藍本之謎」『出版史研究』５　1997年
温端政主編『古今俗語集成』第３巻　山西人民出版社　1989年
魏源『海国図志』，古微堂　咸豊壬寅
揚州石天基『家宝全集』 道光14年（1835年）
楊端六『清代貨幣金融史稿』 三聯書店　1962年
袁愈訳詩，唐莫堯注『詩経全訳』 貴州人民出版社　1981年
《元音統韻》巻之９　清康熙53年範廷瑚刻本
岳国鈞主編『元明清文学方言俗語辞典』 貴州人民出版社　1998年
姚啓勲『香港金融』泰晤士書屋　1962年
張弘『中国文学在英国』 花城出版社　1992年
張国剛等『明清伝教士与欧州漢学』 中国社会科学出版社　2001年
張玉書等編『康熙字典』 上海書店出版社　1985年
張西平等編『馬禮遜文集』第１-14巻　大象出版社　2008年
朱熹『詩集伝』 文学古籍刊行社出版　1955年
周葆鑾『中華銀行史』商務印書館　1919年
中国貨幣史銀行史叢書編委会編『民国小叢書中国貨幣史銀行史巻』４冊　書目文献出版社　1996年

〈日本語資料〉

荒木伊兵衛『日本英語学書志』 創元社　1931年

『英吉利文話之凡例』第 1 冊，第 2 冊　国立国会図書館所蔵
石田幹之助『欧人の支那研究』 共立社書房　1932年
『江戸幕府旧蔵洋書目録』 静岡県立中央図書館葵文庫　1967年
『江戸幕府旧蔵図書目録：葵文庫目録』 静岡県立中央図書館　1970年
海老澤有道『洋楽伝来史キリシト時代から幕末まで』 日本基督教団出版局　1983年
大庭脩『江戸時代における中国文化受容の研究』 同朋舎　1984年
大庭脩『江戸時代における唐船持渡書の研究』 関西大学東西学術研究所　1967年
大槻如電『新撰洋学年表』東京：六合館　大阪：開成館　1927年
大槻如電原著，佐藤栄七増訂『日本洋学編年史』 錦正社　1965年
大橋敦夫「新出資料『五車韻府』をめぐって—真田宝物館新蔵佐久間象山関連資料の紹介『松代』第 8 号　1995年 3 月
大橋敦夫「千葉県佐倉高等学校蔵『模理損字書』訪書記—真田宝物館蔵『五車韻府』との書誌比較— 『上田女子短期大学紀要』27　2004年
ガスパール・ダ・クルス『クルス「中国誌」』 日埜博司訳　講談社学術文庫　2002年
勝俣銓吉郎「徳川時代の洋書」『学燈』第44巻，第 4 號　1940年
勝俣銓吉郎『日本英学小史』 研究社　1936年
加藤繁『支那経済史考證上巻』東洋文庫　1952年
川原秀城 「『律呂正義』 続編について—西洋楽典の東漸—」『中国研究週刊』 1990年総第 9 号　大阪大学文学部中国哲学研究室編輯
古賀十二郎『長崎洋学史』 長崎文献社　1966年
後藤末雄『中国思想のフランス西漸』 平凡社　1969年
ゴンサーレス・デ・メンドーサ『シナ大王国誌』 長南実　矢沢利彦訳　岩波書店　1965年
佐藤昌介・植手通有・山口宗之『日本思想大系55　渡邊崋山　高野長英　横井小楠　橋本左内』 岩波書店　1971年
佐久間象山『象山全集』 信濃教育会　1913年
佐久間象山『増訂象山全集』 信濃教育会　1934年
柴田克己『柴田昌吉伝』一世堂書店　1935年
志築忠雄『暦象新書』『文明源流叢書』に収録　国書刊行会　1914年
朱京偉『近代日中新語の創出と交流　人文科学と自然科学の専門語を中心に』白帝社　2003年
朱鳳「初期中国語文法用語の成立」『或問』 近代東西言語文化接触研究会　No. 10, 2005
沈国威『近代日中語彙交流史：新漢語の生成と受容』 笠間書院　1994年
沈国威編著『『六合叢談』（1857-58）の学際的研究』 白帝社　1999年
杉本つとむ編著『小関三英伝—幕末一思想家の生涯—』敬文堂　1970年

杉本つとむ「佐久間象山『増訂荷蘭語彙』の小察」『日本歴史』415　1982年12月
杉本つとむ「『英吉利文話之凡例』の考察」『江戸時代蘭語学の成立とその展開』 早稲田大学出版部　1976年
杉本つとむ『江戸の翻訳家たち』 早稲田大学出版部　1995年
杉本つとむ編著『英文鑑―資料と研究―』 ひつじ書房　1993年
杉本つとむ編著『日本洋学小誌』 皓星社　2001年
鈴木廣光「ヨーロッパ人による漢字活字の開発　その歴史と背景」『本と活字の歴史事典』, 柏書房　2000年
狭間直樹編『西洋近代文明と中華世界：京都大學人文科學研究所70周年記念シンポジウム論集』 京都大学学術出版会　2001年
竹井成美『南蛮音楽その光と影』 音楽の友社　1995年
武藤長蔵「銀行ナル名辞ノ由来ニ就テ」『国民経済雑誌』第25巻　第6号
武藤長蔵「銀行会館なる名辞が約二百年前支那に存せし事実の発見」,『商業と経済』研究館年報第3冊　長崎高等商業学校研究館
武藤長蔵「再ビ銀行ナル名辞ノ由来ニ就テ」『国民経済雑誌』 第26巻, 第6号, 第27巻, 第1, 2, 4, 6号, 第28巻, 第1号
塚原康子『十九世紀の日本における西洋音楽の受容』 多賀出版　1993年
東京地学協会『中支那及南支那』 東京地学協会　1917年
長崎市役所編『長崎と海外文化』 長崎市役所　1926年
中村洪介『近代洋楽史序説』 東京書籍　2003年
中村敬宇『敬宇蔵書目録　坤』（京都大学図書館所蔵）
中村敬宇「穆理宋韻府鈔叙」『敬宇文集』巻5　吉川弘文館　1903年
根岸佶編纂『清国商業総覧』第4巻　丸善株式会社　1907年
仁井田陞『中国法制史研究』 東京大学出版会　1980年
橋本左内『佐久間象山』 岩波書店　1971年
藤原義久・森節子・長谷川明子「瀧村小太郎の生涯と音楽創成　原資料による西洋音楽受容史の一考察」『音楽情報と図書館』大空社　1995年
マッテーオ・リッチ, 川名公平・矢沢利彦訳『中国キリスト教布教史』岩波書店　1982年
増田渉『西学東漸と中国事情』 岩波書店　1979年
松浦章・内田慶市・沈国威編著『遐邇貫珍の研究』関西大学出版部　2004年
皆川達夫『洋楽渡来考　キリシタン音楽の栄光と挫折』 日本キリスト教団出版局　2004年
宮田和子「W. H. Medhurst『華英字典』に現れた康熙字典の用例―R. Morrison「字典」との比較―」『英学史研究』第30号　日本英学史学会　1997年
飛田良文・宮田和子 「ロバート・モリソンの華英・英華字典 *A Dictionary of The*

Chinese Language について」『日本近代語研究』　ひつじ書房　1992年
平川祐弘『マッテオ・リッチ伝』　平凡社　1969年
平野日出雄「ナポレオン大帝勅版『漢仏羅書』の出版をめぐる人々の物語り」『葵（静岡県立中央図書館報）』18号
柳父章『「ゴット」は神か上帝か』岩波書店　2001年
八耳俊文「十九世紀漢訳書及び和刻本所在目録」『『六合叢談』1857-58の学際的研究』白帝社　1999年
矢沢利彦「「律呂正義」と徳理格」『東洋音楽研究』第1巻第3号　1938年
井田好治「吉雄権之助“蘭英漢三国語対訳辞典”の発見とその考証」『横浜国立大学人文紀要』第2類　語学・文学　第24輯　1977年
吉川幸次郎『論語』上，下　朝日選書　1996年
ルイス・フロイス著，松田毅一・川崎桃太郎共訳『日本史』2　中央公論社　1977年

〈欧文資料〉

Andrew C. West, *Catalogue of the Morrison Collection of Chinese Books* (University of London School of Oriental and African Studies, 1998)
Brian Harrison 'The Anglo-Chinese College at Malacca, 1818-1843' *Southeast Asian History and Historiography* (Cornel University Press, 1976)
Brian Harrison, *Waiting for China* (Hong Kong, University Press, 1979)
Basile De Glemona *Dictionariu Sinico-Latinum* 日本東洋文庫蔵本
Du Halde, *The General History of China Containing a Geographical, Historical, Chronological, Political and Physical Description of the Empire of China, Chinese-Tartary, Corea and Thibet* (The Third Edition Corrected, London, 1741), Vol. I-IV
Du Halde, *A Description of the Empire of China* and *Chinese tartary* (London, 1738)
Dorothea Scott, 'The Morrison Library an Early Nineteenth Century Collection in the Library of the University of Hong Kong' *Journal of the Hong Kong Branch of the royal Asiatic Society* (Hong Kong, 1960), Vol. 1
Dolors Folch, 'Sinological Materials in Some Spanish Libraries' *Europe Studies China* (Han-Shan-Tang Books, 1995)
d'Elia Pasquale, *Fonti ricciane: documenti originali concernenti Matteo Rici e la storia delle prime relazioni tra l'Europa e la Cina (1579-1615)/edti e commentati da Pasquale M d'Elia; sotto il patrocinio della Reale Accademia d'Italia— Edizione nazionale delle opere edite e inedited di Matteo Ricci* (Libreria dello Stato, 1942-1949)
Eliza Morrison, *Memoirs of the Life and Labors of Robert Morrison* (London, 1839)

Vol. I-II

Giuliano Bertuccioli, "Sinology in Italy 1600-1950' *Europe Studies China* (Han-Shan-Tang Books, 1995)

G. L. Staunton, *An Authentic Account of an Embassy from the King of Great Britain to the Emperor of China* (London, 1797)

Henri Cordier, *Bibliotheca Sinica* (Paris Librairie Orientale & Americaine, 1905-1906)

John Lust, *Western Books On China Published Up To 1850* (Bamboo Publishing Ltd., 1987)

James Legge, *The Chinese Classics With a translation, Critical and Exegetical Notes, prolegomena, And copious Indexes* (文史哲出版社, 1972)

Lindsay Ride, *Rovert Morrison the scholar and the man* (Hong Kong University Press, 1957)

W. Lobscheid, *English and Chinese dictionary*『英華字典』*with the Punti and Mandarin pronunciation* (Tokyo: Bikasyoin, 1996)

W. Lobscheid, *English and Chinese Dictionary* (Hong Kong, 1866-1869)

Lach Van Kley, *Asia in the Making of Europe* (The University of Chicago Press, 1993) Vol. 1-4

W. H. Medhurst, *English and Chinese Dictionary* (Shanghai, 1847)

Richard Hakluyt, *Voyages* (L. M. Dent & Son Limited, E. P. Dutton & Co. Inc., 1907) Vol. 4

Robert Morrison, *A Dictionary of the Chinese Language* (East India Company' Press Macao, 1815-1823), Part I-III

Sir. George Thomas Staunton, *Ta Tsing Leu Lee* (Ch'eng-Wen Publishing co., reprinted 1966)

Samuel Purchas B. D, *Hakluytus Posthumus or Purchas His Pilgrimes* (AMS Press Inc. New York, 1965) Vol. 1, 11, 12

Susan Reed Stifler, 'The Language Students of the East India Company's Canton factory' *Journal of North—China Branch of the Royal Asiatic Society* (Shanghai, 1938) Vol. 69

S. W. Williams, *English and Chinese Vocabulary*『英華韻府歷階』(Macao, 1844)

Sir. William Jones, 'On the Second Classical Book of the Chinese' *Sir. William Jones'sWork* (London, 1799), Vol. 1

Thomas Percy, *Hau Kiou Choaan or the pleasing history: a translation from the Chinese language*. (London, 1756)

Teng Ssu-Yu, 'Chinese Influence on the Western Examination System' *Harvard*

Journal of Asiatic Studies 7 1942-43 (Harvard-Yengching Institute, reprinted 1967)

The Chinese Repository (Tokyo: Maruzen, 1941-1965)

あとがき

本書は2004年に書いた博士学位論文とその後国内外のシンポジウム，研究誌で発表した論文をまとめたものです。

私が宣教師の文化活動に興味を持ち始めたのは，近代中国語と日本語の誕生に宣教師の翻訳活動が深く関わっていたと書かれた書物を偶然読んだのがきっかけでした。今となってはその書物の名前さえ思い出せないのですが，その当時宣教師の中国における言語活動や，彼らの中国観についてまったく知識がなかった私にとって，その書物に書かれていた内容は新鮮で印象深いものでした。「おもしろい，もっと知りたい」という強い気持ちに押されて，思い切って当時勤めていた商社を辞めて，京都大学の阿辻哲次先生の研究室に飛び込みました。それは1998年のことでした。

阿辻先生は中国語学と漢字学の専門家でいらっしゃいますので，先生のもとで漢字文化史や，日中の漢字文化交流史を学びました。そこで学んだ漢字学の知識は今日の私の研究活動のいしずえになっています。また，京都大学の大学院に入学した直後，研究対象の絞り込みに悩み，人文科学研究所の高田時雄先生のもとへ相談に訪れた際，先生からモリソンやメドハースト，ロブシャイドなど宣教師の名を次々と聞かされ，彼らの文化活動と東西文化交流の関わりおよび現在の研究状況などについてたくさん伺いました。その時の衝撃と感銘はいまだに鮮明に覚えています。京都大学で教えていただいた2人の先生は私の研究人生にとって，まさに啓蒙の師です。

そして私の研究生活に大きな転機をもたらしたのは関西大学の内田慶市先生と沈国威先生との出会いでした。両先生が主催されている「近代東西言語文化接触会」に参加させていただくことで，私の研究視野が一段と広がりました。この4年間は両先生の導きで，ロンドン大学SOAS校図書館をはじめ大英図書館やハーバード大学の燕京図書館などを訪れ，宣教師の文化活動，特にロバート・モリソンの中国における文化活動に関する多くの基礎資料を目にすることができました。この間にたくさんの国際シンポジウムに参加するチャンスにも恵まれ，多分野にわたって日中交流と東西交流の研究最前線で活躍している世界中の研究者たちと出会えたことは，私にとってはなによりも得難い体験でした。そこで得た刺激は私の研究生活を支える大切な力にもなっています。

このように諸先生のご鞭撻とご指導のおかげで，この度拙いながらも研究書の出版を実現することができました。宣教師と東西文化交流に関する研究のまだ入り口にたどり着いたばかりの私にとって，このような形で研究書を世に出すことは，文字通り身に余る思いであります。この研究書の出版は私にとってはあくまでも研究のスタートにすぎません。これを機にさらに研究に精進し，よりよい研究成果をあげ，私を導いてくださった諸先生に恩返ししたいと考えています。

この研究書の出版は，勤務している京都ノートルダム女子大学の出版助成金がなければ実現することができませんでした。快く出版助成金を出してくださった大学に厚く御礼申しあげます。

そして，私の拙い日本語を根気強く校正してくださった白帝社の佐藤多賀子編集長にも深く御礼申しあげたいです。

最後に，私事で恐縮ですが，この研究書を上海にいる両親に捧げたいと思います。23年前に日本に留学すると言い出した私を何も言わずに送り出してくれて，そしていつどんな時でも私の味方になってくれた両親に心から感謝しています。

2009年２月早春

著　者

人名・事項・書名索引

本文中に現れる人名，事項，書名を五十音順に収める。
アルファベット表記のものは最後にまとめた。

[さ]

[た]

語彙索引

本文中に現れる主な漢訳語及び関連語彙を五十音順に収める。

朱　鳳（京都ノートルダム女子大学　准教授）

京都大学大学院人間・環境学研究科文化・地域環境学専攻博士後期課程単位取得満期退学。
博士（人間・環境学）
研究分野：近代日中語彙交流史，東西文化交流史
主著：『文化の航跡―創造と伝播―』（共著）（思文閣出版, 2005）
『漢字文化圏諸言語の近代語彙の形成―創出と共有―』（共著）（関西大学出版部, 2008）

モリソンの「華英・英華字典」と東西文化交流

2009年3月24日　初版印刷
2009年3月31日　初版発行

著　者　朱　鳳
発行者　佐藤康夫
発行所　白帝社
〒171-0014 東京都豊島区池袋2-65-1
電話 03-3986-3271 FAX 03-3986-3272
http://www.hakuteisha.co.jp/

印刷　倉敷印刷(株)　製本　カナメブックス

 6914 ISBN 978-4-89174-960-6